Arno Gruen

Der Fremde in uns

Klett-Cotta

Klett-Cotta

Printed in Germany
Schutzumschlag: Finken & Bumiller, Stuttgart
Gesetzt aus der 9 Punkt Excelsior von topset Computersatz,
Nürtingen
Auf säure- und holzfreiem Werkdruckpapier gedruckt
und gebunden von Gutmann & Co, Talheim
ISBN 3-608-94282-3

Zweite Auflage, 2001

Die Deutsche Bibliothek – CIP Einheitsaufnahme
Ein Titeldatensatz für diese Publikation ist
bei Der Deutschen Bibliothek erhältlich

Inhalt

Vorwort

Der Fremde in uns, das ist der uns eigene Teil, der uns abhanden kam und den wir zeit unseres Lebens, jeder auf seine Weise, wiederzufinden versuchen. Manche tun dies, indem sie mit sich selbst ringen, andere, indem sie andere Lebewesen zerstören. Der Widerstreit zwischen diesen zwei Ausrichtungen des Lebens, die beide von derselben Problematik bestimmt sind, wird über die Zukunft unseres Menschseins entscheiden. Meine Hoffnung ist es, mit diesem Buch dazu beizutragen, daß der zerstörerische Anteil zurückgedrängt werden kann, bevor er so stark wird, daß er uns überrollt. Dabei geht es weniger um große revolutionäre Antriebe. Ich möchte vielmehr Mut machen für das tägliche Engagement, sich immer wieder und bei jeder Gelegenheit dem Herzen zu widmen.

Wir alle haben tiefgreifende Unterdrückung und Ablehnung erlebt. In unserer Kultur ist es üblich, daß man in seinem Kindsein zurückgewiesen wird, weil man nicht den Erwartungen von Erwachsenen entspricht. Gleichzeitig darf ein Kind sich nicht als Opfer erleben, denn das würde dem Mythos widersprechen, daß ja alles aus Liebe und zu seinem Besten geschieht. So wird das Opfersein zur Quelle eines unbewußten Zustandes, in dem das eigene Erleben als etwas Fremdes ausgestoßen und verleugnet werden muß. Diesen Teil von sich wird der Mensch fortan suchen, ohne sich dessen bewußt zu sein. Es ist dieses Suchen, das uns zum Verhängnis wird.

Die Einsichten, die ich dem Leser hier biete, sind engstens verknüpft mit dem Leben und Leiden meiner Patienten. Ihnen danke ich für das Vertrauen, das unsere gemeinsame Arbeit möglich machte. Einige dieser Patienten hatten Eltern, die selbst Nazi-Täter waren. Ihr Mut, sich mit diesem Schicksal auseinanderzusetzen, trug außerordentlich dazu bei, das Rätsel zu entschlüsseln, das im Weitergeben des eigenen Opferseins durch das Tätersein liegt.

Diese Arbeit brachte mir meine eigene Vergangenheit sehr gegenwärtig zurück: das Aufeinanderprallen des Kaiserreiches mit der Weimarer Republik wie auch dessen Auswirkungen in meiner eigenen Familie. Die Angst, der Hunger, der blinde Haß, all das, was sich danach zum Nazismus Deutschlands aufschaukelte, waren Hintergrund für meine eigenen Erlebnisse. Das hat das Schreiben oft zu einem schmerzlichen Prozeß gemacht.

Ich danke deshalb Frau Gertrud Hunziker-Fromm für ihr mitfühlendes Engagement und ihre tiefe Menschlichkeit, welche meine eigene Sicht vertiefte. Das gilt auch für meine Frau Simone Gruen-Müller, die mir von ganzem Herzen Unterstützung und Anregung während dieser für die Familie schwierigen Zeit gab. Die einfühlende und kreative Hilfe von Monika Schiffer bei der Umsetzung meiner Worte in eine für den Leser zugängliche Sprache trug entscheidend zur verständlicheren Vermittlung meines Anliegens bei. Ihnen allen danke ich von Herzen.

Zürich, im Februar 2000 *Arno Gruen*

Der Fremde

Wir leben in einer Welt, in der wir zunehmend voneinander abhängig werden und uns dennoch immer mehr gegeneinander wenden. Warum stellen sich Menschen gegen das, was sie miteinander verbindet, gegen das, was sie gemeinsam haben – ihr Menschsein?

Milovan Djilas, einst Titos Gefährte im Partisanenkrieg gegen die Nazis und später einer seiner schärfsten Kritiker, beschreibt in seinem autobiographischen Bericht «Land ohne Gerechtigkeit» (1958) die Grausamkeiten einer Männerwelt, in der Menschlichkeit als Schwäche verpönt ist:

«Einmal, nach dem Krieg, traf Sekula (ein Montenegriner und Jugoslawe) einen türkischen Moslem. Beide waren auf dem Weg von Bijelo Polje nach Mojkovac. Sie hatten sich zuvor noch nie gesehen. Die Landstraße führte durch dicht bewaldetes Gebiet und war berüchtigt für Überfälle aus dem Hinterhalt. Der Moslem war froh, in Begleitung eines Montenegriners zu sein. Auch Sekula fühlte sich sicherer mit einem Türken, da zu befürchten war, daß sich türkische Partisanen in der Nähe befanden. Die beiden unterhielten sich freundlich und boten einander Zigaretten an. Der Moslem erwies sich als friedliebender Familienvater. Unterwegs durch die Wildnis kamen sich die Männer näher.»

Djilas schreibt, daß Sekula später sagte, er habe keinerlei Ressentiments dem Moslem gegenüber empfunden. Er sei für ihn wie jeder andere gewesen, mit dem einzigen Unterschied, daß er Türke war. Doch gerade diese Unfähigkeit, eine Abneigung zu spüren, weckte in Sekula ein Gefühl von Schuld. Djilas berichtet weiter:

«Es war ein heißer Sommertag. Da der Weg durch einen Wald an einem kleinen Fluß entlang führte, hatten es die beiden Reisenden angenehm kühl. Als sie sich schließlich niedersetzten, um gemeinsam etwas zu essen und sich auszuruhen, nahm Sekula seine Pistole heraus. Es war eine schöne Waffe, und er wollte ein bißchen damit prahlen. Der Moslem betrachtete sie anerkennend und wollte wissen, ob sie geladen sei. Sekula bejahte – und in diesem Moment kam ihm der Gedanke, daß er den Türken jetzt einfach töten könnte, er mußte nur seinen Finger bewegen. (Zu diesem Zeitpunkt hatte er jedoch noch nicht den Entschluß gefaßt, dies zu tun.) Er richtete die Pistole auf den Moslem und zielte genau zwischen dessen Augen. Dann sagte er: ‹Ja, sie ist geladen, und ich könnte dich jetzt töten.› Der Moslem lachte und bat Sekula, die Pistole wegzudrehen, da sich ein Schuß lösen könnte. In diesem Augenblick wurde Sekula bewußt, daß er seinen Reisekumpan töten mußte. Wenn er den Türken am Leben ließe, würde er die Scham und die Schuld nicht ertragen können. Und so feuerte er, wie zufällig, zwischen die lächelnden Augen des Mannes.»

Wenn Sekula später darüber sprach, behauptete er, daß er in dem Augenblick, als er die Pistole im Spaß auf die Stirn des Moslems richtete, keine Tötungsabsichten gehabt habe. «Aber dann war es, als ob sein Finger von sich aus abdrückte. Etwas in ihm brach aus, etwas, womit er geboren worden war und was er nicht zurückhalten konnte.» Es muß der Moment gewesen sein, in dem sich Sekula dem Türken so nahe fühlte, daß sich die Scham seiner bemächtigte. So absurd es auch klingen mag: Er tat, was er tat, nicht aus Haß, sondern im Gegenteil: Er tötete, weil er diesen «Fremden» *nicht* hassen konnte. Dafür schämte er sich, dafür fühlte er sich schuldig. Denn die Freundlichkeit und das Gute, das er in sich selbst spürte, verwandelten sich in ein Gefühl der Schwäche. Und dieses Gefühl mußte er abtöten. Als er den anderen tötete, tötete er die Menschlichkeit in sich selbst.

Klaus Barbie, der Gestapo-Schlächter von Lyon, der den französischen Widerstandskämpfer Jean Moulin zu Tode gefoltert hat, sagte in einem Interview mit Neal Ascherson (1983): «Als ich Jean Moulin vernahm, hatte ich das Gefühl, daß er ich selber war.» Das heißt: Was der Schlächter seinem Opfer antat, tat er in gewisser Weise sich selbst an. Worauf ich hinauswill, ist dies: Fremdenhaß hat auch immer etwas mit Selbsthaß zu tun. Wenn wir verstehen wollen, warum Menschen andere Menschen quälen und demütigen, müssen wir uns zuerst mit dem beschäftigen, was wir in uns selbst verabscheuen. Denn der Feind, den wir in anderen zu sehen glauben, muß ursprünglich in unserem eigenen Innern zu finden sein. Diesen Teil von uns wollen wir zum Schweigen bringen, indem wir den Fremden, der uns daran erinnert, weil er uns ähnelt, vernichten. Nur so können wir fernhalten, was uns in uns selbst fremd geworden ist. Nur so können wir weiter aufrecht gehen.

Dieser innere Prozeß, den ich zu beschreiben versuche, ist allgegenwärtig und betrifft in irgendeiner Weise jeden von uns. Ich möchte dazu ein paar Beispiele aus meiner Praxis berichten:

Ein Patient erzählt mir von einem Erlebnis in seiner Kindheit. Er war fünf Jahre alt, als sich sein Vater mit zwei Bekannten, die Brüder waren, einen Aprilscherz erlaubte. Der Vater rief die beiden Brüder an (sie lebten in verschiedenen Häusern), um ihnen mitzuteilen, daß der jeweils andere Bruder gerade bei einem Unfall verletzt worden sei. Er fand es offenbar komisch, sich vorzustellen, wie die beiden völlig verschreckt losrannten, um sich schließlich unterwegs in die Arme zu laufen. Das geschah dann auch.

Dieser Mann, der von allen als guter, fürsorglicher Vater eingeschätzt wurde, verleugnete seine sadistischen Motive. Seine Zugewandtheit und seine Besorgnis waren nur eine Pose, mit der er das überspielte, was die Beziehung auch zu seinem Sohn in Wahrheit charakterisierte – nämlich Insensitivität und ein Mangel an Mitgefühl. Obwohl der Patient als Kind solchen schmerzhaften und verletzenden Erfahrungen ausgesetzt war, verhielt er sich als Erwachsener oft genauso wie sein Vater. Einmal war er bei einem behinderten Mann zum Abendessen eingeladen. Dieser erzählte ihm von einer Begebenheit, in der ihn ein Taxifahrer wegen seiner Hilflosigkeit beleidigt hatte, und von den Gefühlen der Angst und des Ausgeliefertseins, die er dabei empfunden hatte (die Beine des Mannes waren völlig gelähmt). In der Therapiesitzung berichtete der Patient nun voller Stolz, wie er seinem Gastgeber demonstriert hatte, wie aggressiv er sich in dieser Situation durchgesetzt und behauptet hätte. Er hatte keinen Zugang mehr zu seiner eigenen Empfindsamkeit und seiner Angst; im Gegenteil, er wies sie, wie sein Vater, als schwach von sich.

Ein anderes Beispiel: Eine Patientin verbringt einen Abend mit zwei Bekannten, deren persönliche und professionelle Anerkennung ihr sehr am Herzen liegt. Sie tut alles, um sich deren Wünschen und Erwartungen in sozialer und persönlicher Hinsicht anzupassen. Nach einer Weile gesellt sich ihr Mann zu der Gruppe. Vom ersten Moment an empfindet sie ihn als widerwärtig, eklig, abstoßend. Diese Gefühle quälen sie. Sie kann sie aber nicht abschütteln, obwohl ihr bewußt ist, daß er ihr noch am Abend zuvor so lieb und einfühlsam vorgekommen war.

In der darauffolgenden Therapiesitzung steigt ein Bild von ihrer Mutter in ihr auf. Deren Beziehungen, ob zu Kindern, Ehemann oder Liebhaber, waren ausschließlich von Pflichtgefühlen geprägt. Alles drehte sich um korrektes Auftreten. Die Patientin hatte sich immer zutiefst nach einer liebenden und zärtlichen Verbindung gesehnt. Die Mutter jedoch war voller Verachtung für solche Bedürfnisse. Sie tat nicht nur alles Liebevolle als Schwäche ab, sie war für die Tochter auch eine ständige Quelle von Todesgefahr gewesen. Die Kindheit der Patientin war durchzogen von Ereignissen, in denen ihr Leben bedroht war. Mal wurde sie als Säugling fallengelassen, mal raste der Kinderwagen einen Abhang hinunter und kippte um, weil die Mutter ihn ohne Bremse an einem Hügel abgestellt hatte. Dennoch hielt jeder die Mutter für überaus liebevoll und fürsorglich.

In der Therapiesitzung wurde der Patientin langsam klar, daß ihre Reaktion auf ihren Mann etwas mit ihrem Verhältnis zur Mutter zu tun hatte. Sie hatte die beiden Bekannten, die Wohlverhalten erwarteten und denen sie es recht machen wollte, wie ihre Mutter erlebt. Das hatte in ihr das alte Entsetzen ausgelöst. Es überkam sie die unbewußte Angst, etwas getan zu haben, das den Anordnungen der Mutter zuwiderlief. Deshalb empfand sie ihren Mann plötzlich als eine Bedrohung. Dem Diktat der Mutter, daß auch die Tochter keine liebevolle Beziehung haben sollte, durfte nicht widersprochen werden. Deshalb mußte sie ihren Mann und ihre Liebe abtun.

Ein anderer Patient, ein fünfzigjähriger Geologe, berichtete von seinem Vater, der freiwillig in Hitlers Wehrmacht gekämpft hatte. Der Vater zeigte nicht nur eine extrem autoritäre Haltung seinem kleinen Sohn gegenüber, er züchtigte ihn auch körperlich wegen der kleinsten Abweichungen vom vorgeschriebenen Verhalten. Seine Frau behandelte er ebenfalls herabsetzend und gewalttätig. Die Mutter nahm den Sohn allerdings nie in Schutz. Nur einmal, als das Kind sieben Jahre alt war, griff sie ein, da sie glaubte, der Vater würde ihn in seiner Wut erschlagen. Der Sohn, gehorsam und stets bereit, sich zu fügen, wurde auch als Erwachsener noch von großen Schuldgefühlen geplagt, wenn er an seinem Vater zweifelte. Er kam in die Therapie, weil er sich trotz allem das Gefühl bewahrt hatte, daß mit der Welt, in der er lebte, etwas nicht in Ordnung war. Der Patient hatte schon früh den Entschluß gefaßt, niemals Kinder zu haben. Er wurde jedesmal sehr wütend, wenn er Kinder schreien hörte. Er erlebte dieses Weinen als einen Versuch, ihm etwas aufzunötigen. Das machte ihn so rasend, daß er Angst hatte, ein Kind in einer solchen Situation gegen die Wand zu schmettern. So weit wollte er es nicht kommen lassen.

Hier haben wir es mit einem Menschen zu tun, der nicht weitergeben wollte, was ihm angetan worden war. Trotzdem wirkte die Identifikation unbewußt in ihm weiter. Seine Reaktion auf das Schreien von Kindern war ja die Reaktion des Vaters auf ihn als Säugling. Seine Wut war die Wut seines Vaters. Dessen Haß hatte er völlig als seinen eigenen verinnerlicht. So wird das Eigene wie auch die vom Vater übernommene Verurteilung seines Schmerzes zum Fremden, um es dann außerhalb der Grenzen des eigenen Selbst zu bestrafen.

Ein Hochschuldozent der Mathematik spricht in der Therapie von einem Problem, das er immer wieder bei seinen Einführungskursen hat. Er neigt dazu, zu tief in die Materie einzudringen und sich an Details aufzuhalten. Das führt dazu, daß er den für die Vorlesung vorgeschriebenen Stoff nicht schafft. Die Studenten können so auch nicht die Prüfungen bestehen, in denen nicht Einzelheiten, sondern ein breites Spektrum oberflächlichen Wissens abgefragt wird. Dem Patienten wird bewußt, daß ihn ein Zwang, *gründlich* zu sein, antreibt. Als ich wissen will, warum er so gründlich sein muß, obwohl es in dem beschriebenen Fall eher kontraproduktiv ist, antwortet er: «Meine Mutter war ziemlich perfekt, und mein Vater hat jeden belehrt. Er ging über alle hinweg und wußte alles besser. Noch als ich achtzehn Jahre alt war, sagte er mir bei der Gartenarbeit, wie ich die Harke halten soll. Später wollte ich ihm zeigen, daß ich es noch besser kann. So wurde ich Mathematiker. Damit übertrumpfte ich ihn, der nur Maschinenbauer war. Ich war noch grundsätzlicher, noch gründlicher.»

Ich erklärte ihm, daß sich hinter der Besserwisserei seines Vaters eigentlich ein Bestreben verbarg, alles zu kontrollieren. Er ließ andere, den Sohn insbesondere, nicht ihr Leben leben. Der Patient stimmte mir zu. «Ja», sagte er, «er ließ niemanden neben sich aufkommen. Er hatte die Macht. Wenn Mutter mich als

Kleinkind auf den Topf setzte und ich nicht tat, was sie wollte, schimpfte sie. Dann kam mein Vater und verprügelte mich.» Ich sagte: «Es muß für Sie der reine Terror gewesen sein. In einer solchen Situation bleibt einem Kind nichts anderes übrig, als zu kapitulieren und sich den Eltern zu unterwerfen.» Er: «Ja, die Opfer schließen sich ihren Entführern an.» Ich: «Vielleicht ist Ihre Gründlichkeit ein Sich-dem-Vater-Anschließen. Sein Terror veranlaßte Sie, sich mit ihm zu identifizieren.»

Der Patient war sehr betroffen. «Ich bin erwachsen und komme mir trotzdem wie fremdbestimmt vor», sagte er. Sein Verhalten erschien ihm wie aus einer Kinderperspektive. Er fragte sich, warum er nie Kinder haben wollte: «Ich kann mich nicht als Vater sehen. Ich wollte diese Rolle nie übernehmen.» Hier zeigte sich sein Widerstand gegen den grausamen und unberechenbaren Vater. Er wollte nicht sein wie er. Doch diese Rebellion machte es ihm fast unmöglich zu erkennen, wie sehr er sich die Verhaltensmuster des Vaters einverleibt hatte. Die unbewußte Identifizierung äußerte sich dann zum Beispiel bei Problemen, die mit seinem Zwang zur Gründlichkeit zusammenhingen.

Menschen übernehmen die Werte ihrer Peiniger aus Angst vor dem Terror, den ein Erleben eigener Impulse nach sich ziehen würde. Bedürftigkeit und Hilflosigkeit machen uns als Säuglinge abhängig von unseren Eltern. Um seelisch zu überleben, brauchen wir ein gewisses Vertrauen darauf, daß die Eltern uns Liebe, Geborgenheit und Schutz geben werden. Kein hilfloses Wesen kann in dem Bewußtsein existieren, daß die Menschen, auf die es physisch und psychisch angewiesen ist, seinen Bedürfnissen kalt und gleichgültig gegenüberstehen. Diese Angst wäre unerträglich, ja tödlich. Unser Überleben als Kind hängt also davon ab, daß wir uns mit unseren Eltern arrangieren – und zwar auch und vor allem dann, wenn die Eltern tatsächlich kalt und gleichgültig oder grausam und unterdrückend sind.

In diesem Fall vollzieht sich das, was ich in diesem Buch beschreiben möchte: Das Eigene wird als etwas Fremdes abgespalten. Denn das Kind kann die Eltern nur unter der Voraussetzung als liebevoll erleben, daß es ihre Grausamkeit als Reaktion auf sein eigenes Wesen interpretiert – die Eltern sind grundsätzlich gut; wenn sie einmal schlecht sind, dann ist es unsere eigene Schuld. So wächst in uns die Scham, daß wir so sind, wie wir sind. Damit übernimmt das Kind die lieblose Haltung der Eltern sich selbst gegenüber. Alles, was ihm eigen ist, wird abgelehnt und entwickelt sich zur potentiellen Quelle eines inneren Terrors. Seine Gefühle, seine Bedürftigkeit, seine Art der Wahrnehmung werden zu einer existentiellen Bedrohung, weil sie die Eltern dazu veranlassen könnten, ihm die lebensnotwendige Fürsorge zu entziehen. Die Folge ist eine Identifikation mit den Eltern. Das Eigene wird als etwas Fremdes verworfen, statt dessen übernehmen wir die kinderfeindliche Haltung der Eltern. «Eigentlich weiß ich, daß ich mit den Studenten alles richtig mache», sagte mein Patient, «aber ich habe dauernd den Gedanken im Hinterkopf: Du mußt es noch besser machen! Damit verderbe ich mir alles.»

Ein älterer Patient, plastischer Chirurg von Beruf, hatte große Schwierigkeiten, seine Rechnungen zu begleichen, die Therapierechnungen insbesondere. «Ich hatte als Kind nie Geld», erzählt er. «Während meiner Gymnasialzeit verdiente ich etwas nebenbei in einer Schreinerei. Ich mußte es dem Vater abgeben. Nie durfte ich über mich selbst bestimmen.» Er ist ein Mann, der auf vielen Ebenen ein verantwortungsbewußtes, erwachsenes Leben führt, doch in dieser Hinsicht scheint er noch in den Kinderschuhen zu stecken. «Ich bewundere Sie, daß Sie Geld verlangen können, ohne ein schlechtes Gewissen zu haben. Ich habe immer ein schlechtes Gewissen, wenn ich von Patienten ein Honorar fordere», sagt er. Er fürchtet auch, geizig zu sein. «Meine Frau wirft mir vor, daß ich ihr nie Geschenke mache. Sie glaubt, ich gönne ihr nichts. Und hier bei Ihnen höre ich Vaters Stimme. Sie sagt, ich sei ein Idiot, wenn ich Ihnen so viel bezahle.»

Als ich ihn frage, wie er sich denn gerade fühle, antwortet er: «Wie ein Idiot.» Ich: «Sind Sie der Meinung, daß das, was hier vorgeht, für Sie wertlos ist?» – «Nein», antwortet er, und ohne Hohn: «Was hier passiert, ist hervorragend. Aber da ist etwas in mir, was mich unfähig macht zu bezahlen.» Ich weise ihn darauf hin, daß Bezahlung eine Gegenleistung ist, also etwas mit Ebenbürtigkeit zu tun hat. Er: «Nein, es ist nicht ebenbürtig.» Ich: «Sie meinen die Gegenleistung?» Er: «Mutter ist heilig. Ich habe Mühe, den Operationsschwestern, die mir assistieren, Geschenke zu geben. Geschenke sind nur äußerlich. Sie sagen nichts aus über meine Wertschätzung für andere. Die Schwestern sollten auch ohne Geschenke wissen, daß ich viel von ihnen halte. Ich erwarte, daß der andere meine Gefühle errät.» Ich: «Sie wollen den Schwestern etwas geben, können aber nicht. Es scheint mir, Sie verneinen das Geben-Können. Ihr Vater hat aus dem Nichtgeben eine Tugend gemacht. Sie haben mir doch erzählt, wie knauserig er war und wie er diesen Geiz als höheren Wert stilisierte. Sie litten darunter, geben es aber weiter!»

«Ja», sagt er, «letzte Woche wollte ich mich mit meinem Vater in Zürich treffen. Er ist gebrechlich und kann nicht mehr richtig sehen. Trotzdem wollte er am Abend mit dem Auto nach Zürich kommen. Er war zu geizig für die Bahn. Ich fürchtete, er könnte einen Unfall haben. Also schlug ich vor, daß ich ihm das Geld für das Bahnbillett zurückerstatte. Als ich ihn nach unserem Treffen zur Bahn brachte, überkam mich der Gedanke, ihm das Geld für die Karte einfach nicht zu geben.» Ich: «Sie sind gespalten. Ein Teil in Ihnen denkt großzügig und kann auch so handeln. Der andere ist Ihr Vater, der Ihnen so etwas nicht erlaubt.» Der Patient seufzte erleichtert. Er war sichtlich froh, sich endlich von diesem verinnerlichten Vater, der nichts mit seinem eigenen Sein zu tun hatte, distanzieren zu können.

In all diesen Beispielen unterdrücken Menschen das Eigene. Sie verwerfen ihre eigene Sicht, ihre Empathie, ihre Empfindungen, weil man ihnen beigebracht hat, daß diese verachtenswert, idiotisch, minderwertig sind. Man hat ihr Eigenes zum Fremden gemacht, für das sie sich schämen und das sie deshalb abspalten und bestrafen müssen. So wird unsere Menschlichkeit zum Feind, der unsere Existenz bedroht und der überall – in uns selbst wie auch in anderen – bekämpft und vernichtet werden muß.

Eine Studentin in einem Therapiekurs fragt mich während einer Vorlesung: «Wie kommt es, daß ich selbst in meiner Arbeit mit Asylanten plötzlich rassistische Gedanken hege? Vorgestern sprach ich mit einer Gruppe jugendlicher Albaner. Einige sagten: ‹Ich *will* eine Lehrlingsstelle.› Daraufhin hatte ich das Gefühl, daß sie überhebliche Ausländer sind. Jetzt, durch Ihren Vortrag, erkannte ich plötzlich etwas Altes, Vergessenes: Ich durfte nie *ich will* sagen, sondern nur *ich möchte*. So haßte ich diese jungen Albaner für das, was ich an mir selbst hassen gelernt hatte.»

«Der Krieger», schreibt Barbara Ehrenreich in «Blood Rites»

(1997), «sucht nach dem Feind und findet Menschen, die in entscheidender Hinsicht erkennbar wie er selber sind.» In seinem Buch «The Warrior's Honor» (1998) gibt Michael Ignatieff ein Gespräch wieder, das er mit einem serbischen Freischärler in einem Bauernhaus in Ost-Kroatien führte:

«Ich wage den Gedanken auszudrücken, daß ich Serben und Kroaten nicht von einander unterscheiden kann, und frage ihn: ‹Warum denkst du, daß du so anders bist?› Er schaut sich voller Verachtung um und nimmt eine Zigarette aus seinem khakifarbenen Jackett: ‹Siehst du das? Dies sind serbische Zigaretten. Da drüben ... rauchen sie kroatische Zigaretten.› – ‹Aber es sind doch beides Zigaretten?› – ‹Ihr Ausländer versteht nichts!› Er zuckt mit den Schultern und fängt wieder an, seine Zavosto-Maschinenpistole zu reinigen. Doch die Frage hat ihn offenbar irritiert. Ein paar Minuten später wirft er seine Waffe auf das Bett zwischen uns und sagt: ‹Ich will dir sagen, wie ich es sehe. Die da drüben wollen Gentlemen sein. Halten sich für fancy Europäer. Ich sage dir etwas: Wir sind einfach alle balkanische Scheiße.›»

Ignatieff schreibt weiter: «Also erst gibt er mir zu verstehen, daß Kroaten und Serben nichts gemeinsam haben. Alles ist anders, bis hin zu den Zigaretten. Eine Minute später meint er, das wirkliche Problem der Kroaten sei, daß sie glauben, ‹besser zu sein als wir›. Am Ende kommt er zu dem Schluß: Wir sind in der Tat alle dieselben.»

In seinem Essay «Das Tabu der Virginität» schrieb Freud 1918: « ... daß gerade die kleinen Unterschiede (zwischen Menschen) bei sonstiger Ähnlichkeit die Gefühle von Fremdheit und Feindseligkeit zwischen ihnen begründen.»[1] Warum, so fragt sich Ignatieff, können sich Brüder mit größerer Leidenschaft hassen als Fremde? Wieso stellen Männer und Frauen immer ihre Verschiedenheit heraus, obwohl sie bis auf ein, zwei Chromosomen ein identisches Erbgut haben? Ihr Bedürfnis nach Abgrenzung scheint so groß zu sein, daß sie selbst nicht zu leugnende Übereinstimmungen wie intellektuelle Fähigkeiten negieren und als andersartig darstellen, obwohl das Gegenteil längst bewiesen ist. Die Frage, die hinter all dem steht, lautet: Warum empfinden wir gerade den kleinen Unterschied als bedrohlich? Wie kommt es zu dem Paradoxon, daß wir einen anderen vor allem dann als fremd erleben, wenn er uns ähnlich ist? Je näher die Beziehungen zwischen menschlichen Gruppierungen sind, desto feindseliger werden sie voraussichtlich gegeneinander sein. Es sind die Gemeinsamkeiten, die Menschen dazu bringen, einander zu bekämpfen, nicht die Unterschiede.

Das ist wohl auch der Grund, warum man, in Anlehnung an Freud, sagen kann, daß die Quelle unserer Gewalttätigkeit eine Angst ist, deren eigentliche Angststätte das Ich selber ist.[2] Aber anders als bei Freud meint das für mich, daß das eigene Ich, weil es (oder Teile davon) zum Fremden gemacht wurde, eine dauernde Quelle unserer Angst ist. In seinem Aufsatz «Das Unheimliche» gibt Freud ein Beispiel, worin er sein eigenes Erscheinungsbild als fremd und deswegen als abzulehnen erlebt:

«(Es) wird ... interessant, die Wirkung zu erfahren, wenn uns einmal das Bild der eigentlichen Persönlichkeit ungerufen und unvermutet entgegentritt. E. Mach berichtet zwei solche Beobachtungen in der ‹Analyse der Empfindungen›, 1900, Seite 3. Er erschrak das eine Mal nicht wenig, als er erkannte, daß das gesehene Gesicht das eigene sei, das andere Mal fällte er ein sehr ungünstiges Urteil über den anscheinend Fremden, der in seinen Omnibus einstieg: ‹Was steigt doch da für ein herabgekommener Schulmeister ein.› – Ich kann ein ähnliches Abenteuer erzählen: Ich saß allein im Abteil des Schlafwagens, als bei einem heftigen Ruck der Fahrtbewegung die zur anstoßenden Toilette führende Tür aufging und ein älterer Herr im Schlafrock, die Reisemütze auf dem Kopfe, bei mir eintrat. Ich nahm an, daß er sich beim Verlassen des zwischen zwei Abteilen befindlichen Kabinetts in der Richtung geirrt hatte und fälschlich in mein Abteil gekommen war, sprang auf, um ihn aufzuklären, erkannte aber bald verdutzt, daß der Eindringling mein eigenes, vom Spiegel in die Verbindungstür entworfenes Bild war. Ich weiß noch, daß mir die Erscheinung gründlich mißfallen hatte. Anstatt also über den Doppelgänger zu erschrecken, hatten beide – Mach wie ich – ihn einfach nicht agnostiziert. Ob aber das Mißfallen dabei nicht doch ein Rest jener archaischen Reaktion war, die den Doppelgänger als unheimlich empfindet?»[3]

Es ist, als ob das Ich, das ja die Entwicklung des Fremden in sich enthält, losgelöst vom Umfeld, worin man sich bestätigt fühlt, plötzlich als fremd und deswegen verwerflich erlebt wird. So wird das Ich nicht nur der Sitz der Angst, sondern zu seiner Quelle. Die Allgegenwärtigkeit solcher Erfahrungen deutet nicht nur auf die universelle Verbreitung des Fremden als bestimmender Faktor in unseren Beziehungen zu unseren Mitmenschen und zu uns selbst hin, sondern auch auf die Quelle unserer gegenseitigen Feindlichkeiten und des allgemeinen Bedürfnisses, andere, oder auch sich selber zu bestrafen.

Der Dramatiker Eugene O'Neill läßt in seinem Stück «Trauer muß Elektra tragen» Orin, einen Soldaten im amerikanischen Bürgerkrieg, von seinem Töten auf dem Schlachtfeld erzählen: «Es war so, als würde man denselben Mann zweimal umbringen. Mich beschleicht das komische Gefühl, Krieg bedeutet, denselben Mann immer wieder zu töten, um am Ende festzustellen, daß ich selbst dieser Mann war.»[4]

Wie alles anfängt

Ob Völkermorde, Folter oder die alltägliche Erniedrigung von Kindern durch ihre Eltern – eines haben all diese Beispiele für Gewalt und Haß gemeinsam: das Gefühl der Abscheu vor dem anderen, dem «Fremden». Die Täter stufen sich selbst als «Menschen» ein, doch das Gegenüber verdient diese Bezeichnung nicht. Der andere wird zum Unmenschen degradiert. Es ist, als würde man sich durch diesen Vorgang selber reinigen. Indem man andere abtut und sie peinigt, befreit man sich vom Verdacht des Beschmutztseins. Das Reinsein oder Beschmutztsein wird so zum Merkmal, das den Menschen vom Nicht-Menschen unterscheidet. Dabei verlagert sich die Wahrnehmung auf eine abstrakte Ebene. Der andere wird nicht mehr in seiner individuellen Menschlichkeit gesehen. Er ist nur noch Bestandteil einer Gruppe. Seine konkreten Gefühle, Einstellungen und Verhaltensweisen verschwinden aus dem Blickfeld, statt dessen wird seine Persönlichkeit auf eine einzige Eigenschaft reduziert: die Zugehörigkeit zur Gruppe. Diese Abstrahierung macht ein empathisches Erleben des anderen unmöglich.

Empathie ist eine grundsätzliche Fähigkeit aller Lebewesen. Sie ist die Schranke zur Unmenschlichkeit und der Kern unseres Menschseins, also auch Kern dessen, was unser Eigenes ist. Wenn aber dieses Eigene verachtet und als nicht zu uns gehörig abgespalten werden muß, kann sich auch die Empathie nicht frei entwickeln. Unsere Fähigkeiten, mit anderen mitzufühlen, verkümmern. Der Prozeß, durch den das Eigene zum Fremden wird, verhindert also, daß Menschen sich menschlich begegnen – mit Anteilnahme, Einfühlungsvermögen und gegenseitigem Verstehen. Und so wird die Abstraktion zur Basis unserer Beziehungen.

Die Anfänge dieser Entfremdung liegen in der Kindheit. Das wird nirgendwo deutlicher als in einem Satz, den Hitler 1934 bei einer Rede vor der NS-Frauenschaft formulierte: «Jedes Kind ist eine Schlacht.»[5] Damit drückte er in erschreckend klarer Weise aus, was in westlichen Kulturen auch heute noch oft als unumstößliche Wahrheit angesehen wird: daß es eine natürliche Feindschaft zwischen Säugling und Eltern gibt. Im Kampf der sogenannten Sozialisation muß das Kind dazu gebracht werden, sich dem Willen der Eltern zu unterwerfen, und daran gehindert werden, seinen eigenen Bedürfnissen und Genüssen nachzugehen. Der Konflikt ist unvermeidlich, und er muß zum Wohle des Kindes durch die Beharrlichkeit der Eltern gelöst werden.

Chamberlains kritische Darstellung der offiziellen Erziehungsmethode des Dritten Reiches in «Adolf Hitler: Die deutsche Mutter und ihr erstes Kind» veranschaulicht deren pathologische Effekte. Leider beschreibt sie damit aber auch eine Ideologie, die – wenn auch in verhüllter Form – typisch für alle sogenannten großen Zivilisationen ist. Diese besagt: Die Natur der Beziehung zwischen Kindern und Eltern ist die eines Machtkampfes, in dem verhindert werden soll, daß sich der «unreife» Wille des Kindes durchsetzt. Verschleiert wird dabei aber, daß es nicht um ein «Zivilisieren», sondern um die Festschreibung von Herrschaft geht. Die so geartete Sozialisation des Kindes soll dafür Sorge tragen, daß die Motivation zum Gehorsam gegenüber den Mächtigen tief in der menschlichen Seele verankert wird. Das geht aber nur, indem man die Bedürfnisse, Wünsche und Gefühle, die dem Kind eigen sind, zum Schweigen bringt.

Selbst Freud war noch in dieser Ideologie gefangen. Trotz all seiner revolutionären Ideen, mit denen er die Kindheit ins Zentrum unseres Denkens rückte, hielt er an der Vorstellung vom «unvermeidlichen» Kampf zwischen Eltern und Kind fest. Er war der Meinung, jedes Kind sei von universalen Trieben beherrscht und habe nichts anderes im Sinn, als rücksichtslos seine Lüste zu befriedigen. Der Kultur schrieb er die Hauptaufgabe zu, diesen Trieben Einhalt zu gebieten, bevor andere dadurch zu Schaden kämen. Natürlich lassen sich die Ansichten Hitlers und Freuds nicht in einen Topf werfen. Beide haben jedoch eines gemeinsam: die Einstellung, daß das Kind, das seinen ureigenen Bestrebungen überlassen wird, eine Gefahr für die Gemeinschaft bedeutet.

Chamberlains Buch ist ein wichtiger Beitrag über den Versuch der Nazidiktatoren, sich in ihrem Herrschaftsanspruch zu verewigen. Dieser Aspekt, der ja bis in unsere Zeit hineinwirkt, ist als geschichtlicher Vorgang verleugnet worden. Das von der Naziärztin Dr. J. Haarer veröffentlichte Buch «Die deutsche

Mutter und ihr erstes Kind» (1941) wurde im Dritten Reich zu Hunderttausenden von der NSDAP an junge Eltern überreicht. Auch beim «Übergang zur Demokratie» sah man keinen Grund, es vom Markt zu nehmen. Das Buch wurde noch nach 1945 eine ganze Weile herausgegeben. Haarer liefert darin die ideologische Grundlage für eine Erziehung, in der das Eigene des Kindes zum Fremden gemacht wird. Ich möchte die wesentlichen Aussagen deshalb kurz zusammenfassen:

Babys und Kleinkinder sind nach Haarer tendenziell unersättlich. Sie können nie genug kriegen von verwöhnender Beachtung, ständig wollen sie herumgeschleppt werden, was den Erwachsenen natürlich lästig ist. «Babys schreien aus Veranlagung, zornig und lang anhaltend, zum Zeitvertreib oder um etwas zu erzwingen. Babys und Kleinkinder wollen sich nicht fügen, wollen nicht so, wie die ‹Großen› wollen, sie erproben diese, widersetzen sich und tyrannisieren. *Von Natur aus sind sie unrein, unsauber, schmuddelig, schmieren herum mit allem, was sich bietet.*»[6]

Die Eigenschaften, die Eltern ihren Kindern am häufigsten zuschreiben, sind Unsauberkeit, Unreinheit, Gier, Unstetsein, Zerstörungswut. Kinder sind, auch Freud sah es so, unersättlich in ihrem Trieb, stets darauf erpicht, dem Lustprinzip zu folgen. Es sollte uns hellhörig machen, daß es genau dieselben Eigenschaften sind, die dem gehaßten Fremden – ob Jude, Zigeuner, Chinese, Katholik, Kroate, Serbe, Tschetschene, Kommunist oder wer auch sonst – immer wieder unterstellt werden.

Der Fremde ist immer derjenige, dessen Unsauberkeit, Unreinheit usw. uns zersetzen könnte. Hitler sah in den Juden das Fremdgut, das «sein» Volk zersetze. Gleichermaßen betrachtete er die Bekämpfung der Syphilis als eine der wichtigsten Lebensaufgaben der Nation. Die Sterilisation davon betroffener «Erbkranker» schien ihm folglich als «unbarmherzige Absonderung unheilbar Erkrankter» absolut notwendig.[7] In seiner Phantasie sah er Gehirne, Körper und Völker gleichermaßen verfaulen und sich zersetzen.

Der innere Feind, der mit dem Fremden identisch ist, ist jener Anteil im Kind, der verwirkt wurde, weil Mutter oder Vater oder beide ihn verwarfen, weil sie das Kind Ablehnung und Strafe erleben ließen, wenn es auf seiner eigenen und wahren Sicht bestand. Ich sage «wahr», weil die frühesten Wahrnehmungen eines

Kindes auf seinen empathisch erlebten Perzeptionen beruhen und deshalb nur wahr sein können. Ich werde später zeigen, daß auch Hitler diese Ablehnung seiner eigenen Lebendigkeit erfahren haben muß und daß er diesen inneren Teil als fremd abgestoßen hat, um eine Verbindung mit seinen Eltern aufrechtzuerhalten. Haarer gibt uns eine Vorstellung über das Wie dieses Vorgangs: Das Kind wird als selbstherrliches Wesen dargestellt, als eine Herausforderung, die die Mutter vor eine schwierige Aufgabe stellt, die diese in angemessener Weise zu erfüllen hat. «Das schreiende und widerstrebende Kind muß tun, was die Mutter für nötig hält, und wird, falls es sich weiterhin ungezogen aufführt, gewissermaßen ‹kaltgestellt›, in einen Raum ‹verbracht›, wo es allein sein kann, und so lange nicht beachtet, bis es sein Verhalten ändert.»[8] All das geschieht natürlich zum Wohle des Kindes und wird als Akt der Liebe dargestellt. Der Kampf, den die Mutter gegen das Kind führt, spiegelt jedoch den Willen der Väter wider, den manche Mütter übernehmen, weil sie sich dem männlichen Mythos der Stärke und Überlegenheit ergeben haben. Auf diese Weise wird das Fremde in den Vätern dem eigenen Kind weitergegeben. Der Haß auf das Eigene bringt Kinder hervor, die sich nur noch als aufrecht gehend erleben können, wenn sie diesen Haß nach außen wenden können. Indem das Eigene als fremd von sich gewiesen wird, wird es zum Auslöser der Notwendigkeit, Feinde zu finden, um die so erlangte Persönlichkeitsstruktur aufrechtzuerhalten.

Die Folgen dieses Prozesses sind verheerend: Man verleugnet nicht nur, daß man selbst zum Opfer gemacht wurde. Man kann auch die Ursachen des eigenen Opferseins nicht mehr erkennen. Statt dessen muß der Prozeß weitergegeben werden, indem man andere zum Opfer macht. Dies geschieht so lange, wie das eigene Opfer nicht erkannt werden darf. Es muß verleugnet werden, weil sonst der alte Terror, der allem zugrunde lag, wieder aufsteigen würde. Kein Kind, auch nicht das in uns bedrohte, kann sich diesem Terror widersetzen.

Als Kinder waren wir ausgeliefert und hilflos. Unser Überleben hing von einer Übereinstimmung mit den Eltern ab. Der innere Terror des Opferseins ist deshalb zutiefst existentiell. So kommt es, daß uns die Angst vor dem Verlust des Arbeitsplatzes, von gesellschaftlichen Positionen oder sozialen Rollen in den

Grundfesten unserer Persönlichkeit erschüttern kann. Wenn unser Selbstwert vorwiegend auf Erfolg, Status und materiellem Gewinn beruht, muß ein möglicher Verlust solcher äußeren Errungenschaften, aber auch die Bedrohung durch mehr Freiheit (darauf werde ich später zurückkommen) als existenzgefährdend erlebt werden, weil dadurch der alte Terror der Ohnmacht, des Ausgeliefertseins und der Scham wieder aufersteht. Ich glaube, daß hier der wirkliche Grund dafür zu suchen ist, daß in Zeiten wirtschaftlicher und/oder moralischer Instabilität der Fremdenhaß zunimmt. Die innere Not und der Druck, dem alten Terror zu entkommen, werden so groß, daß man sie nur noch mit verstärkter Energie abwehren kann. Dies geschieht, indem das Eigene, das ja Auslöser des inneren Terrors ist, in äußeren Fremden gesucht und bekämpft wird. Dabei findet man das Eigene natürlich am ehesten bei Menschen, die einem ähnlich sind.

Jetzt verstehen wir die schreckliche Wahrheit, die Klaus Barbie mit dem Satz ausdrückte: «Als ich Jean Moulin vernahm, hatte ich das Gefühl, daß er ich selber war.»

Die Entstehung des Fremden und dessen Externalisation stehen in direktem Bezug zum Intimsten des Menschen, zu seiner Identität. Entscheidend ist die Frage: Was bleibt für deren Entwicklung, wenn all das, was dem Menschen eigen ist und ihn als Individuum ausmacht, verworfen und zum Fremden gemacht wird? Dann reduziert sich Identität auf die Anpassung an äußere Umstände, welche das seelische Überleben des Kindes sichert: Es tut alles, um den Erwartungen von Mutter und Vater gerecht zu werden. Kern dieses Prozesses ist die Identifizierung mit den Eltern. Das Eigene des Kindes wird durch das Fremde der Eltern ersetzt.

Eine Identität, die sich auf diese Weise entwickelt, orientiert sich nicht an eigenen inneren Prozessen, sondern am Willen einer Autorität. Das hat natürlich weitreichende Konsequenzen für das Individuum, aber auch für die Gesellschaft. Die Anthropologin Liisa H. Malkki berichtet in ihrem hochinteressanten und gleichzeitig sehr traurigen Buch «Purity and Exile»[9] über den Werdegang zweier Hutu-Gruppen, die 1972 aus Burundi nach Tansania geflüchtet waren, um dem Genozid durch die Tutsi zu entkommen.

Die eine Gruppe wurde in einem Camp (Mishamo Refugee Settlement) untergebracht, in dem das Leben streng durch Vorschriften reglementiert war und das sich geographisch etwas abseits im Westen Tansanias befand. Die anderen Flüchtlinge siedelten sich in der Stadt Kigoma am Tanganjikasee an, wo sie zusammen mit den übrigen Bewohnern lebten. Malkki verglich diese beiden Gruppen 1985–1986 in Hinblick auf ihre Vorstellungen von Heimat und Exil sowie auf die Bedeutung, die die Flüchtlinge ihrer nationalen Identität und Geschichte zuschrieben. Obwohl beide Hutu-Gruppen aus ein und demselben Stamm kamen, waren die Unterschiede eklatant: Bei den Bewohnern des Camps zeigte sich, daß sie «mit einer andauernden und leidenschaftlichen Konstruktion und Rekonstruktion ihrer ‹Geschichte› als ‹Volk› beschäftigt» waren (S. 3). Ihr zentrales Anliegen schien darin zu bestehen, zu beweisen, daß sie anders als die Tutsi waren (tatsächlich unterscheiden sich Angehörige des Tutsi-Stammes weder in ihrer Anatomie noch in der Sprache oder den Gebärden von den Hutu). Ihr Inneres, können wir sagen, vom «Fremden» befreit, haßte die jetzt ausgestoßenen Teile ihres Selbst. Mit dieser Abgrenzung behaupteten sie ihre nationale und heldenhafte Identität. Sie schufen damit sozusagen einen Ort der «categorical purity» (kategorischen Reinheit).

Ein ganz anderes Identitätsgefühl entwickelten die Hutu, die integriert in der Stadt lebten. Sie sahen sich einfach als Flüchtlinge, die sich um Assimilation mit ihren Nachbarn bemühten. Statt heldenhafter nationaler Identitäten entwickelten sie einen gewissen weltoffenen Kosmopolitanismus. Interessant an dieser Studie ist: Beide Gruppen hatten dieselbe Ausgangssituation, die von einem Opfererlebnis bestimmt war. Der weitere Verlauf der Identitätsentwicklung verlief jedoch völlig unterschiedlich. Die Camp-Bewohner kultivierten das Opfererlebnis zum zentralen Anliegen. Es bildete den Kern ihres Identitätsgefühls. Für die anderen Flüchtlinge blieb das innere Opfersein untätig, schlummerte. Wie es scheint, hat das Zementieren des Opferseins auch mit den gesellschaftlichen Strukturen zu tun, von denen eine Gruppe umgeben ist. Strenge Regeln und Gehorsamspflicht fördern das Opfersein. Die Auflösung alter gesellschaftlicher Strukturen führt bei Menschen, deren Identität sich durch äußere Kriterien wie Rolle, Status oder Arbeit definiert, also nicht automatisch zum Aufsteigen des alten Opfergefühls.

Wenn die Umstände es erlauben, können die Betroffenen auch andere Identitäten entwickeln, indem sie sich an die neuen Sozialstrukturen anpassen, wie die Flüchtlinge in Kigoma.

Malkki vertritt die Auffassung, daß das Verhalten der in der Stadt angesiedelten Flüchtlinge einem Umsturz des Identifikationsprozesses gleichkommt. Ich bin nicht dieser Meinung. Das würde nämlich voraussetzen, daß es sich um Prozesse innerer Identitätsfindung gehandelt hätte. Ich glaube, daß die Reaktionen, die sie beobachtete, etwas ganz anderes bedeuten: daß nämlich das, was wir gemeinhin als nationale Identität begreifen, eigentlich auf das Gegenteil, und zwar auf die Nicht-Existenz von wahrer Identität, hinweist. Wenn eine Identität durch inneres Opfersein bestimmt ist, können wir beide entgegengesetzten Entwicklungen beobachten. Sie sind das Resultat einer Sozialisation, die wahre Identität nie zuließ.

Wenn wir heute von «Identität» sprechen, meinen wir «wahre» Identität. Aber das bedeutet nur, daß uns das Wort blendet, wodurch wir nicht zwischen «wahrer» Identität und ihrem Schein unterscheiden. Vielmehr beziehen wir uns häufig auf ein Übergangsstadium eines Sozialisationsverlaufs, in dem das Eigene entfremdet wird. In diesem Sinne verwendet wohl auch Victor Turner den Begriff «Übergangsphänomen» in seiner Analyse ritueller Verläufe in verschiedenen Kulturen. Diese Form von Identität, die sich oft national und völkisch definiert, hat keine innere Festigkeit. Wenn Identitäten vom Fremdsein bestimmt sind, « ... sind sie weder ein Ding noch ein anderes ... weder hier noch da; oder vielleicht nirgends (im Sinne einer erkennbaren kulturellen Topographie), und sind ... dazwischen und unter allen erkennbaren, fixierbaren Punkten in der ‹space-time topology› kultureller Klassifikation».[10]

Die von Malkki beschriebenen Flüchtlinge, die in der Stadt Kigoma lebten, hatten die Freiheit, etwas für sich zu tun. Die Angehörigen der Camp-Gruppe dagegen wurden wie Kinder behandelt. Man unterwarf sie einem strengen Regel- und Ordnungssystem. Diese Situation muß an alte Opfergefühle gerührt haben (verstärkt durch die mörderischen Erlebnisse des Genozids). So entstand um so mehr die Notwendigkeit, das innere Fremde nach außen zu projizieren. Im Kampf um die nationale «Reinheit» der Hutu wurden die anderen zu unsauberen Fremden, die man ihrer Individualität, Integrität und Würde beraubte. Auf diese Weise werden die Camp-Flüchtlinge weitergeben, was ihnen angetan wurde.

Flüchtlinge spiegeln diese Vorgänge am deutlichsten wider. Das erkannte wohl auch unbewußt Hannah Arendt, als sie davon sprach, daß «die abstrakte Nacktheit des nur Menschseins» für die Flüchtlinge des Zweiten Weltkrieges die «größte Gefahr darstellte».[11] «Alle Flüchtlinge werden mit dem Verlust ihrer Kultur, ihrer Identität und ihrer Gewohnheiten konfrontiert.»[12] Hinter solchen Aussagen verbirgt sich die Vorstellung, daß Menschen, die ihrer Kultur entrissen werden und dann «nackt» dastehen, nichts Inneres haben, auf das sie sich stützen können. Das sollte uns Grund genug sein, unsere Konzeption der Identität zu überdenken.

Wenn Identität eine grundlegende Konstellation von immanenten Persönlichkeitsmerkmalen ist, dann deuten diese Beobachtungen darauf hin, daß viele Menschen keine solche Identität besitzen. Die Nazi-Mentalität war darauf versessen, Menschen ihre Identität zu nehmen. Das KZ-Grauen hatte nicht einfach die körperliche Vernichtung im Sinn. Übergeordnetes Ziel war vielmehr, die menschliche Würde, die Persona, zu zerstören. Es waren Menschen ohne eigene wirkliche Identität, die anderen das nehmen mußten, was sie selbst nicht besaßen. Aus Rache töteten sie das eigene Fremde, das sie selbst zu einer eigenen wirklichen Identität hätte führen können.

Paul Celan erkannte die Verzweiflung derer, die diesem Vorhaben ausgeliefert waren: «Niemand knetet uns wieder aus Erde und Lehm, / niemand bespricht unsern Staub. / ... / Ein Nichts / waren wir, sind wir, werden / wir bleiben ... die / Niemandsrose.»[13] Menschen wie er konnten weder erniedrigt noch in ihrer inneren Substanz ausgelöscht werden, er blieb eine Rose für immer. Und der surrealistische französische Dichter Robert Desnos schrieb im Konzentrationslager: «Ich lebte stolz, doch oft gejagt ... unter den maskierten Sklaven ... und war doch frei ... Was, Menschen, habt mit diesen Schätzen ihr getan? ... Nur keine Angst, denn ich bin tot ... nichts, was euch bedroht» (aus dem Französischen von Ralph Dutli).

Es besteht kein Zweifel, daß zahlreiche Menschen keine innerlich gefestigte Identität haben. Schon vor vielen Jahren wiesen Studien über sensorische Deprivation nach, daß Personen, die man aus ihrem gesellschaftlichen und kulturellen Kontext gelöst hatte, psychotisch wurden.[14] Man erkannte jedoch nicht, daß dieser Vorgang vom Grad einer inneren Kohärenz abhängig war. Admiral Byrds autobiographischer Bericht über seine monatelange Isolation in der Polarregion zeigt, daß eine innere Lebendigkeit von äußerer Sinnes-Stimulation unabhängig macht.[15] Die Ärztin Evelyne Bone war sieben Jahre lang in Isolationshaft in einem ungarischen Gefängnis. Ihre reiche innere Erlebnis- und Gedankenwelt hielt sie jedoch aufrecht.[16] Einem Menschen, dem sein Inneres zum Fremden geworden ist, bleibt diese Möglichkeit verwehrt. Das ist wohl auch der Grund, warum in den Deprivations-Studien so viele Probanden psychotisch zusammenbrachen.

Menschen, die eine innere Kohärenz entwickeln konnten und daraus ihr Identitätsgefühl beziehen, verlieren auch unter extremen Frustrations- und Deprivationsbedingungen nicht ihr Vertrauen und ihren Glauben an sich selbst. Die für unsere Kultur typische Identität, die auf einer Identifikation mit Angst einflößenden Autoritäten beruht, ist dagegen ständig von Auflösung bedroht. Solche Menschen können ihr Selbst nur durch die Schaffung von Feindbildern konsolidieren, wie die Hutus im Camp. Oder sie assimilieren sich in die umgebenden Strukturen, wie es die Hutu-Flüchtinge in Kigoma taten. Letzteres gilt auch für die begeisterten Hitlerbewunderer, die sich nach dem Zusammenbruch des Dritten Reiches sofort den neuen demokratischen Gepflogenheiten der Sieger anpaßten.

In beiden von Malkki beschriebenen Fällen haben wir es nicht mit Selbstbestimmung, sondern mit den Folgen einer inneren Entfremdung zu tun, die Menschen an eine unerkannte Sklaverei bindet. Es gibt jedoch auch eine Identität, die unabhängig von der Umwelt existiert und deren Basis jene Vorgänge sind, die uns durch Entfremdung entzogen wurden. Zahlreiche Menschen, die in diesem Jahrhundert schrecklichen Erfahrungen in den Vernichtungslagern ausgesetzt waren, legen Zeugnis für eine solche eigene Identität ab. Auch jene amerikanischen Soldaten, die sich im Vietnamkrieg nicht an den Greueltaten, der Gewalt und der Folter beteiligten, stehen für diese Tatsache ein. Ich werde später noch einmal ausführlich auf das Thema zurückkommen. An dieser Stelle sei nur darauf hingewiesen, daß das Fremde in uns die Folge einer Kultur ist, die Kinder in ihrem

Lebendigsein nicht wahrnehmen kann und darf. Diese Strukturen sind sowohl Quelle der Gewalt als auch Ursache für die Entstehung von Identitätsdefiziten.

Es fällt schwer, sich in diesem System selbst zu erkennen, da unsere Wahrnehmung von einem Denkmuster bestimmt ist, das selbst Ausdruck der Sichtweise einer fremdbestimmten Identität ist. Ein Beispiel dafür gibt Jan Philipp Reemtsma mit seinem tief bewegenden Buch «Im Keller» (1997). Es ist der von Schmerz und Leid durchdrungene Bericht seiner Verschleppung, ein Dokument der Hilflosigkeit und Erniedrigung, die jedes Menschsein negiert. Sein eigenes Erleben brachte Reemtsma jedoch dazu zu glauben, daß ein Mensch keinen inneren Kern besitzt. «Wer vollständig ohnmächtig ist, ist bei lebendigem Leibe nicht mehr ‹da›», schreibt er (S. 195). Und: «Das Mißverständnis besteht darin, in der Seele des Menschen etwas wie einen Kern anzunehmen, den man ‹Ich› nennt.» Man glaubt, «man stößt auf ihn, wenn man nur konsequent genug in sich geht, und er ist es auch, der durch den ganzen Lebenslauf hindurch derselbe bleibt ... Und warum bleibt er derselbe? Weil es dieses Ich gibt. In Extremsituationen steht dieses Ich auf dem Prüfstand. Werden Körper und Geist geschunden, erleidet es auch Blessuren, aber am Ende hat es durchgestanden, und alle können sagen: Er ist trotzdem der alte geblieben! An die Vorstellung von einem solchen Ich mag auch die vom ‹Aushalten› gebunden sein. Ausgehalten hat man ‹das›, was immer es sei, wenn der Kern der Person unverwundet blieb. Man kommt aus dem Keller wie David Niven als englischer Offizier aus dem japanischen Käfig: als der, der man war. Applaus» (S. 197).

Reemtsmas Suche nach dem zuverlässigen Ich erfolgt unter einem Blickwinkel, der das Innere negiert. Deshalb kann er auch nicht erkennen, daß es ein Ich gibt, das auf einer inneren Kohärenz basiert. Ein solches Ich hat nichts mit den Vordergründigkeiten zu tun, die David Niven vorführen würde: männlicher Stolz und preußisch aufrechte Körperhaltung, die dem Feind Unverletzlichkeit demonstriert (wobei wir natürlich nicht wissen, ob der Privatmann Niven auch eine solche Haltung vertritt). Es speist sich vielmehr aus der Fähigkeit, empathisch wahrzunehmen und eine Würde zu bewahren, die nicht auf der Verleugnung, sondern auf der bewußten Perzeption von eigenem

Leid und eigenem Schmerz aufbaut. Ein solches Ich wird man in keiner Welt finden, die mit innerem Erleben nichts zu tun haben will und deren Vorstellung von Identität sich an Leistungs- und Machtkriterien orientiert. Reemtsma schreibt weiter: «Die abendländische Philosophie ist ... von diesem Problem umgetrieben. Immer wieder wird nach dem inneren Kern gefragt ... Wenn ich ... die Gefühle im Keller dagegen setze, muß ich gestehen ..., (daß sie) schlicht nicht da (waren) ... Es sind Mechanismen einer Persönlichkeitsstruktur (am Wirken), die in der europäischen Gewohnheit aufgewachsen ist, sich als Individuum aufzufassen, sich mit ‹ich› anzureden, und die in existentielle Schwierigkeiten gerät, wenn sie aus den dazu nötigen sozialen Räumen entfernt wird» (S. 197–199).

Reemtsma ist enttäuscht, daß auf das «Ich» im Ernstfall kein Verlaß ist. Er differenziert dabei jedoch nicht zwischen einem Selbst, das auf inneren Vorgängen beruht, und einer Identität, die vom Inneren abgetrennt ist, weil sie zum Fremden gemacht wurde. Das verleitet ihn zu dem Trugschluß, daß es einen inneren Kern nicht gibt. Er ist damit in der gängigen Semantik unserer Kultur gefangen. Deshalb übersieht er, daß es genau dieser Kern ist, dessen Existenz er bezweifelt, der ihn überhaupt *suchen* läßt. Das suchende Ich hielt den inneren Kontakt zu seiner Frau und seinem Sohn aufrecht und bemühte sich um ein Überleben in seiner verzweifelten Lage. Das «wahre» Ich verbirgt sich im Vorgang des Suchens, es hat nichts mit dem theoretischen Konstrukt eines Ichs gemein, das sich auf pure Äußerlichkeiten kapriziert.

Es ist das Suchen, das Menschen unterscheidet. Ein von innerem Fremdsein bestimmtes Selbst sucht nur nach äußeren Feinden, um das, was es in sich selbst ablehnen muß, jenseits seines Selbst zu orten und eventuell zu bekämpfen. Ein Selbst, das auf inneren Identitätsbezügen ruht, benötigt keine Feindbilder, um sich aufrechtzuerhalten.

Das Problem einer «falschen» Identität entsteht erst durch eine Entwicklung, die das Eigene zum Fremden macht, die auf Gehorsam setzt (direkt durch Zwang oder durch Belohnung). Ein Mensch, dessen Sozialisation davon geprägt war, daß er sein Selbst aufgeben mußte, wird nach anderen psychologischen Regeln leben als ein Mensch, der in seiner Kindheit angenommen wurde und sich frei entfalten durfte. Wer sein Eigenes zugunsten einer Identifikation mit lieblosen Eltern (und damit sind auch verwöhnende Eltern gemeint, worauf ich später noch zurückkomme) verwerfen mußte, wird oft zeitlebens von einem unbewußten inneren Terror angetrieben, den Unterdrücker zu idealisieren und die Liebe für das Eigene in Haß zu verwandeln. So kann ein authentisches Inneres nicht zustande kommen. Auch der eigene Schmerz und die eigenen Verletzungen können nicht als berechtigte Reaktion auf das akzeptiert werden, was einem angetan wurde. Die Angst und die Hilflosigkeit, die man erlebte, werden zum Fremden, da man sie unter dem Druck der elterlichen Ablehnung als beschämende Unzulänglichkeit von sich weisen mußte. Das Kind ist gezwungen, seine Gefühle zu verleugnen, nur so kann es eine lebensnotwendige Übereinstimmung mit dem Unterdrückenden aufrechterhalten. So wird nicht nur das Innere zum Fremden, der auf andere projiziert wird. Auch der erduldete Schmerz, den man sich nicht zugestehen darf, muß externalisiert werden, um an der Bindung an den Unterdrücker festhalten zu können. Das führt dazu, daß wir den Schmerz im anderen nicht nur suchen. Er wird auch provoziert, um seiner auf diese Weise habhaft zu werden.

Solche Menschen hatten nie die Möglichkeit, ein Urvertrauen als festen Bestandteil ihrer Persönlichkeit zu entwickeln. Statt dessen übernehmen sie eine «falsche Identität», die sie auch weiterhin dazu veranlaßt, repressive Autoritäten zu idealisieren und Rettung ausgerechnet von denen zu erhoffen, die eigentlich ihre Peiniger sind.

Unter solchen Umständen kann sich kein Inneres entwickeln, das uns vor der «abstrakten Nacktheit» des Menschseins bewahren könnte, von der Arendt sprach. Die Nacktheit kommt zustande, wenn die Entfaltung einer wahren Identität verhindert wurde. Sie ist dagegen Bestandteil einer falschen Identität, die auf Leistungen beruht und auseinanderfällt, wenn der gesellschaftliche Kontext diese Leistungen unmöglich macht.

Ein Überleben in den Todeslagern und im Gulag war jedoch nur möglich mit einer Identität, die auf inneren Vorgängen basierte. Das zeigte auch die Studie von T. Des Pres mit Überlebenden.[17] Wenn Identität nur das Ergebnis «äußerer Kriterien» wäre, wie Reemtsma glaubt (S. 203), dann müßten wir der Nazi-Philosophie recht geben. (Der Filmproduzent Hans Gulde sprach einmal davon, daß das griechische Drama den Versuch darstelle, die Konstruktion einer solchen inneren Identität zu dokumentieren.[18])

Des Pres schreibt: «Ohne Vergangenheit haben wir nichts, auf dem wir stehen können, haben keinen Kontext, von dem aus wir die Energien für eine moralische Version unseres Seins organisieren können.» Das aber setzt das Erleben einer wahrhaftigen Vergangenheit voraus, die ein von sich entfremdetes Selbst gar nicht entwickeln kann. Und: «Durch seine Schreie behauptet der Mensch sein Recht, seine Vergangenheit mitzuteilen, Hilfe zu verlangen und Widerstand zu leisten.» Diejenigen, die ihren Schmerz verleugnen müssen, können jedoch nur über den vermeintlichen Schmerz schreien, der ihnen angeblich von den «Fremden» angetan wird. Hier liegt die Ursache für den beeindruckenden Erfolg Hitlers, dem es gelang, seinen eigenen Verfolgungswahn als tatsächliches Erlebnis auf die gesamte deutsche Nation zu übertragen. Millionen Menschen machten sich seine pathologischen Projektionen als reale Verletzung zu eigen, weil sie das wirkliche Opfersein in ihrer individuellen Geschichte nicht wahrhaben konnten. Die Gefahr ist nicht gebannt. Dieser psychologische Mechanismus funktioniert auch heute noch, wenn Politiker es verstehen, die tiefsitzende Bereitschaft, sich als Opfer zu fühlen, für ihre eigenen Machtzwecke ausnutzen. Menschen bleiben so lange für einen Hitler empfänglich, wie sie nicht über ihren wahren Schmerz schreien können.

«Zu schweigen», schrieb Nadeshda Mandelstam (1970), «ist das wahre Verbrechen gegen die Menschheit.» Menschen müssen ihren Schmerz verschweigen, weil er den alten Terror wieder zum Leben erwecken würde. Das Tragische daran ist, daß auf diese Weise Identitätsstrukturen weitergegeben werden, die zustande kamen, weil ein Kind in der Ödnis totaler emotionaler Einsamkeit aufwuchs, weil sein Schreien nie gehört wurde und kein menschliches Echo fand. Wer die Grausamkeit einer solchen Gefühllosigkeit erfahren hat, ist kaum mehr dazu in der Lage, in menschlichen Beziehungen eine Verbundenheit, einen Sinn, ein Zuhause zu erleben.

Unter diesen Umständen kann ein Mensch sein eigenes Opfersein nicht mehr wahrnehmen. Er ist auch unfähig, seinen Schmerz als seinen eigenen zu erleben, weil er sich dessen schämt und sich dafür haßt. Vielmehr wird er den Schmerz, der ihm selbst fremd geworden ist, in einem anderen Menschen suchen. Er wird diesen Fremden dafür bestrafen oder foltern in dem Bestreben, sich selbst von dem beschämenden Schmerz zu befreien. Bei Menschen ohne Inneres kommt hier eine vom wahren Schmerz abgeleitete Verzerrung des Schmerzes ins Spiel: das *Selbstmitleid.* Das Selbstmitleid macht es dem Täter möglich, den «Fremden» für das eigene Verhalten verantwortlich zu machen. So braucht sich der Täter nicht schuldig zu fühlen, weder für sein Tun noch für das in ihm schlummernde Gefühl der Minderwertigkeit. Dieses ist es nämlich, das ihn dazu treibt, den andern als schwach abzuwerten. So wird ein Kreislauf in Gang gesetzt: Man bestraft den Fremden für das, wofür man einst selbst bestraft wurde.

Primo Levi schreibt in seinem Buch «Ist das ein Mensch» (1992): «Uns umgab das Meer vergangener und gegenwärtiger Leiden, und sein Spiegel ist Jahr um Jahr angestiegen, so daß wir beinahe ertrunken wären. Es war so sinnlos, die Augen zu verschließen oder sich abzuwenden, weil dieses Meer allgegenwärtig war, sich in allen Richtungen erstreckte bis zum Horizont ... Die Gerechten unter uns, weder größer noch geringer an Zahl als in jeder anderen menschlichen Gemeinschaft, haben Gewissensqualen und Scham, kurz gesagt: Leiden für eine Schuld ertragen, die nicht sie, sondern andere verursacht hatten, in die sie sich aber dennoch verstrickt fühlten, weil ihnen bewußt war, daß das, was um sie herum vorging – sowohl in ihrem Beisein als auch in ihnen selbst – unwiderruflich war. Niemals mehr würde das abgewaschen werden können.» Es ist, wie Jean Améry, der auch von der Gestapo gefoltert wurde, schrieb (1966): «Wer gefoltert wurde, bleibt gefoltert ... Wer der Folter erlag, kann nicht mehr heimisch werden in der Welt. Die Schmach der Vernichtung läßt sich nicht austilgen. Das zum Teil schon mit dem ersten Schlag, in vollem Umfang aber schließlich in der Tortur eingestürzte Weltvertrauen wird nicht wiedergewonnen.»

Aber die innere Würde blieb, undramatisch, nicht im Einklang mit unseren Erwartungen von einem Heldentum oder einer Leistung. Das Verhalten von Überlebenden ist ähnlich wie das von sogenannten seelisch Kranken. Für beide ist eine Dualität charakteristisch: äußere Unterwerfung und inneres Festhalten an einer eigenen Vision. Der südafrikanische Schrifsteller J. M. Coetzee verstand dies sehr gut, als er diese Dualität von

Ossip Mandelstams Widerstand gegen Stalin beschrieb (1996). Dieser Dichter, den Stalin in einem sowjetischen Gulag verhungern ließ, verherrlichte den Diktator in einem Gedicht – allerdings nur scheinbar, denn, so Coetzee, «er fabrizierte den Körper einer Ode, ohne sie wirklich zu bewohnen.»

Wir müssen davon ausgehen, daß jeder, der in unserer Kultur aufgewachsen ist, die Entfremdung des Eigenen zu einem gewissen Grad erlebt hat. Es kann deshalb uns allen passieren, daß wir einmal unser Inneres verraten oder beiseite drängen. So erging es auch Reemtsma. In der dritten Person von sich selbst sprechend, schreibt er (S. 178): «Einmal hatte er die Phantasie, der Entführer sollte ihn trösten, ihn berühren, die Hand auf seine Schulter legen.» Ich zitiere dazu Marcel Proust: «Wie haben wir den Mut, in einer Welt zu leben, in der die Liebe durch eine Lüge provoziert wird, die aus dem Bedürfnis besteht, unsere Leiden von denen mildern zu lassen, die uns zum Leiden brachten.»

Wir wurden zum Komplizen unserer Peiniger. Weil diese ihren Schmerz und ihr eigenes Opfersein nicht wahrhaben konnten, haben auch wir unser Leiden verleugnet. Erst wenn wir nachvollziehen können, wie uns die eigene Wahrnehmung fremd gemacht wurde, sind wir auf dem Weg zum eigenen Selbst.

Wole Soyinka beschreibt das Gegenmittel aus der Erfahrung seiner Folterhaft in Nigeria: «Der Gefangene sagt plötzlich zu sich selber, diese Kreatur kann mich nicht wirklich treffen. Sie kann mich nicht retten, deshalb kann sie mich auch nicht zerstören» (seelisch). «Diese Kreatur ist bedeutungslos, sie ist nicht real. Nur ich selber bin die Realität.»[19]

Nicht die Scham bewahrt uns vor der Phantasie, vom Täter gerettet zu werden, sondern ein Bewußtsein für unser Ausgeliefertsein an die eigenen Entwicklung. Nur so können wir erkennen, daß das, was uns von uns selbst entfremdet, die Auswirkungen eines tief verwurzelten Mechanismus sind, mit dem wir einst unser Überleben zu schützen glaubten: des Gehorsams.

Der Gehorsam

Die Ursachen des Gehorsams stehen in unmittelbarer Verbindung zu den Vorgängen der Entfremdung. Denn die Gewalt, die unser Eigenes zum Fremden macht, ist dieselbe, die den Gehorsam erzwingt. Das Ausmaß an Gewalt, das der Einzelne erfährt, bestimmt den Grad seiner Autoritätshörigkeit.

Stanley Milgrams Arbeiten (1963; 1975) zeigen, daß der Gehorsam in unserer Kultur eine viel größere Rolle spielt, als wir wahrhaben möchten. Wir selbst halten uns in der Regel ja nicht für gehorsam. Milgram hatte seine Untersuchungen in Connecticut durchgeführt, also einem jener US-Staaten, die 1776 als erste gegen England revoltierten und die gemeinhin als sehr demokratisch gelten. Milgram wollte Erklärungen für die Auswüchse des Gehorsams während der Nazizeit finden. Die Arbeiten von Theodor W. Adorno (1950) und Erich Fromm (1941) hatten ihn zu seinen Experimenten inspiriert. Zu seiner eigenen Überraschung zeigte sich dann, daß auch normale amerikanische Mittelklassebürger zu grausamen Taten bereit waren, wenn eine Respektsperson ihnen Gehorsam abverlangte. 65 Prozent von Milgrams Versuchsteilnehmern folgten ohne große Widerrede den Anweisungen eines Versuchsleiters, der als wissenschaftliche Autorität ausgewiesen wurde. In einem fingierten Forschungsprojekt ließen sie Menschen aus angeblich pädagogischen Gründen mit (vorgetäuschten) Elektroschocks behandeln, obwohl diese unter Schmerzen zusammenbrachen (die «Opfer» spielten dies vor). Selbst Schreie und Ohnmachtsanfälle der Gepeinigten konnten die meisten Versuchspersonen nicht davon abbringen, den Anordnungen des Leiters Folge zu leisten. Nur einer von dreien weigerte sich, mit der Quälerei fortzufahren. Milgrams Experiment wurde inzwischen in vielen Ländern, auch in Deutschland, wiederholt – stets mit denselben Resultaten.

Was geht in einem Menschen vor, der einen anderen aus Gehorsam quält? Der mit ansieht, wie sich sein Opfer unter Schmerzen windet, und trotzdem mit der Bestrafung fortfährt? Milgram ging dieser Frage nicht weiter auf den Grund. Auf meine Nachfrage bestätigte er mir jedoch in einem Briefwechsel, daß die Mehrzahl seiner «gehorsamen» Probanden während des Experiments psychosomatische Störungen entwickelten. Sie schwitzten, zitterten, fingen an zu stottern, bissen sich auf die Lippen und litten unter Krämpfen. Das heißt, daß sie die Schmerzen des anderen durchaus empathisch miterlebten, was auch aus den Untersuchungsprotokollen ersichtlich ist. Sie ließen sich jedoch durch ihre psychosomatischen Reaktionen auf das Leiden ihres Opfers in keiner Weise in ihrem Tun beeinflussen. Die Not des anderen, seine Schmerzen, sein Leid, seine Verzweiflung drangen also nicht wirklich in ihr Bewußtsein vor, obwohl es eindeutige psychosomatische Reaktionen darauf gab. Möglicherweise bedeutet dies, daß das Auftreten psychosomatischer Reaktionen bereits ein Anzeichen einer Entfremdung von der eigenen Wahrnehmung und den eigenen Gefühlen ist.

Die Wurzeln

Eine Patientin, deren Vater als hoher SS-Offizier im Krieg starb und deren Mutter sich dem nationalsozialistischen Erziehungsstil von Haarer[20] verpflichtet fühlte, berichtete mir von einem Autounfall. Eine Luxuslimousine war mit voller Wucht in die Fahrerseite ihres Wagens gefahren, während sie am Steuer saß. Der Fahrer zeigte weder Besorgnis um ihren Zustand noch Schuldgefühle, obwohl er die Frau in Lebensgefahr gebracht hatte. Es war reine Glückssache, daß sie unversehrt geblieben war. In der Therapiestunde erwähnte die Patientin den Unfall zunächst überhaupt nicht. Sie sprach nur davon, daß sie in der Nacht schreckliche Magenkrämpfe gehabt habe. Sie fürchtete zu sterben. In derselben Nacht träumte sie von einem Kissen, das auf ihrem Kopf lag und das ihr Gehirn freigab, sobald man es entfernte. Erst auf meine Nachfrage, was denn am Tag zuvor passiert sei, erzählte sie, fast nebenbei, von dem Unfall.

Ich wollte wissen, wie sie sich nach dem Zusammenstoß gefühlt hatte. «Ich fühlte nichts», antwortete sie, «wenn es brenzlig wird, denke ich immer an einen Bekannten, der lange im Spital war. Das Gehirn blendet ja alles aus. Der Kopf bewahrt mich vor dem Schmerz.» Ich: «Schmerz?» Sie: «Oh, meine Tochter rief an, und ich erzählte ihr, was passiert war. Sie fragte sofort: Und du? Ich war gerührt, daß sie das fragte.» – «Und?» wollte ich wissen. «Wie ging es Ihnen? Was war mit Ihrem Schmerz? Ihrer Empörung über diesen unbewegten Mann, der Sie so in Gefahr gebracht hatte?» – «Ich wußte nur, ich werde nicht leiden», antwortete die Patientin. Daraufhin ich: «Na ja, in der Nacht kamen Ihr Schmerz und Ihre Angst zurück, jedoch ohne eine Verbindung zu dem Geschehen.» Ich fragte sie, welche Gefühle sie mit dem Gehirn in ihrem Traum assoziiere. «Es war kühl», sagte sie. Nach ein paar Momenten fuhr sie fort: «Ich muß mich schämen, daß ich nicht selbst drauf kam.» Sie meinte damit, daß sie nicht gleich erkannt hatte, daß das «kühle Gehirn» ihre Lebensgeschichte symbolisierte. Ich: «Es ist auch nicht so einfach. Sie mußten immer kühl mit Ihren Schmerzen umgehen. Ihre Mutter verlangte es von Ihnen. Sie wundern sich doch immer, warum so viele Menschen glauben, daß Sie so stark sind. Sie haben mir oft erzählt, wie wütend Ihre Mutter wurde, wenn Sie Angst oder Schmerz zeigten.»

«Ja, ich wurde gelobt, wenn ich keine Schmerzen zeigte. Mein Stiefvater schnitt Warzen aus meiner Hand, die er nur mit einem Kältespray betäubt hatte. Ich war zehn Jahre alt, und ich zuckte mit keiner Wimper. Ihm aber wurde schlecht. Die Kälte ging durch und durch, ihm tat es weh. Mich machte das schadenfroh» (ein Anzeichen für die Umkehr eigener Gefühle; der Mensch wird sadistisch, indem sein eigener Schmerz ferngehalten wird). «... Der Mann mit dem Auto war völlig unbewegt.» – «Und Sie», fragte ich, «sind Sie darüber nicht empört?» – «Nein», sagte sie, «wenn man jemanden an sich heranläßt, ist man schwach. Wenn ich Schmerzen hatte, sagte Mutter immer: Nimm dich nicht so wichtig! Sie spricht immer noch voller Stolz davon, wie sie einmal Hitlers Hand drückte.» Ich: «Ja , für Ihre Mutter war er der Starke. Sie durften deshalb Ihren Schmerz nicht wahrhaben. Ihre furchtbare Not haben Sie in der Nacht erlebt, abgeschnitten vom Geschehen. Sie wurden ja bestraft für Ihr Leiden.» Sie: «Ja, ich habe deshalb als Kind oft kein Abendessen gekriegt, nur Brot und Wasser. Ich dachte aber immer, daß ich trotz Mutters Kontrollen überleben werde. Ich log oft, um meine Angst zu verbergen. Und sie sagte immer: Wer lügt, betrügt, und der kommt an den Galgen.» Ich: «Sie müssen als Kind deswegen enorme Ängste gehabt haben, Todesängste.» Sie: «Ja, ich war immer in Panik, wenn Mutter plötzlich ohne Anmeldung im Internat erschien.»

Diese Frau wehrt sich gegen ihren Schmerz. Und sie darf nie

zufrieden sein. Denn das würde sie möglichem Schmerz ausliefern. Ihr Schutz im Leben ist ihre Unzufriedenheit, ihr Opfersein, das sie vor der verletzenden Erkenntnis bewahrt, daß ihre Mutter sie nie geliebt hat. Sie spricht auch in dieser Sitzung davon: «Ich fürchte mich vor meinen eigenen Wünschen.» Würde sie ihre Mutter so sehen, wie sie wirklich war, nämlich lieblos und sadistisch, dann würde der ganze alte und ungeheure Schmerz wieder aufbrechen. Das kann sie noch nicht zulassen. Sie muß immer noch «stark» sein, im Sinne Hitlers und im Sinne jeder derartigen «männlichen» Ideologie. So sehr fürchtet sie ihren Schmerz. «Ich strahle Stärke aus, wo nichts dahinter ist ... Mein Körper stemmt sich gegen alles. Meine rechte Hand wird immer härter, steifer, wenn ich im Kopf weicher werden möchte. Da ist diese beginnende Härte in meiner Brust, im Zwerchfell. Es ist ein Unvermögen. Ich will dieses Versteinern nicht mehr.» Und gleich darauf: «Ich möchte es, dieses Versteinern ... Aber es tut weh. Nein, es ist unangenehm.» (!)

Die Patientin möchte trotz allem keine Gefühle haben. Gehorsam unterwirft sie sich noch immer den Anordnungen der Mutter. Sie darf keinen Schmerz fühlen. Die Angst ist zu groß, der Terror zu gewaltig, schließlich steht er in Zusammenhang mit einem sehr frühen seelischen Sterben. Noch kann sie sich nicht damit konfrontieren. «Ich kann nicht schreien», sagt sie. Und: «Es vergeht wieder. Ich bin unfähig, meiner eigenen Tochter das zu geben, was ich möchte – das Positive.» Das heißt: die Wärme, die sie als Kind selbst gebraucht und sich gewünscht hatte und die ihre Mutter ihr versagte. «Meine Mutter sagte immer: ‹Wir wollen nur das Beste für dich.› Wie oft habe ich meine Eltern unter die Erde gewünscht. Ich empfand es als ungerecht, wenn sie mir etwas unterstellten. Obwohl es ja wahr war, daß ich von ihnen wie von Trotteln sprach.» Ich: «Es war eine schlimme Zeit für Sie, noch schlimmer, da Sie ja die Anerkennung Ihrer Mutter brauchten. Kein Kind kann ohne sie überleben. Sie mußten Ihre Gefühle verhärten, sonst hätte der Schmerz Sie getötet.»

Die Patientin haßte ihre Mutter. Zugleich war der Terror, den diese in ihr auslöste, so groß, daß sie ihren Schmerz nicht zulassen konnte. Sie identifizierte sich mit der mütterlichen Ideologie, wonach Stärke bedeutet, keinen Schmerz zu empfinden. Ihr Eigenes, ihre Wünsche und Bedürfnisse nach Liebe, Zärtlichkeit und Weichheit wurden zu etwas Fremdem, das nach außen projiziert und mit Verachtung im anderen wahrgenommen wurde.

Das sind die Wurzeln des Gehorsams: Ein Kind ist nicht in der Lage, sich gegen die drohende Kälte elterlicher Autorität zur Wehr zu setzen. Da die Eltern seine Gefühle als schwach und wertlos einstufen, lernt es, sich für sein Eigenes zu schämen. So bringen Eltern das Kind dazu, sich für etwas schuldig zu fühlen, was sie selbst bedroht. Das Ergebnis ist ein tief in der Persönlichkeit verankerter Selbstwertverlust. Dieses Defizit im Selbstwert wird zum Antrieb für Gehorsam und das Sich-Einverleiben des elterlichen Diktats. Wie in Milgrams Experiment konnte die Patientin trotz somatischer Symptome sich selbst nicht in ihrer Angst und ihrem Schmerz erkennen. Täte sie es, würde sie sich als schwach und verachtenswert erleben.

Der Ursprung des Gehorsams ist also in den Prozessen zu suchen, die den Fremden in uns erzeugen. Mit dem Gehorsam geben wir unsere eigenen Gefühle und Wahrnehmungen auf. Wird ein Mensch im Verlauf seiner Identitätsentwicklung einmal in diese Richtung gezwungen, verläuft seine Entwicklung nach Gesetzen, die völlig anders sind als die, die das heute gängige psychologische Denken vorgibt. Das Festklammern an der Autorität wird dann zu einem Lebensgrundsatz. Obwohl man sie haßt, identifiziert man sich mit ihr. Die Unterdrückung des Eigenen löst Haß und auch Aggressionen aus, die sich aber nicht gegen den Unterdrücker richten dürfen, sondern an andere Opfer weitergegeben werden. Typisch für diese Entwicklung ist immer, daß das eigene Opfersein verleugnet wird. Denn der eigene Schmerz und das eigene Leid waren ja einmal Bestandteil dessen, was uns wertlos machte. So wird das Opfersein zur unbewußten Basis für das Tätersein. Gleichzeitig wird der Gehorsam zur gesellschaftlichen Institution, mit der diese Krankheit, von der wir alle zu einem gewissen Grad betroffen sind, die wir aber nicht als Krankheit erkennen, weitergegeben wird.

Es ist nicht einfach, den Terror zu realisieren, der hinter all dem steht. Zu sehr haben wir alle gelernt, ihn zu verleugnen. In der psychotherapeutischen Praxis werden wir immer wieder mit diesem Terror konfrontiert. Wir nehmen ihn allerdings nur wahr, wenn wir als Therapeuten ihn zulassen können.

Ein Beispiel: Die Kindheit und das Familienbild eines Patienten wurden von einem gewalttätigen und bestrafenden Vater geprägt, der früher freiwilliges Mitglied der Waffen-SS war. Der Patient fühlt sich verantwortlich für diesen Vater. Ihm sind die dahinterstehenden Schuldgefühle nicht bewußt, obwohl das bedrohliche Gefühl, das ihn ständig beschleicht, durch eine Angst vor dem Gestraftwerden verursacht wird.

Langsam rühren sich Zweifel in ihm über sich und seinen Vater. Die therapeutischen Gespräche haben ihn, so sagt er, «lokkerer» gemacht: «Ich bin empfindlicher geworden, ich spüre mehr ... auch Trauer, und das destabilisiert mich (!). Früher war es einfacher. Ich wollte meine Ruhe vor Leuten haben, baute eine Mauer um mich. In meiner Kindheit und in meiner Jugend spürte ich viel, aber es belastete mich, es schmerzte. Dann wollte ich nicht mehr so empfindlich sein. Jetzt kehrt das Gefühl wieder. Es geht auch darum, meine Bedürfnisse durchzusetzen. Das macht mir Angst. Im nachhinein bin ich traurig, dann böse, daß die andern stärker sind. Früher machte ich mich in solchen Situationen unempfindlich, das war mein Ausweg. Früher hatte ich immer Zweifel, ich konnte mich nicht entscheiden. Diese Unsicherheit kommt nun zurück. Das ist wie eine Schwäche.»

Ich möchte wissen, wie es zu diesem Gefühl kommt. Er: «Ich fürchte zu versagen, wenn ich Zweifel habe.» Ich: «Könnte das nicht der Anfang von etwas sein?» Er: «Ich werde handlungsunfähig.» Ich: «Zweifeln heißt wohl für Sie, daß Sie Ihren Vater in Frage stellen.» Er stimmt mir zu: «So ist es auch mit Vorgesetzten. Ich bin autoritätshörig. Ich wäre in Milgrams Experiment auch einer von denen gewesen, die andere aus Gehorsam gequält haben. Ich habe immer Angst, bestraft zu werden.»

Das sagt ein Mann, der in seiner Arbeit so empathisch und emotional ist, daß ihm Kollegen bereits eine zu große Identifikation mit den Leiden seiner Klienten vorwarfen. Sein starkes Gefühl, für seine Eltern verantwortlich zu sein, illustriert die Beharrlichkeit, mit der wir auch als Erwachsene an der uns aufgezwungenen Lüge über unsere eigene Biographie festhalten. Der innere Terror bringt uns dazu, die Aggression der Eltern als Liebe zu erleben. Diese Verkehrung ist tief in unsere Seele eingebrannt. Sie läßt sich nur auflösen, wenn wir uns dem dahinter verborgenen Terror stellen und ihn gegenwärtig machen. Dazu braucht man Distanz. Um diese zu entwickeln, benötigt man einen anderen Menschen, der einen auf diesem Weg begleitet, um durch den Aufbau von Vertrauen diesen alten Terror wieder aufsteigen zu lassen.

Dieser Terror ist so groß, daß die meisten Menschen ihre Eltern trotz aller rationaler Kenntnisse nur so erleben können, wie diese es ihnen aufgetragen haben. Ein Beispiel dafür liefert Martin Bormann, Sohn von Hitlers Reichsleiter Bormann, in seinem Buch «Leben gegen Schatten» (1996). Sein Vater war bereits in den frühen zwanziger Jahren in Verbrechen wie den Parchimer Fememord (mit Rudolf Höß) verwickelt. Dem Sohn jedoch erscheint sein politisches Leben nur «undeutlich erkennbar». Aus Bormanns Autobiographie geht deutlich hervor, daß sein Vater nie für ihn da war. Dennoch beschreibt er ihn als eine Person, der er nichts als Dankbarkeit schuldet: « ... denn meinen beiden Eltern verdanke ich mein Leben, ohne ihr Leben und ihre Liebe wäre ich nicht!» Dem Sohn Bormann war es nicht möglich, sich seinen wirklichen Erfahrungen zu stellen. Er war darauf «verpflichtet» worden, seinen Vater zu lieben. Man kann sich nicht einfach von diesem durch Gehorsam erzwungenen «Nicht-Sein» trennen. Obwohl er von seinem eigenen Erleben abgeschnitten war, gelang es Bormann, sich nach dem Zusammenbruch des Nazistaates ein eigenes Leben zu erarbeiten: Er trat zum katholischen Glauben über, den der Vater bekämpft hattte. Als Missionar ging er in den Kongo, um sich dort Opfern zu widmen.

Auch Kurt Meyer durchlebte eine Erziehung, die sich dem Mythos der Stärke und der emotionalen Verhärtung verschrieben hatte. Sein Vater war der Panzergeneral der Waffen-SS Kurt Meyer. Meyers Bericht «Gemeint ist, wenn der Kopf ab ist» (1998) spiegelt mit großer Eindringlichkeit wider, wie schwierig es ist, sich der Wahrheit über Eltern zu nähern, die Gehorsam durch Demütigung und Bestrafung erzwungen hatten. Kinder, die einen solchen Terror erlitten haben, müssen oft ein Leben lang ein Elternbild verteidigen, das diese als liebevoll, warmherzig und fürsorglich erscheinen läßt. Das nicht zu tun macht angst. Diese Angst ist so immens, daß man sie bereits abwehrt, bevor man sie überhaupt spüren kann.

«Wir machten einen Spaziergang durch den Stadtpark in Hagen, in dem sich heute noch ein Kriegerdenkmal befindet, eingefaßt von einem kreisrunden Mäuerchen. In das Denkmal waren die Namen der Gefallenen beider Weltkriege eingraviert und der übliche Satz: ‹Den gefallenen Söhnen› oder so ähnlich.... Ich war zwölf Jahre alt und kam auf die Idee, auf diesem Mäuerchen herumzuklettern. Ich stellte mir vor, daß du mit deinem Stock in der rechten Hand auf dem Weg gehen würdest und ich auf dem Mäuerchen ein bißchen neben dir laufen könnte. Wir wären beide gleich groß gewesen. Ich erinnere mich nicht mehr genau – ich weiß nicht, welche Hand du hochhobst, welche Backe du getroffen hast. Du hast mir eine runtergehauen, weil ich auf dem Mäuerchen des Kriegerdenkmals herumgelaufen bin. Ich war sehr beschämt, wir haben danach lange nicht miteinander gesprochen» (S. 21). Und trotzdem schreibt er an anderer Stelle: «Ich und der Vater sind eins»! Und: «Ich habe ... die Liebe meiner Eltern, der Freunde, der Familie nicht aufs Spiel setzen woll(en)» (S. 239). «Ich erlebte Vertrauen und Verläßlichkeit in zwischenmenschlichen Beziehungen auch durch deine Kameraden und Freunde» (S. 241, er spricht hier den Vater direkt an).

Hier ist ein Mann, der wirklich mit sich gerungen hat, um einen Standpunkt zu einem Vater zu finden, der in seinem Menschsein zutiefst versagt hatte. Er wußte um dessen Greueltaten und erkannte das Ausmaß seiner Verfehlungen. Trotzdem fällt es ihm ungeheuer schwer, sich dem Terror zu stellen, der ihm als Kind das Eigene nahm. Für Menschen, die völlig von ihrer Vergangenheit, von ihrem eigenen Opfersein, abgetrennt sind, ist dies oft geradezu unmöglich. Ich werde mich später an anderer Stelle noch einmal intensiv mit diesem Problem und den politischen Folgen auseinandersetzen.

Menschen halten sich für autonom, eigenständig und in ihren Gefühlen authentisch. Doch nur wenige sind aufgrund dieser Art von Identität wirklich dazu in der Lage. Das illustriert auch Kurt Meyers Bericht: «Hitler hat mit Erfolg schon zu seinen Lebzeiten dafür gesorgt, daß ihr» (er spricht hier die deutsche Jugend an) «eine kritische Distanz zu eurem eigenen Erleben nicht entwickeln solltet. Nach seiner Meinung sollte die Jugend ‹deutsch denken› und ‹deutsch handeln›, und wenn ‹diese Knaben› erst einmal die Organisationen des Staates durchlaufen haben, da war er sich sicher, dann ‹werden sie nicht mehr frei ihr ganzes Leben›» (S. 48; Meyer zitiert aus Hitlers Rede in Reichenberg 1938).

Aus einem Brief seines Vaters zu Weihnachten 1947: «Ihr Lieben, in der heutigen Stunde fühle ich natürlich besonders die Härte unserer Trennung und vermisse Eure lachenden Stimmen und Liebkosungen schmerzlich, und kann mir kaum vorstellen, daß Ihr mit unserer liebenden Mutter und Oma unter dem Weihnachtsbaum steht und an Euren einsamen Vater denkt.» Dies ist eine zur Schau gestellte Emotionalität, die vermeintlich wahre Gefühle vortäuscht. Doch es stecken nur zwei echte Empfindungen hinter diesen Worten: Schuldzuweisung und Selbstmitleid. Schuldzuweisung in dem Hinweis, daß sich der Schreiber nicht vorstellen kann, daß seine Familie ohne ihn Weihnachten feiert – wehe ihnen, wenn sie es dennoch tun und es auch noch genießen! Selbstmitleid, weil er seine Einsamkeit beklagt. Für diese gab es jedoch einen guten Grund: Meyer saß im Gefängnis für den Mord an kanadischen Soldaten im Krieg. Worum es dem SS-Panzergeneral in seinem Brief wirklich geht, offenbaren andere Zeilen: «Sie (die Liebe) fordert die bedingungslose Hingabe und duldet weder Feigheit, Ichsucht oder Faulheit ... Prüft Euch selbst und seht in Euren Taten den Spiegel Eurer Seele ... Lernt, arbeitet, singt und lacht und helft mit Euren fleißigen Händen, die Lasten der Familie zu tragen. Keine Arbeit ist zu schwer, kein Weg zu lang und keine Hingabe unnütz.» Und dann: «Jede ungehorsame Handlung, jede Disziplinlosigkeit muß in Euren Herzen brennen und Euch zwingen, das Vergehen zu bereuen und um Verzeihung zu bitten» (S. 38 f).

Wie soll ein Kind eine solche Widersprüchlichkeit verkraften? Wie soll es der Tatsache ins Auge blicken können, daß sein Vater es nur gefügig machen will, wenn er ihm sagt, daß er es liebt? Ein Kind braucht den Glauben an Liebe so sehr, daß es die Wirklichkeit umkehrt. Als Erwachsener erkennt der Sohn, daß es dem Vater immer nur um ein «Ich will», «ich möchte», «Ihr müßt», um «Wille» und «Haltung» geht. Doch wie soll ein Kind die dahinter verborgene Kälte wahrnehmen können, wenn es Wärme und Geborgenheit braucht, um weiterzuleben? Wenn nur die Gewißheit, in liebevollen, wohlwollenden Händen zu sein, es vor Terror und abgrundtiefer Verzweiflung bewahrt? Als Meyer fünf Jahre alt war, gab der Vater der Mutter briefliche Anweisungen, wie sie dem Jungen das Schwimmen beizubringen hatte: «Hast Du meinen Wunsch befolgt und K. (!) im Schwimmen unterrichtet? Der Bursche ist groß genug, binde eine Leine um seinen Leib und dann hinein ins Wasser. Kümmere Dich nicht um sein Geschrei, es stärkt seine Lungen und ist somit eine fördernde Beigabe» (S. 34). Und: «Deine Kinder sollen ‹wissen, daß sie Prügel verdient haben›. Sie sollen zu ‹brauchbaren anständigen Mitgliedern der menschlichen Gesellschaft erzogen werden› … Züchtige sie, belehre sie, gib den Trabanten den Grund, der zur Züchtigung geführt hat, und damit basta.»

Dieser Vater kennt nur Härte. Was als elterliche Besorgnis um die Erziehung des Jungen geltend gemacht wird, ist pure Sentimentalität. Mit liebevollen Gefühlen hat diese nichts zu tun. Im Gegenteil: Es verstecken sich nur Kälte und Ignoranz für die kindlichen Nöte dahinter. Dem Vater geht es um Selbstdarstellung. Selbstverliebt spielt er eine Rolle, in der er sich gefällt. Er selbst ist ein kleiner, gehorsamer Bube, der für Anerkennung wirbt. Das ist es, was Menschen wie der Panzergeneral tatsächlich mit Begriffen wie «Ehre», «Treue» und «bedingungsloser Hingabe» meinen und einfordern.

Man fragt sich, was solche Menschen empfinden, wenn man die Wahrhaftigkeit ihrer Gefühle in Frage stellt. Die Antwort ist deprimierend: Sie empfinden nichts, und sie sind sich dessen manchmal sogar bewußt. Wilhelm II., der letzte Kaiser, vertraute dem Fürsten Eulenburg folgendes an: «Der Kaiser erinnerte sich mit Bitterkeit an die bei ihm angewendeten Erziehungsmethoden, vor allem an die mangelnde Liebe der Mutter und die verfehlten Experimente seines Erziehers. ‹Er wollte aus mir sein Ideal eines Fürsten machen … So kommt es, daß ich absolut nichts empfinde, wo andere leiden … Es fehlt mir etwas, das andere haben. Alle Lyrik in mir ist tot.›»[21] Was ihm übrig blieb, so Meyer, war ein Sichbeweisen durch «Tüchtigkeit». Ein «Wert», der, in seiner Abstraktheit jeder emotionalen Anbindung beraubt, letztlich auch das gefühllose Töten möglich macht.

Die Fesseln bleiben dennoch. Sie zu sprengen ist deshalb so schwer, weil dadurch der Terror wieder zu neuem Leben erwacht, der uns einst dazu zwang, die elterliche Gewalt in Liebe umzudeuten. In einem bewegenden und sehr einfühlsamen Nachwort zu Kurt Meyers Buch schreibt Heinrich von Trott zu Solz: «Es scheint, als stoße Kurt Meyer (in diesem Buch) an die Grenzen seiner eigenen Befangenheit im Herrschaftsbereich des Vaters. Denn so einleuchtend der akut politische Charakter dieser kritischen Beschäftigung mit der Lebensgeschichte Kurt

Meyers senior, des Panzergenerals der Waffen-SS, und mit der Zeit, in der er lebte, auch ist, so sehr also hier das allgemeine Problem der Nachkriegsgeneration existentiell erlebt und gedeutet wird, so sehr fällt es doch auf, wie schwer es ihm heute noch wird, in der Verhaftung mit dem Vater die ureigene Ortsbestimmung gleichsam herauszukristallisieren» (S. 260).

Der Gehorsam ist aufs tiefste verwurzelt in dem Prozeß, der zur Entfremdung des Eigenen führt und dessen Kern die Unmöglichkeit bildet, die Eltern so wahrzunehmen, wie sie wirklich sind. Dieses Problem äußert sich nicht nur im Verhältnis zu Mutter und Vater. Wir bilden uns heute viel darauf ein, rational und realistisch zu sein. Tatsache jedoch ist, daß alltägliche Verleugnungen «normaler» Bestandteil unserer Kultur sind. Der Wahrheit ins Auge zu blicken fällt uns generell schwer. Wir alle sind gefangen in der Angst zu sehen, was wirklich ist. Dies zu erkennen würde eine ganz andere Art von Psychopathologie voraussetzen als die, die heute üblich ist. Wir stufen solche Menschen als normal ein, die sich der allgemeinen Verleugnung anpassen und so in unserer Kultur erfolgreich operieren. Es stimmt hoffnungsvoll, daß es Menschen gibt, die sich zumindest zum Teil befreien können. Der dänische Film «Das Fest» von Thomas Vinterberg (Sonderpreis Cannes 1998) zeigt, daß ein Aufdecken der Verleugnung möglich ist.

Zwei Forschungsprojekte, die sich dem Thema der Autonomie-Entwicklung widmeten, haben gezeigt, daß die Weichen zum Menschlichsein oder zur Entfremdung schon früh gestellt werden. Helen Bluvol und Ann Roskam führten Studien (beide 1972) an einem Gymnasium durch. Sie untersuchten zwei Gruppen von Schülern – eine, die äußerst erfolgreich war, und eine andere, deren Leistungen zwar als genügend eingestuft werden konnten, die aber kein großes Interesse an Erfolg zeigte. Die erste Gruppe zeichnete sich durch ein starkes Bedürfnis nach Bestätigung aus; diese Schüler reagierten mit Angst, wenn sie den Eindruck hatten, von gängigen Verhaltensnormen abzuweichen. Die Schüler dieser Gruppe waren auch unfähig, die Eltern als eigenständige, differenzierte Menschen wahrzunehmen. Sie neigten dazu, nicht nur die Eltern, sondern auch andere Autoritätspersonen wie ihre Lehrer zu idealisieren. Die Gruppe der wenig erfolgsorientierten Schüler dagegen beschrieb die Eltern als reale Persönlichkeiten mit guten und schlechten Seiten. Idealisierungen waren ihnen fremd.

Bluvol und Roskam fanden noch etwas heraus: Die erfolgsorientierten Schüler, die ihre Eltern idealisierten, hatten eine starke Tendenz, ihre Mitschüler zu Unterlegenen zu machen. Nur dann empfanden sie sich als «autonom». Hier sehen wir die Auswirkungen des Fremden und des Gehorsams. Die Gruppe, die sich in Hinblick auf Erfolg und allgemeines «Wohlverhalten» den allgemeinen Normen unterordnete und somit am stärksten im System elterlich autoritärer Erwartungen gefangen war, fühlte sich unabhängig – und zwar dann, wenn sie andere niedermachen konnte. Das heißt: Wir erleben das Gefühl von Freiheit und Autonomie, wenn wir das Fremde im anderen – und damit in uns selbst – bestrafen.

So kommt es zu zwei problematischen Fehlentwicklungen. Erstens: Im Fall der Leistungsorientierten wird Ehrgeiz verknüpft mit dem Prozeß der Entfremdung. Ehrgeiz als ein «Mit-sich-selbst-Ringen» kann auch zum Transzendieren eigener Möglichkeiten führen. Wenn er jedoch auf die Bestätigung für gehorsames Verhalten abzielt, ist er ein Resultat der Entfremdung. Zweitens: «Autonomie» kehrt sich bei dieser Entwicklung in eine Perversion um und bringt eine Verzerrung der Gefühlslage mit sich. Einen anderen zu beherrschen und herunterzumachen vermittelt dabei ein Gefühl des Freiseins, weil es von der Last des eigenen Opferseins befreit.

Es ist der Gehorsam, der diese Prozesse in Gang setzt. Der Jesuiten-Pater Lejeune verbrachte im Winter 1632/1633 mehrere Monate in der Nähe des heutigen Quebec in Kanada, um dort den Montagnais-Maskapis-Indianern die Lehren und Gebote des jesuitischen Christentums zu predigen. Seine Aufzeichnungen[22] sind eindrucksvolle Beispiele dafür, was eine auf Gehorsam bedachte Religion bewirkt. Bekehrte Indianer begannen sofort nach Opfern zu suchen, damit sie diese bestrafen konnten. Lejeune berichtet von einem Indianer, der «mehr vom Beten hielt als vom Leben selbst, und der lieber sterben wollte, als es aufzugeben». Er schreibt von Kindern, die riefen: «Wir bestrafen die Ungehorsamen!» Die Bekehrten sagten: «Man hat uns beigebracht, daß Gott die Gehorsamen liebt; wir sehen, wie die Franzosen Gehorsam ausüben. Sie haben einen so großen Respekt vor dieser Tugend, daß sie jeden bestrafen, der versagt.»

Es ist, als ob die erzwungene Unterwerfung unter abstrakte Prinzipien zu einer vermeintlichen «Selbstfindung» wird, weil man sich dabei als gut und gläubig erlebt und von der Autorität akzeptiert wird. Lejeunes Beobachtungen lassen darauf schließen, daß unter den Montagnais-Indianern auch solche waren, die schon früher dazu neigten, das Eigene zu verwerfen. Aber es gab nicht viele, die sich bekehren ließen. Das deutet darauf hin, daß es zwar unterwürfige Identitätsentwicklungen gab, diese jedoch nicht sozial belohnt und gefördert wurden. Gehorsam und Bestrafung hatten keinen kulturellen Wert in dieser Gemeinschaft. Erst die abstrakten, auf Gehorsam basierenden Lehren der Jesuiten ließen eine unterschwellige Bereitschaft dazu akut werden. Dadurch wurde das Bestrafen zur Weitergabe des eigenen aktualisierten Opferseins.

Die eigene Lebendigkeit, die man nicht mehr erleben und ertragen darf, wird so zum Opfer. Es ist, als ob ein Teil der eigenen Psyche durch einen Fremdkörper, den der Autorität, ersetzt wird. Das Eigene aber wird weiterhin als fremd außerhalb des eigenen Selbstbildes verfolgt. Wenn das passiert, verliert ein Mensch seinen Zugang zu seinem Schmerz und seiner Angst. *Angst muß grundsätzlich unterdrückt bleiben.* Das ist der Grund, warum Menschen, die ursprünglich Opfer waren, andere in Angst und Leiden versetzen müssen. Nur so können sie der Angst und dem Schmerz, die ihnen genommen wurden, wieder habhaft werden und sie vernichten.

Wie sehr Angst vom Bewußtsein abgespalten werden kann, illustriert folgender Fall. Ein österreichischer Patient, heute fünfzig Jahre alt, spricht über seinen Vater, wie er als Zwölfjähriger ihn erlebte. Der Vater war Lehrer in Tirol und ging mit seiner Klasse über einen Gletscher ohne Sicherheitsseil. «Alle mußten mit einer Picke für jeden Schritt Stufen ins Eis schlagen. Vater war ein religiöser, unerschrockener Mann. Er sah keine Gefahren. Die Kinder hatten Angst, aber sie waren alle überkonzentriert bei der Sache.» Nach einer Pause sage ich: «Er verneinte Angst, aber sein Vorgehen mit den Schülern war doch unverantwortlich.» Der Patient: «Sie meinen? – So habe ich es noch nie betrachtet. Aber jetzt, in diesem Moment, kommt mir was zurück. Ich war vier Jahre alt. Vater machte mit seiner Gymnasialklasse einen Ausflug an einen See. Ich kam mit auf dem Kindersitz seines Fahrrads. Der See war acht Kilometer von dem Ort entfernt, in dem sie lebten. Auf dem Wasser war ein Floß, etwa fünfzig Meter vom Ufer entfernt, an eine Leine gekettet. Die Schüler schoben es zum Ufer. Ich kletterte drauf, und sie stießen es hinaus mitten auf den See. Sie spielten mit mir, schaukelten das Floß hin und her. Das Floß war naß, und ich rutschte ins Wasser. Ich war plötzlich auf dem Grund des Sees. Ich erinnere mich, ich saß da auf dem Grund, vier bis fünf Meter tief, ich sah grünes Wasser, hatte gar keine Angst. Ich sah ganz deutlich die Luftblasen. Plötzlich kam Vater, brachte mich zum Strand. Ich mußte mich übergeben. Er pumpte meine Lungen leer, er rettete mich, aber ich habe keine Erinnerung danach.» Ich sage: «Sie waren nahe am Ertrinken!» – «Ja, das muß so gewesen sein. Später hatte ich Schwierigkeiten, schwimmen zu lernen.» – «Es scheint mir, da steckt Ihre Angst, in dieser Schwierigkeit.» – «Ja», sagt der Patient, «die Schüler machten sich einen Spaß. Doch wo war mein Vater? Sah er es nicht? Ich war öfters in Gefahrsituationen, in denen andere gestorben wären.»

Dieser Mann kam zur Therapie, weil er gemerkt hatte, daß er die Schwierigkeiten, die Geschäftspartner ihm bereiteten, zu spät erkannte. Er verleugnete Gefahren, die von anderen ausgingen, und er erkannte nicht, wenn diese ihm übel wollten. Erst als ihm daraus finanzielle Schäden entstanden, wurde ihm klar, daß mit seinem Einschätzungsvermögen etwas nicht stimmen konnte.

Von einer anderen Patientin erfahren wir etwas über den inneren Terror, der sich hinter einer solchen Verleugnung verbirgt. Diese Frau, eine Biologin, sprach davon, daß sie sich in zwischenmenschlichen Beziehungen immer nur vom Kopf her bewege und keine Gefühle zulassen könne: «Mein Herz und meine Gefühle interessieren keine Sau» (sie weint, als sie das sagt, was am Anfang der Therapie, vor zwei Jahren, noch nicht der Fall war). «Ich gehe auf Tauchstation. Was mache ich falsch, daß ich traurig werde, wenn ich Gefühle zulasse? Keiner bringt es fertig, mich gern zu haben, wenn ich meine Gefühle ausdrücke. Wenn ich Lorain sage, was ich denke (also fühle), haßt sie mich. Und der Haß in ihr macht mir Angst. Ihre Kälte bringt mich um. Meine Mutter kann das immer noch mit mir. Ich kann mich nur schützen, wenn ich mich hinter eine Mauer stelle. Sie sagen, ich werde jetzt nicht sterben. Ich hatte nie daran gedacht zu sterben. Ich hatte ja diesen Phantasie-Sarg, in den ich mich schon als kleines Kind flüchtete … Komisch, Sterben kommt mir jetzt in den Sinn, wenn ich davon spreche, *mich nicht zuzumauern. Ich sehe jetzt, daß der Sarg meiner Kindheitsflucht ein Sterben gegen das Sterben war!*»

In der darauf folgenden Sitzung entwickelte sich ein Dialog, aus dem hervorgeht, wie verworren und undurchsichtig der Umgang von Eltern mit den Gefühlen ihrer Kinder sein kann. Was Eltern für Fürsorge halten, weil sie glauben, dem Kind in seiner Not zu helfen, ist in Wahrheit oft das Gegenteil. Sie verstehen die Not ihres Kindes gar nicht und benutzen es nur, um sich selbst als freundlich, großzügig und unterstützend zu erleben. «Das Weinen letztes Mal tat mir gut», sagt die Patientin. «Es ist komisch zu lernen, daß das Ausdrücken von Leid hilft. Ungewöhnlich! Wie eingesperrt, wenn man es nicht tun kann.

Daß meine Gefühle für Mutter nicht richtig waren, das verletzte mich, das machte mich stumm. Letzte Stunde, als ich vom Einschläfern meines kranken Hundes sprach, sagten Sie, daß ich jetzt schreckliche Gefühle durchlebe, als ob man einen Freund umgebracht hat. Da blieb mir der Mund offen. *Es war schrecklich.* Alle anderen würden sagen, daß ich spinne – ‹du hast ihn doch nicht umgebracht›. Es tut mir gut, daß es *schrecklich sein darf.*

Was war der Grund für die Lieblosigkeit meiner Mutter? Warum mußte sie so zu mir sein, daß ich mich in meiner Phantasie in einen Sarg zurückziehen mußte?»

Diese Patientin war gefühllos und kühl geworden, weil man ihr Gefühle wie Angst und Trauer nicht zugestanden hatte. So etwas wird einem Kind auch dadurch vermittelt, daß Gefühle wie Trauer unter der Vorgabe von Fürsorglichkeit nicht zugelassen werden.

Ich möchte den hintergründigen Terror, der um die Abspaltung von Gefühlen im allgemeinen und von Angst und Leid im besonderen kreist, an einem weiteren Beispiel verdeutlichen.

Eine Sozialarbeiterin, selbst in Analyse, berichtet von ihrem Entsetzen über das verzerrte, höhnische Lächeln eines ihrer Klienten. «Dieser Sadist, wenn er Frauen quält und darüber berichtet, hat er dieses Grinsen. Eigentlich muß er so grinsen, um seine eigene Not zu spüren. Erst dann, wenn er seine eigene Traumatisierung wieder erlebt, hören seine Not und sein Grinsen auf.» – «Das», sage ich, «hat auch mit Ihrer Not zu tun.» – «Ja, Mutter hat es uns angetan. Wenn wir unsere Not zeigten, dann hat sie uns bestraft. Deswegen sagte ich, als ich heute reinkam, daß ich was Eiskaltes tun könnte.» Ich: «Es ist, als ob man den anderen Schmerzen zufügen muß, um sich selber zu spüren und dann die Schmerzen im anderen zu bestrafen.» – «Es ist wie der patriarchale Männlichkeitswahn meines Vaters, die Lust an den Schlachtfeldern, und das Mörderische in meiner Mutter ... Ich schäme mich.» – «Ich glaube, es geht um etwas anderes. Ihre Mutter verneinte ihr Leid, deswegen war sie für Sie nicht erreichbar, Sie konnten sie nicht mit Ihrem Schmerz und Leid berühren.» – «Es ist absurd und verrückt.» Die Patientin weint: «Ich habe ein Bild von mir von zerstückelten Leichen, aber alles ist vom Gefühl abgespalten ... Sie füttern mich mit der Schlachtfeldmentalität, es ist ein bösartiges Karussell.» Die Patientin erlebt mich in diesem Moment, wie sie ihre Mutter erlebte, die sie hilflos und ohnmächtig machte. Um dieser unerträglichen Hilflosigkeit zu entkommen, mußte sie sich mit ihrer Mutter identifizieren. «Vielleicht haben meine Geschwister recht, wenn sie sagen, daß diese ganze Geschichte, unsere Familiengeschichte, sie nicht interessiert. Warum muß ich mich daran halten? Dieser SS-Panzergeneral Kurt Meyer, der war wie mein Vater. Nachdem dieser General aus dem kanadischen Gefängnis entlassen wurde, hing Hitlers Bild weiter in seinem Zimmer. Genau wie mein Vater schrieb er von der Front, er tue alles für seinen Sohn. – Ich bin gehässig, auch zu Ihnen, weil ich den Haß nicht aushalten kann. Sie zeigen mir, wie sehr ich mit meinen Eltern verhaftet bin. Ich fühle mich rotzig und eklig. Vielleicht wollen Sie Macht über mich? Genau wie der alte Therapeut einer meiner Klientinnen, der sie für Jahre sexuell mißbrauchte und ihr vormachte, er heile sie mit Sexualität. Ich fühlte mich gestern so hilflos mit ihr.» – «Ihre Mutter erzeugte Hilflosigkeit in Ihnen, und Sie durften das nicht zeigen, durften nichts fühlen. Und jetzt dürfen Sie Ihre Wut über mich nicht ausdrücken.» – «Einmal habe ich es fertig gebracht. Ich erhielt ein Ungenügend in Französisch. Das war das Schlimmste für meine Mutter. So legte ich mich ins Bett und schrie so laut, daß sie kopfschüttelnd davonlief. Ich trickste sie damals aus! Das hat mit Macht zu tun.» – «Dahinter steckt die Hilflosigkeit, die uns allen gemeinsam ist», sage ich. «Ich habe jetzt einen unheimlichen Schiß, daß ich Ihnen nach dem Mund rede, daß alles, was hier geschieht, nichts mit mir zu tun hat.» Sie versucht, ihre Wut herauszulassen, und hat große Angst davor. «Ich kann das Grinsen nicht vom Aggressivsein unterscheiden. Zu Hause war das so eine Heuchlerei.» Die Sitzung ist zu Ende, und beim Hinausgehen sagt sie: «Sagen Sie mir doch, ob Sie mich rausschmeißen werden?»

Der Haß ihrer Mutter gegen alles Lebendige verfolgt sie, verursacht immens großen Terror und Angst. Aber aus der Hilflosigkeit steigt auch die Aggression herauf, die sie damals nicht nur zurückhalten mußte, sondern die ihr auch das Gefühl gab, daß die Mutter damit recht habe, daß sie nichts tauge. Die Rückkehr ihres Schmerzes und ihrer Trauer ist eine Klage gegen diese Mutter. Deshalb verstärkt sie den inneren Terror. Aber sie fängt an, trotzdem zu wagen, sich selbst und ihre ureigenen Gefühle auszudrücken.

Einige Sitzungen später erzählt die Patientin erneut von ihrem sadistischen Klienten: «Sein Grinsen verschwindet, wenn er seinen Schmerz im anderen erkennt ... Jetzt aber habe ich das Gefühl, daß ich Sie langweile. Oder Sie verachte.» Ich: «Mir scheint, all dies sind Wege, auf denen Sie sich selbst verschwinden lassen.» – «Aber wenn ich es nicht tue, läuft alles auf Haß hinaus, und dann läuft alles weg, dann gifte ich gegen die, die mir am nächsten sind. Zygmund war so respektvoll mit mir, und ich fing an, ihn kaputt zu machen. So reagierte meine Mutter. Das ist so ein undifferenziertes Hassen. Sie tut mir leid, sie war gefangen, aber solange ich es auch so sehe, verbleibe ich in ihrem System. Sie war ja selbst Opfer. Sie suchte Nähe bei meinem Vater, hielt fest an der Helden-Illusion. Hätte sie sich doch nur getrennt von ihm.» Aber ihre Mutter konnte sich nicht trennen; sie brauchte einen Helden, weil sie ihre eigene Weiblichkeit im Sinne des Männlichkeitswahns als minderwertig ablehnte.

«Als ich vier Jahre alt war, gab es eine Ertrinkungsszene im Pool. Ich rutschte im Becken ins tiefe Wasser. Mit letzter Kraft hielt ich mich am Bein eines anderen Kindes fest. Mich hatte niemand bemerkt. Als aber dieses andere Kind unterging, rettete man es und damit auch mich. Ich durfte es der Mutter nicht sagen. Hätte ich es ihr erzählt, wäre es meine Schuld gewesen, denn sie war ja da (und hatte nicht aufgepaßt)! Es war ein Festhalten am Haß seitens Mutter, wenn sie an ihm, Vater, festhielt.»

«Wenn ich Respekt von Kollegen bekomme, macht es mir Angst. Wenn ich aber im Haß bleibe, wie mit Zygmund, dann ist alles okay.» Hier wird deutlich, wie der Haß einen vor der Wahrnehmung des eigenen Schmerzes bewahrt. «Ich kann in einer engen Beziehung keinen Respekt aushalten. Zygmund ist kein Held. Er ist unfähig. So hasse ich ihn. Daran hielt Mutter fest, an ihrem Haß.» Im Grunde haßte ihre Mutter auch ihren Mann, den Helden, den sie dann auf ihre Kinder losließ. «Ihr Haß ging auf alle los; ich bin auch so. Wer ihr nicht in ihrem Haß zustimmte, für den wurde es schlimm. Es war die einzige Chance, ihr nahe zu sein, sich mit ihr zu verbünden, um nicht ins Schußfeld ihres Hasses zu geraten.» Ich: «Und sich mit Ihrer Mutter in ihrem Haß zu verbünden rettete Sie auch vor einem bodenlosen Schmerz.» – «O Gott, ja, Mutter ist eingekeilt in ihrem Haßgebäude, und ich will raus … Ich habe den Schlüssel in der Hand, aber ich traue mich nicht, ihn im Schloß umzudrehen. Ich träumte letzte Nacht von einem Kind, das von seiner Mutter zu einer Untersuchung gebracht wird. Das Kind war schon tot, als es bei der Untersuchung ankam; es wollte was Eigenes. Wie schwer es ist, etwas Positives zu haben.»

Wir nähern uns hier dem inneren Terror, den Kinder sehr früh während des beschriebenen Prozesses der Entfremdung des Eigenen erleben und der diesen Wandel antreibt. Eine Patientin beschreibt, wie bösartig ihre Mutter sie anschaute: «Ihr Blick war wie Gift, mörderisch. Ich spüre die Angst dauernd. Ich durfte nie unwillig sein, hatte keine Rechte, nur Arbeit. Und Vater drückte mich so nieder damit, mir Schuldgefühle zu machen. ‹Wärst du lieber bei andern als zu Hause?› fragte er. Er hätte sich doch selber mal fragen können, warum ich nicht gerne zu Hause war. Vaters Jammer drückte mich so nieder. Man versteht die Welt nicht, mein Atem war wie abgestellt als Kind. Wie ein Schrei, den man nie gemacht hat, ein eingeschlossener Schrei. Meine Atmung fühlt sich an, als hätte ich geschädigte Lungen.»

Die Gefahr, die ja auch die zuvor genannte Patientin beschrieben hatte, besteht darin, das Fremd-Gemachte als das Eigene zu erkennen. Deshalb dürfen wir nichts Positives erleben, weder unsere eigene Lebendigkeit noch die Liebe anderer. Indem wir zum Opfer gemacht wurden, dies aber nicht erkennen durften, müssen wir die Bestrafung, der wir einst ausgeliefert waren, an andere weitergeben.

Der Fremde in uns ist das eigentliche Opfer unseres Selbst. Dieses Selbst wird verzerrt durch einen Gehorsam, der es fast unmöglich macht, die Wahrheit des ganzen Vorgangs zu erkennen. Gehorsam, könnte man sagen, dient nicht nur dazu, sich dem Unterdrücker unterzuordnen, sondern auch seine Taten zu verschleiern. Mit anderen Worten: Gehorsam untermauert Macht. Er macht es unmöglich, die angestaute Wut gegen jene zu richten, die für sie verantwortlich sind. Die Wut jedoch ist da, genauso wie der Haß auf das eigene Opfer, das man als fremd von sich weisen muß, um sich mit den Mächtigen zu arrangieren.

Die freiwillige Knechtschaft

Was ich hier beschrieben habe, ist die Grundlage aller sogenannten Hochkulturen. Es gibt die psychologischen Mechanismen wieder, die das Verhalten der Menschen in diesen auf Macht und Gewalt beruhenden Gesellschaften bestimmen. Meine jahrzehntelange Arbeit mit Patienten, aber auch mein Verständnis der geschichtlichen Entwicklungen[23] haben mich zu dieser Überzeugung geführt. Die Basis unserer «Hochkultur» ist das Bestreben, die Welt im Griff zu haben, zu besitzen, zu beherrschen, und gleichzeitig für Mechanismen zu sorgen, die eine Verleugnung und Verschleierung dieser Motivation bewirken.

Treibstoff dieses Prozesses ist der Gehorsam, der ausgedrückt und weitergegeben wird durch das elterliche Diktat: Ich bestrafe dich nur, weil es zu deinem Besten ist. All die Versuche, diesem Grundsatz durch liberale Erziehungsformeln entgegenzuwirken, können nur mißlingen, denn sie erkennen nicht seinen tiefsten Kern. Dieser besteht aus der inneren Entfremdung, die schon mit der Geburt (oder früher) beginnt.

Der Mensch bleibt in diesen Vorgängen gefesselt und gefangen. Patienten in der Psychotherapie suchen, wie blind auch immer, einen Ausweg aus dieser Situation. Sie wurden zu Kranken, weil sie sich, ohne sich dessen wirklich bewußt zu sein, gegen die Entfremdung ihrer eigenen Seele wehren. Ihre innere Rebellion verhindert, daß sie sich ganz anpassen. Das führt dazu, daß sie von anderen als Außenseiter, Nestbeschmutzer, sogar als Verräter an der gemeinschaftlichen Sache bezeichnet werden. Sie kommen in die Therapie, weil sie Unterstützung suchen, um sich nicht als «krank» einstufen zu müssen, das heißt, um sich so zu fühlen wie jene, die es «schaffen», sich «richtig» zu verhalten – «erfolgreich», «ohne Angst», «ohne Depression», «ohne Spannung». Auch das ist ein Zeichen der allgemeinen Entfremdung.

Ich möchte hier mein Augenmerk auf die Angepaßten richten, die als «nicht krank» eingestuft werden, auf die Erfolgreichen im Wettbewerb, im Herrschen, im Besitzen, im Erobern, also auf jene, die scheinbar frei sind von Angst, Spannung und Leiden. Der Versuch, Menschen in Kranke und Nicht-Kranke einzuteilen, ist zum Scheitern verurteilt, weil er die eigentliche Krankheit, die unser Opfersein hervorbringt, nicht berücksichtigt. Wenn aber diese Grundlage unserer Entwicklung ignoriert wird, muß unser Geschichtsbewußtsein ein unvollständiges sein. Das Vorhaben, die Geschichte des Menschen zu verstehen, wird so lange scheitern, wie wir nicht in der Lage sind, das Allgegenwärtige des Fremden in uns zu erkennen.

Die Einsicht ist versperrt, weil wir den Terror und das Leid, denen wir ausgesetzt waren, verleugnen müssen. Diese Verschüttung der Quellen des Opferseins führt dazu, daß der Gehorsam immer wieder inszeniert und weitergetragen wird. Dabei ist das Perfide am Gehorsam seine eingebaute Sicherung: Gegen ihn zu verstoßen bedeutet, mit Schuld überladen zu sein. Zugleich halten wir uns für frei und autonom.

Jedes Lebewesen braucht für seine Existenz Stimulation. Um geistig zu überleben, braucht ein Mensch diese Stimulation auch in zwischenmenschlicher Beziehung. Isolation reduziert nicht nur das Bewußtsein, sie führt auch zum Wahnsinn. Klaus und Kennell haben deshalb darauf hingewiesen, daß der Tanz der Augen zwischen Mutter und Kind gleich nach der Geburt die belebende Dynamik für das Neugeborene darstellt.[24] Wenn ein Kind in diesem Prozeß kein Echo erlebt, ist das genauso furchteinflößend wie eine körperliche Bedrohung. Mord ist deswegen nicht nur ein körperlicher Vorgang, sondern auch ein seelischer.

Wenn ein Kind einem solchen inneren Terror ausgesetzt ist, muß es alles tun, um zu überleben. Hier setzt das ein, was Sándor Ferenczi schon 1932 als das Umkippen von Angst und Terror in Geborgenheit beschrieben hat.[25] Dieser Vorgang ist in einem gesellschaftlichen Umfeld verankert, das Erwachsenen erlaubt, die Abhängigkeit eines Kindes zur Steigerung des eigenen Selbstwertes zu mißbrauchen. Er führt dazu, daß ein Kind plötzlich seine eigenen Gefühle und Wahrnehmungen verwirft, um eine lebensnotwendige Verbindung mit dem versorgenden Erwachsenen aufrechtzuerhalten. Ein Kind tut dies, indem es sich den Erwartungen des Erwachsenen ganz und gar unterwirft. Ferenczi beschrieb es so: «Kinder fühlen sich körperlich und moralisch hilflos, ihre Persönlichkeit ist zu wenig konsolidiert, um auch nur in Gedanken protestieren zu können, die überwältigende Kraft und Autorität des Erwachsenen macht sie stumm, ja beraubt sie oft der Sinne. Doch dieselbe Angst, wenn sie einen Höhepunkt erreicht, zwingt sie automatisch, sich dem Willen des Angreifers unterzuordnen, jede seiner Wunschregungen zu erraten und zu befolgen, sich selber ganz zu vergessen, sich mit dem Angreifer vollauf zu identifizieren.»[26]

Diese Identifizierung führt nicht nur dazu, daß das Opfer sich mit dem Täter verbündet, sondern auch, daß es ihn idealisiert. In den Augen des Opfers beginnt der Täter Geborgenheit auszustrahlen. Gleichzeitig fängt das Opfer an, seinen Schmerz als Schwäche zu empfinden, weil der Täter diese Gefühle verbietet. Würde er diese Gefühle bei seinem Opfer wahrnehmen, müßte er sich schuldig fühlen. Das gilt es mit Gewalt zu verhindern. Doch der Schmerz und die daraus resultierende Wut existieren weiter in dem Opfer, nur richten sie sich jetzt gegen das Eigene, das nun als fremd erlebt wird. Es gehört zum normalen Anpassungsprozeß, diese Wut gegen das Fremde nach außen zu richten. Die Allgegenwart dieses Vorgangs ist bestimmend für den Verlauf unserer Geschichte.

Geschichtsschreibung orientiert sich überwiegend an Herrschern, Eroberern und mächtigen Feldherren. Die meisten soziologischen und historischen Denksysteme führen deren Verhalten auf Größe, Weitsicht und Souveränität zurück. Ich glaube, das Gegenteil ist der Fall. Unsere Geschichte dreht sich um diejenigen, die als anpassungsfähig gelten, also jene, die ihre Wut und ihren Haß auf das Fremde außerhalb des eigenen Selbst richten. In Wahrheit liefen die großen Feldherren vor ihrem eigenen Schmerz davon, um ihn außerhalb ihrer selbst in vermeintlichen Feinden zu zerstören.

Erich Neumann stellt die Frage, «ob für eine Epoche des Totentanzes, von dem der Nationalismus in Deutschland nur ein Vorspiel war, die Frage nach der Ethik ... überhaupt zulässig ist». Seine Antwort lautet: ja, denn man «muß erkennen, daß der Entstehung des Individuums die höchste Anstrengung der Spezies Mensch von jeher galt ... (Doch) eine Psychologie, welche die Individualität gerade heute als Zentralproblem der Gemeinschaft ansieht, steht anscheinend auf verlorenem Posten. Aber immer wieder hat sich herausgestellt, daß die verlorenen Posten die Punkte sind, an denen das für die Menscheit Entscheidene geschieht.»[27] Die Kritik lautet häufig, daß dies ein Psychologisieren sei. Hinter diesem Einwand versteckt sich eine verdrießliche Absicht: dem Menschen seine Verantwortung für sich selbst zu nehmen, damit er wirklicher Schuld (also Verantwortungsgefühl) entkommen kann.

Es geht also nicht darum, politische, ökonomische oder soziologische Aussagen zu machen. Die auf vielen Ebenen bestehende Arbeitsteilung in unserer Kultur spiegelt eine Tendenz wider, den Menschen zu fragmentieren. Der Organismus muß jedoch in seiner Gesamtheit untersucht werden. Genau das ist die Aufgabe einer Psychologie, die sich in den Dienst der Individualität stellt. Dabei hat uns die zentrale Frage zu beschäftigen, welchen Teil unseres Menschseins wir verloren haben, wie und warum dies geschah und auf welche Weise wir diesen Teil unserer selbst wieder finden können.[28]

Die Ohnmacht, die aus dem Verlust der eigenen Wurzeln entsteht, weckt im Menschen einen inneren Zwang, Macht und Besitz über alles zu stellen. Das aber führt dazu, daß er sich von sich selbst entfremdet – ein Kreislauf, der in jenen Totentanz mündete, von dem Neumann sprach. Die historisch überlieferten Staatstheorien, die seit dem 3. Jahrhundert vor Christus entwickelt wurden, um gesellschaftliche Machtstrukturen zu rechtfertigen, lassen sich als Korrelate des Gehorsams lesen, dessen Strukturen der Aufrechterhaltung des Staates dienen. Dies gilt für alle Staatsformen. Diamond schreibt: «Wie Marx richtig bemerkte, läßt sich der Prozeß der Staatsbildung und der Funktion des Staats über die spezifische Form des jeweiligen Staats hinaus verallgemeinern.»[29] Das Ergebnis ist eine Ausbeutung des Individuums, dessen Eigenes zum Fremden gemacht wird, was für die Mehrheit der Menschen den Verlust ihrer Schöpferkraft und ihrer Selbständigkeit bedeutet.

Der Verlust des Selbst steht in engem Zusammenhang mit unseren politischen und gesellschaftlichen Problemen. Etienne de La Boétie beschrieb bereits 1550, wohin die Entfremdung des Eigenen und die Idealisierung des Unterdrückers führen. Sein kleines Buch trägt den bezeichnenden Titel «Freiwillige Knechtschaft» (1991). Er schreibt: «Für dieses Mal will ich nur untersuchen, ob es möglich sei und wie es sein könne, daß so viele Menschen, so viele Dörfer, so viele Städte, so viele Nationen sich manches Mal einen einzigen Tyrannen gefallen lassen, der weiter keine Gewalt hat, als die, welche man ihm gibt; der nur soviel Macht hat, ihnen zu schaden, wie sie aushalten wollen, der ihnen gar kein Übel antun könnte, wenn sie es nicht lieber dulden als sich ihm widersetzen möchten. Es ist sicher wunderbar und doch wieder so gewöhnlich, daß es einem mehr zum Leid als zum Staunen sein muß, wenn man Millionen über Millionen von Menschen als elende Knechte und mit dem Nacken unterm Joch gewahren muß, als welche dabei aber nicht durch eine größere Stärke bezwungen, sondern (scheint es) lediglich bezaubert und verhext sind von dem bloßen Namen des EINEN, dessen Gewalt sie nicht zu fürchten brauchen, da er ja eben allein ist, und dessen Eigenschaften sie nicht zu lieben brauchen, da er ja in ihrem Fall unmenschlich und grausam ist. Das ist die Schwäche bei uns Menschen: wir müssen oft der Stärke gehorsam sein ...» (S. 11f.).

La Boétie verweist auf die politischen Konsequenzen einer Identifikation mit dem Aggressor, deren Wurzeln Sándor Ferenczi vierhundert Jahre später in unserer Kindheit lokalisierte. La Boétie schreibt weiter: « ... der Tyrann hat die, die um ihn sind und um seine Gunst betteln und schwenzeln, immer vor Augen; sie müssen nicht nur tun, was er will, sie müssen denken, was er will, und müssen oft, um ihn zufrieden zu stellen, sogar seinen Gedanken zuvorkommen. Es genügt nicht, daß sie ihm gehorsam sind; sie müssen ihm gefällig sein; sie müssen sich in seinen Diensten zerreißen und plagen und kaputt machen, sie müssen in seinen Vergnügen vergnügt sein, immer ihren Geschmack für seinen aufgeben, müssen ihrem Temperament Zwang antun und ihre Natur verleugnen, sie müssen auf seine Worte, seine Stimme, seine Winke, seine Augen achten; Augen, Füße, Hände, alles muß auf der Lauer liegen, um seine Launen zu erforschen und seine Gedanken zu erraten» (S. 41). Auch das Weitergeben des eigenen Opfers, das Bestrafen des Fremden, hat La Boétie bereits beobachtet: «Sie leiden freilich manchmal unter ihm; aber diese Verlorenen, diese von Gott und den Menschen Verlassenen, lassen sich das Unrecht gefallen, und geben es nicht dem zurück, der es ihnen antut, nein, sie geben es an die weiter, die darunter leiden wie sie und sich nicht helfen können» (S. 40).

Die Weitergabe des Opferseins

Durch den Prozeß der inneren Entfremdung und der Identifikation mit dem Aggressor werden dem Menschen tiefe Verletzungen zugefügt. Er kann sie jedoch nicht wahrnehmen, denn das wäre ein Verstoß gegen das Gebot des Gehorsams, das die aus der Idealisierung des Aggressors resultierende Macht uns auferlegt, um ihre Existenz zu sichern. Das Ergebnis ist das, was in unserer Kultur als «normales» Verhalten bezeichnet wird: der lebenslange Versuch, diesen schmerzhaften Teil des Menschseins, den wir verloren haben und der uns für immer uns ohnmächtig fühlen läßt, dadurch in den Griff zu bekommen, daß wir andere zum Opfer machen, um sie dann für den Schmerz, den wir nicht haben dürfen, und das Opfer, das wir nicht sein dürfen, zu bestrafen.

Dieser Prozeß spielt sich jenseits des Bewußtseins ab. Die Verneinung von Schmerz ist sowohl für seinen frühkindlichen Ursprung als auch für den Gehorsam verantwortlich, der ihn immer wieder antreibt. Für ein Kind kommt die Verleugnung des frühen Schmerzes einem Sterben gleich, wie F. Dolto betont.[30] Um diesem Tod zu entrinnen, muß das Kind das furchtbare Erlebnis in eine andere Person verlagern. Die Verlagerung ist dadurch bedingt, daß man die Quelle, also den wirklichen Aggressor, nicht wahrhaben darf. Das heißt: Das Unbewußte dieses Vorgangs bezieht sich sowohl auf ein fehlendes Bewußtsein für den Schmerz als auch für dessen Verlagerung (displacement). Dies führt dazu, daß das Erleben des eigenen Opferseins in ein *Suchen nach anderen Opfern* übergeht, um des Schmerzes, der nicht in seinen Quellen erkannt werden darf, habhaft zu werden. Das meinte wohl auch Viktor von Weizsäcker, als er sagte, daß ein Mensch «das ungelebte Leben» eines anderen sein kann.[31] Es ist ein stellvertretendes Leben, das an die Stelle des eigenen tritt – mit verheerenden Folgen für das Opfer.

Was hier geschieht, läßt sich in politischer Hinsicht überall auf der Welt beoachten. Noch deutlicher wird die Dynamik dieses Prozesses, wenn man Betrachtungen auf dem Gebiet der forensischen Psychiatrie heranzieht. Murray Cox, ein britischer Psychiater, der in Broadmoor, Englands ältestem Gefängnis für psychotische Mörder, arbeitete, dokumentierte Aussagen seiner Patienten.[32] Einer der Mörder sagte: «Meine Lebensgeschichte ist zu groß für mich.» Wie sich herausstellte, meinte er damit, daß seine Lebensgeschichte zu viel für ihn war, also zu schrecklich, um sie wirklich zu «erleben». Ein anderer meinte: «Er (sein Opfer) ist tot im medizinischen Sinn, ich dagegen auf jeder anderen Ebene.» Ein Dritter: «Wir können nicht einfach sterben, man muß eine Geschichte haben.» Seine eigene Geschichte konnte er nicht erkennen, nur die seiner grausam ermordeten Opfer. Während einer Diskussion über eine Augen-Enukleation meinte einer von Cox' Patienten, «wie schrecklich schmerzhaft es sein müsse, sein eigenes Auge rauszuziehen», im Sinne, so etwas selber zu tun. Cox sagte daraufhin: «Ja, aber es würde vielleicht noch schmerzhafter sein, dein Auge nicht rauszuziehen … denke daran, was du alles sehen könntest!» Am Beispiel meiner Patientin, die sich als Kind in einen Phantasiesarg flüchtete, haben wir bereits gesehen, daß sich Schmerz auch mit Schmerz überdecken läßt.

Als Cox einen der Mörder fragte, warum er einen Menschen getötet habe, antwortete dieser: «Ich nahm sein Leben, weil ich eines brauchte.» Er selbst war ja tot, er fühlte nichts. Ein anderer Patient (mit dem ich zusammen mit Cox 1990 arbeitete) berichtete, daß seine Mutter ihn mit kochendem Wasser übergoß, als er drei Jahre alt war. Er erzählte von diesem schrecklichen Ereignis ohne jede emotionale Regung. Nichts deutete auf einen inneren Terror hin, den man im Zusammenhang mit einem solchen Erlebnis vermuten würde. Genauso war es bei meinem Patienten, von dem ich weiter vorne berichtete. Auch er hatte keinen inneren Terror erlebt, als er mit vier Jahren beinahe ertrank. Aber der Schmerz geht nicht verloren, nur sein Platz im eigenen Leben. Man muß ihn immer wieder finden. Dies geschieht entweder, indem man ihn im verhaßten Fremden sucht oder indem man sich selbst etwas antut. Doch unsere Kultur schätzt nur letzteres als krank ein. Es sind jedoch die anderen, die uns hier interessieren müssen. Deren Unfähigkeit, eigenen Schmerz zu erleben, wird als «normal» angesehen, obwohl sie unser Leben zerstört.

Man mag hier einwenden, daß wir uns dem Schmerz doch mit großer Leidenschaft widmen, wie zum Beispiel die Aufregungen um den Tod von Prinzessin Diana gezeigt hätten. Millionen Menschen drückten Entsetzen und Trauer über das Schicksal einer Frau aus, deren Leben so tragisch war, weil sie selbst wenig Schmerz erlebte. Wo jedoch war die Betroffenheit, als in Ruanda Millionen Menschen getötet wurden, als in Jugoslawien Frauen systematisch vergewaltigt und Kinder und Greise grausam niedergemetzelt wurden? Was im Fall von Prinzessin Diana so aussieht, als werde Schmerz erlebt, ist tatsächlich nur Schein. Es ist immer der vermeintliche Schmerz eines anderen, den wir zum eigenen hochstilisieren. Vielleicht drückt sich in einem solchen nach außen verlagerten Schmerz auch eine Art Rebellion gegen die Unterdrückung unseres eigenen Leidens aus, dem wir einmal ausgesetzt waren. Die öffentliche Inszenierung des Schmerzes dient aber vor allem der Bestätigung eines Selbstimage des «Im-Schmerz-Seins». Man fühlt sich dafür gelobt, weil man «richtigen» Schmerz zeigt.

Auch einem solchen angepaßten «Im-Schmerz-Sein» liegt eine Entfremdung zugrunde. Die meisten Eltern können es nicht ertragen, wenn ein Kind sich zurückzieht, verstockt und deprimiert ist (was einem wirklichen Schmerzempfinden entsprechen würde). Das hieße ja, daß sie etwas falsch gemacht haben. Sich als Ursache für das Leid ihres Kindes zu sehen bringt für viele Eltern eine Herabsetzung ihres Selbstwertes mit sich. Also lernt das Kind, mit Tränen in den Augen einem Klischee vom «Im-Schmerz-Sein» zu entsprechen, das die Eltern rührt, *weil* sie sich dann mächtig fühlen. So ersetzt Heuchelei wahre Gefühle; diese Sentimentalität wird zum Mittel, wahre Gefühle zu verleugnen.

Der eigentliche Schmerz, den wir erlebten und der uns traurig machen würde, spielt dabei kaum eine Rolle. Wie sehr es um ein Image und das Zur-Schau-Stellen von «Im-Schmerz-Sein» geht, zeigen auch die Reaktionen auf «Abweichler»: Wer sich nicht gemein macht mit der öffentlichen Veranstaltung von Schmerz, wird als Verräter abgestempelt und oft sogar angegriffen. Wahrer Schmerz würde so etwas nicht zulassen. Man wäre zu traurig. Das zeigt, daß Schmerz auch unter dem Deckmantel von Schmerz verleugnet werden kann, was die Bereitschaft aufrecht erhält, ihn anderen zuzufügen.

Der innere Zwang zur Verneinung des Schmerzes setzt schon früh ein. Donald Winnicott schrieb ihm die Verantwortung für Traumatisierungen zu, die ein Säugling bei seiner Geburt erlebt, wenn er für seinen eigenen Schmerz kein Echo findet, weil die Umwelt diesen nicht erkennt.[33] Deshalb kann ein Kind schon sehr früh Verteidigungsmechanismen gegen solche Traumata entwickeln. Pirkko Niemelä wies in einer Reihe finnischer Familienstudien nach, wie Eltern durch ihre Idealisierung der Rollen von Mutter und Kind ein Erkennen von Schmerz unmöglich machen.[34] Die Idealisierung erlaubt keine aggressiven Gefühle bei Mutter und Kind. Diese Nicht-Anerkennung ist das Traumatische. Ich habe an anderer Stelle beschrieben, wie diese ambivalente Gefühlslage das Verhältnis vieler Eltern zu ihren Kindern prägt.[35] Es ist die Verleugnung der Emotionen, die das Trauma erzeugt.

Säuglinge, die bei der Geburt traumatisiert wurden, zeigen hormonelle Störungen in mehreren Bereichen. Zum Beispiel haben sie häufig niedrige Serotoninschwellen. Dies kann später zu übergroßer Erregbarkeit und zwanghafter Wiederholung von gewalttätigem Sozialverhalten – einschließlich Mord und Selbstmord – führen.[36] Verringerte Serotoninschwellen reduzieren die Aggressionshemmung. Deshalb zeigen wohl traumatisierte Kinder mit niedrigen Serotoninschwellen häufig gewalttätiges Verhalten. Sie werden aggressiv, wie Lloyd DeMause beschreibt[37], um ihre Hilflosigkeit zu vermeiden. Es ist die Verleugnung ihres Schmerzes, die diese absolute Hilflosigkeit hervorruft.

Joseph C. Rheingold beobachtete Mütter auf der Geburtsstation des Boston City Hospital.[38] Dabei stellte er fest, daß einige verzweifelt versuchten, ihr Muttersein ungeschehen zu machen, indem sie ihre Kinder beseitigen wollten. Sie schienen auf diese Weise zu versuchen, eine schreckliche Gefahr zu bannen. Die Bedrohung, die sie erlebten, ging dabei offensichtlich von ihren Müttern aus. Rheingold schreibt: «Einmal hörte ich eine Frau gleich nach ihrer Entbindung ihre verstorbene Mutter beschwören, sie nicht zu töten.»[39] Er folgerte daraus, daß Frauen Angst haben, Frau zu sein, weil sie die Rache ihrer Mutter fürchten. Rheingold verweist damit auf ein Problem, das seinen Ursprung darin hat, daß die in unserer Kultur übliche patriarchale Unterdrückung zum Selbsthaß der Frauen führt. Im Grunde, schreibt er, wollen solche Mütter gar nicht ihr Kind töten: «Sie haben vielmehr Angst, daß etwas in ihnen sie zwingt, es zu tun.»

Es ist, als ob der Gedanke des Kindermordes der Mutter durch die tiefe Angst vor dem Terror der eigenen Vernichtung durch die eigene Mutter diktiert wird. Es geht in diesem Konflikt also weniger um die Beziehung der Mutter zu ihrem Kind, sondern um ihre Beziehung zu ihrer Mutter. Dieser Schrecken und seine Verneinung ist aber entscheidend für die Traumatisierung des Kindes, das kein Echo für seinen eigenen Schmerz findet, was letztlich zur Entfremdung von seinen eigenen Wahrnehmungen führt.

Ferenczi sprach davon, daß Kinder auch traumatisiert werden, wenn ihre Mütter (ich möchte hier die Väter mit einschließen) ihnen widerwillig oder mit Ungeduld begegnen.[40] Johnson glaubte, daß ein Säugling sich die Imago seiner Mutter einverleibt, einschließlich der empathisch erlebten Feindseligkeit.[41] So kann ein Kind selbst dann Mörderisches erleben, wenn seine Eltern dies gar nicht bewußt im Sinn haben oder sich überhaupt nicht offen feindselig verhalten. Kleinkinder empfinden deshalb nicht Angst vor dem Tod als solchem (krebskranke Kinder zum Beispiel sehen ihrem nahenden Tod sehr gefaßt entgegen), sondern vor einer Katastrophe, die sie vernichtet. Dies läßt sich sehr gut im Umgang mit psychotischen Kindern erleben. Schilder und Wechsler befragten 76 Kinder auf einer psychiatrischen Station zum Thema Sterben.[42] Dabei fanden sie heraus, daß der Tod selbst als natürliches Ende des Lebens für die Kinder keinen Schrecken hatte. Das Entsetzliche für sie war vielmehr ein Tod als Folge der Feindseligkeit anderer, als eine Bestrafung für Sünden. Es ist die Angst, ermordet zu werden, die den inneren Terror hervorruft und zur Entfremdung führt.

Adolf Hitler

Die Geschichte Hitlers spiegelt eindringlich den Prozeß einer Entfremdung wider. Es ist ein Werdegang, der ihn und seine Zeit in ein Geschehen einschließt, in dem das Fremdwerden des Eigenen zu einem Verlust des Menschseins geführt hat.

Hitler verkörpert ein extremes Abgespaltensein von sich selbst. Er mußte ständig auf der Suche – und auf der Jagd – nach sich selber sein. Es war jedoch eine Suche nach einem fiktiven Selbst anstelle seines beschädigten Selbst, um seiner Ohnmacht zu entkommen. Seine Geschichte ist deshalb die Geschichte eines Menschen ohne eigentlichen Kern, ohne das, was man innere Kraft und Stärke nennen könnte. Hitler verkörperte das zur Schau getragene Bild einer künstlich zusammengesetzten Persönlichkeit, die Menschliches zwar imitierte, in Wahrheit jedoch emotionale Normalität nur als Maske trug. Als Kopie eines perfekten Menschen gab Hitler dabei für alle, die in ähnlicher Weise geschädigt waren, die ideale Besetzung, um die eigenen Defizite vor sich selbst zu verbergen. Der Schein des Tragischen, Ausdruck eines Selbstmitleids, das wahren Schmerz nicht nur verneinte, sondern auch in den Dreck zog, verdeckte auf diesem Weg das Mörderische, das hinter der Gewalttätigkeit nur den Versuch darstellte, den Schmerz, der verleugnet werden mußte, um sich nicht als schwach einzustufen, halluzinatorisch in den Griff zu bekommen.

Viele Historiker betrachten es als Faktum, daß keiner das 20. Jahrhundert so stark geprägt hat wie Adolf Hitler. Was ist von dieser Aussage zu halten? Natürlich kann kein Zweifel daran bestehen, daß Hitlers Greueltaten die Menschheit dieses Jahrhunderts in tiefe Mitleidenschaft gezogen haben. Wir müssen uns allerdings fragen, wie so etwas möglich war. Wenn die Aussage jedoch unterstellt, daß das 20. Jahrhundert das Zeitalter Hitlers war – wie es zum Beispiel Ian Kershaw in seiner Hitler-Biographie (1998) nahelegt –, dann halte ich sie für falsch. Dies anzunehmen bedeutet, daß das Unheil, welches das Dritte Reich über die Welt brachte, die einzigartige Tat eines Einzelnen wäre. Damit würde auch aus dem Blick geraten, daß der Nationalsozialismus eine Vorgeschichte hatte und das 20. Jahrhundert die Beweggründe für eine solche Entwicklung bereits in sich trug. Unser Zeitalter verkörpert die Kulmination einer Entwicklung zur Unmenschlichkeit, es ist das Resultat eines Verlustes unseres Menschseins. Dieser Prozeß beginnt mit der Entstehung der sogenannten Hochkulturen, wobei es keinen Unterschied macht, ob man damit die indische, die europäische oder die süd- oder mittelamerikanische Kultur meint. Das 20. Jahrhundert treibt diese Entwicklung sozusagen auf die Spitze, und wir sind noch längst nicht am Ende in diesem Prozeß. Carl Amery (1998) nennt Hitler einen Vorläufer. Ich schließe mich dieser Einschätzung an. Hitler war der Vorläufer eines Prozesses, der noch immer in vollem Gange ist. Dieser Prozeß betreibt die Entfremdung des Individuums und untergräbt die Möglichkeit zur Entwicklung einer wahrhaft menschlichen Identität.

Wir wurden in einem Denken erzogen, das der Größe an sich einen besonderen Wert zuspricht. Das Töten auf dem Schlachtfeld zum Beispiel gilt als anerkennenswerte Tat, die die Größe eines Feldherrn bezeugt. Die Geschichtsbücher verschweigen das entsetzliche menschliche Leid, das damit angerichtet wurde. Fusionen von Unternehmen werden als Geniestreich von Wirtschaftsmagnaten gelobt, ungeachtet der Auswirkungen, die sie auf die Arbeitsverhältnisse haben. Die Größe des Profits wird zum übergeordneten Wert, der alles andere in den Schatten stellt. Daß Menschen versklavt werden, auch die Täter selbst, zählt nicht. Ob beim Bau von Pyramiden, Azteken-Tempeln oder Schlössern deutscher (zumal bayerischer) oder französischer Könige – stets ging es um Größe, weil Menschen ihr Eigenes verloren hatten und deshalb Monumente brauchten, um darin eine Illusion vom Eigenen wiederzufinden. «Es ist ein jeder Mensch sein eigener Gott ... Er formet (ihm) in seinem Willen selbst ein Zentrum zu seinem Sitze ...» Das schrieb Jacob Böhme bereits zu Beginn des 17. Jahrhunderts.[43] Der Mystiker und Theosoph verstand, daß der Mensch Gott in sich und nicht außerhalb seiner selbst finden muß, um Mensch zu werden. Aber da wir diesen inneren Teil verloren haben, suchen wir ihn in der Größe, so daß wir uns selbst nicht mehr erkennen. Das verleitet uns zu dem Trugschluß, daß die Geschichte durch «große» Männer zustande kam und kommt.

Am 20. April des Jahres 1989 jährte sich zum 100. Mal der Geburtstag Adolf Hitlers. «Was man auch alles über ihn sagen mag», zitierte damals Ronald Sampson (1989) einen amerikanischen Journalisten der *Washington Post*, «Hitlers Weg bezeugt immerhin zwei Grundwahrheiten. Die erste ist, daß ‹große Männer› – auch die, deren ‹Größe› in ihrer Verruchtheit liegt – in der Tat Geschichte machen. Das ist die bittere Wahrheit für unsere Zeit mit ihren gleichmacherischen Vorurteilen ... Was wir brauchen – und nur bekommen werden, wenn die Menschheit ‹Glück hat› –, sind andere große Männer, die der Menschheit wohlwollen, sich dem Bösewicht entgegenstellen und nach viel Blutvergießen menschenwürdige Lebensformen wiederherstellen.» Aber was, fragte Sampson, ist ein großer Mann? «Wenn wir die Geschichte Revue passieren lassen, fällt es uns schwer, nicht in Verzweiflung zu verfallen angesichts der endlosen Grausamkeiten, die menschliche Wesen – ob groß oder nicht – anderen zugefügt haben, welche schwächer waren als sie selbst ... Der ‹große Mann› kann nur durch die aktive Unterstützung oder das Stillhalten derer, die ihn zu seiner ‹Größe› emporgehievt haben oder durch ihren Gehorsam dort belassen, seine herausgehobene Stellung behaupten.»

«Größe» ist ein nichtssagender Begriff. Wirklich groß in diesem Jahrhundert war vor allem das Ausmaß von Entfremdung und Nicht-Identität. Der Verlust des Inneren durch dessen Fremdmachen führt dazu, daß Menschen ihren verlorenen Teil suchen, indem sie sich anderer bemächtigen, diese niedermachen und Brüder als Feinde zerstören. Es ist die Banalität solcher Menschen, von denen Hitler ein extremes Beispiel war, die wir untersuchen werden.

Der Sohn

Hitlers Beziehung zu seinem Vater war offenbar von Gewalt geprägt gewesen. Seine Mutter dagegen wird allgemein als sehr liebevoll beschrieben[44], weil sie den Sohn stark verwöhnte. Ich sehe das anders. Verwöhnung hat nichts mit Liebe zu tun. Wer von Überfürsorglichkeit auf mütterliche Zuneigung schließt, ist vielmehr selbst in dem gängigen Klischee eines idealisierten Mutterbildes gefangen. Eine Mutter, die ihren Sohn verzärtelt, setzt ihn gegen den Vater, wodurch er sich als der Bessere fühlt. Diese Situation provoziert von seiten des Sohnes Phantasien, die seiner Entwicklung schaden. Es beginnt ein permanenter Wettkampf mit dem Vater – und mit allen, die stellvertretend für diesen stehen. Immer wieder muß der Sohn die Ungeheuer besiegen. Doch seine vermeintliche Stärke ist keine eigene innere Kraft. Sie ist nur ein von der Mutter aufgezwungenes Konstrukt, resultierend aus deren Wunsch, daß der Sohn ihr in ihrer abhängigen und gedemütigten Position dem Vater gegenüber zur Seite stehen möge. So spielt sie mit dem Kind, schreibt ihm eine Stärke zu, die es in Wirklichkeit gar nicht besitzt. Dies verhindert, daß das Kind sein eigenes Selbst realistisch einzuschätzen lernt. Statt dessen entwickelt es Größenphantasien und ein Bedürfnis nach Heldentaten.

Nach außen mag es so aussehen, als ob ein Kind von einer verwöhnenden Mutter viel bekommt. Tatsache aber ist, daß es mit seinen Bedürfnissen allein bleibt und statt dessen die Erwartungen seiner Eltern erfüllen muß. Denn es ist nur ein Spielball im Machtkampf zwischen Vater und Mutter. Seine Gefühle zählen dabei nicht. Im Gegenteil: Beide Eltern fordern seine Zustimmung, und das bringt ein Kind in schier unerträgliche Konflikte. Die Verzweiflung, die ein Kind in einer solchen Situation empfindet, bleibt unbeachtet. Sie hat keinen Platz, da die Eltern seine Gefühle nicht spiegeln, sondern es gegeneinander ausspielen. Hier beginnt die Entfremdung, denn das Kind kann seine eigene Wahrnehmung, seinen Schmerz nur als Hindernis erleben. Um mit den Eltern auszukommen, muß es zum einen dem Vater Furcht und Idealisierung entgegenbringen und sich zum anderen mit dem Leid der Mutter identifizieren.

Mütter benutzen Söhne häufiger als Töchter, um die eigene Position gegenüber dem Mann zu stärken. Das liegt daran, daß sie Jungen oft für etwas Besseres als Mädchen halten. Damit setzen sie sich jedoch selbst in ihrem Wert als Frau herab – ganz in Übereinstimmung mit der Haltung des Mannes. Die Beziehung des Sohnes zur Mutter ist in solchen Konstellationen ambivalent. Einerseits wird er sie als schwach erleben und verachten, wie es der Vater tut. Gleichzeitig will er sie beschützen, kann dies aus Furcht vor dem Vater jedoch nicht offen tun. Eine solche Situation bringt ein Kind in furchtbare Konflikte, die es meist nur auf eine Weise lösen kann: durch die Entfremdung von seinen eigenen Wahrnehmungen und Bedürfnissen und die Entwicklung einer gewalttätigen Phantasie, in der es mit Ungeheuern ringt und diese besiegen kann.[45]

Die Verschiebung des Eigenen und die Introjektion der mütterlichen Bedürfnisse hat für das Kind verhängnisvolle Folgen. Es darf nicht erkennen, daß es von der Mutter für deren narzißtisches Anliegen mißbraucht wird (um geheimer Verbündeter im Machtspiel zwischen Vater und Mutter zu sein, wird das Kind zu etwas gemacht, das es nicht sein kann). Einerseits muß es seiner Mutter beistehen, obwohl ihm diese keinen Schutz vor dem mächtigen Vater gewährt. Andererseits übernimmt es die Verachtung des Vaters für die «weibliche Schwäche» der Mutter. Das führt nicht nur zur Entfremdung vom Eigenen, sondern auch zu einem Haß auf sich selbst. Ein kleines Kind kann die Mutter nicht retten, kann ihren Erwartungen nicht entsprechen. Das läßt es sich schwach fühlen, es schämt sich, ein Versager zu sein, und haßt sich dafür. Der narzißtische Mißbrauch durch die Mutter weckt natürliche Aggressionen, die das Kind jedoch nicht zulassen kann. Dies ist die Quelle der Spaltung im seelischen Leben eines Kindes: Es liebt und haßt seine Mutter zugleich, kann aber den Haß nur auf unbewußtem Wege zum Ausdruck bringen, indem es sich selber haßt, sich für wertlos hält oder dies auf andere projiziert.

Verwöhnung wird also fälschlicherweise mit Liebe gleichgesetzt. So kommt es, daß Hitlers Biographen die Beziehung zu seiner Mutter als liebevoll mißdeuten. Keiner von ihnen scheint sich gefragt zu haben, wie es möglich war, daß ein Mensch, der als Kind geliebt wurde, so viel menschliche Kälte entwickeln konnte. Wir nehmen offenbar den Anschein liebevollen Verhaltens für die echte Substanz. Sogar Hitlers Beziehung zu seinen Hunden, die allgemein als besonders liebevoll dargestellt wird, war in Wahrheit ohne innere Anteilnahme. Wegen einer Bagatelle peitschte er seinen Schäferhund unbarmherzig mit einem Lederriemen. Um das tödliche Gift zu prüfen, mit dem er sich das Leben nahm, testete er es einige Tage zuvor an seinem ‹geliebten› Hund.

In seinem Artikel über Hitlers Konzept des Lebensraumes malt Rudolph Binion das Bild einer warmen Mutter-Kind-Beziehung.[46] Doch aus demselben Artikel geht hervor, daß Hitler bei einer Unterredung mit Dr. Bloch, der seine Mutter in ihrem Krebsleiden begleitete, auf der drastischen und überaus schmerzhaften Iodoform-Behandlung bestand. In einer seiner späteren und am meisten durchsichtigen Passagen über Deutschlands «Krebs» plädiert Hitler für «brutalste Rücksichtslosigkeit» bei der Therapie schwerer Krankheiten, für drastische Behandlungen, wie risikoreich auch immer, nur weil der Tod drohe. Er denunzierte den höchsten Irrsinn, solch eine «Operation» nur halbherzig durchzuführen wegen einer defätistischen Einstellung.[47] Bloch war gegen diese grausame Behandlung, die den Tod von Hitlers Mutter zudem beschleunigte. Er selbst ersetzte die tägliche Iodoform-Dosis oft durch schmerzstillende Morphine. Hitlers Verhalten zeugt nicht von einem anteilnehmenden Sohn, der die Schmerzen seiner Mutter mitempfindet. Es deutet vielmehr auf einen Menschen, der in abstrakte Phantasievorstellungen verstrickt war, die mit ‹Bekämpfen› und nicht mit Mitgefühl zu tun haben. Wenn Historiker dies als Liebe interpretiert haben, läßt das eher auf ihre Unfähigkeit schließen, sich von eigenen Idealisierungen der Mutter-Kind-Beziehung zu distanzieren. So wird in unserer Kultur eine tödliche Gesinnung verschleiert, die das Verhalten der «Großen» nur allzu oft prägt.

Der Historiker Bradley F. Smith gibt in seinem Kommentar zu Binions Vortrag einen weiteren Hinweis auf Hitlers wirkliche Distanz zu seiner Mutter sowie für seine Abgespaltenheit von ihrem und seinem Schmerz.[48] Smith zitiert eine Nachbarin der Mutter, die auch im Verhör der NSDAP[49] bei der Aussage blieb, Hitler sei erst nach dem Tod seiner Mutter zur Beerdigung gekommen, obwohl sie ihn bereits Tage zuvor über das nahende Sterben der Mutter informiert hatte. Hitler stürzte sich sofort nach seiner Ankunft in eine große Trauer. Das ist bezeichnend für ein Selbst, das sich, nach außen verlagert, dem Auftritt von Gefühlen widmet. Die Rolle, die er spielte, ersetzte schon früh seine Gefühle, die – mit Ausnahme des Hasses – später nie da waren.

Wo zeigt sich Hitlers Selbstentfremdung und seine Projektion nach außen? Carl Amery schreibt: «Aber woran (Hitler) festhielt, war sein andächtiger Glaube an die grausame Königin – und seine konsequente Tod-Feindschaft gegenüber ihrem Todfeind, dem Juden ... (Dieser predigt) die Botschaft des Lebensschutzes, des Mitleids mit dem Schwachen, der Friedfertigkeit, des gleichen Rechts aller. Diese Botschaft ist pervers, weil sie ... die Lebenskraft der Völker zerstört (so Hitler) ... Das letzte, das logische Ergebnis mußte dann der tote Planet sein ... Schon 1920, in einem Gespräch mit Dietrich Eckardt, seinem literarischen Mentor, beschwört Hitler dieses Bild vom toten Planeten.»[50]

Hier drückt sich das entfremdete Innere eines Menschen aus, der sich seines eigenen Schmerzes, seiner Hilflosigkeit, seines Terrors entledigen muß, um ihn in anderen zu finden, um diese zu bestrafen und am Ende alle, auch den Vater und die grausame Königin, also die Mutter, im Rausch der totalen Zerstörung zu ermorden.

In «Mein Kampf» denunzierte Hitler den Schutz wehrlosen Lebens, die Würde des Menschen, Friedfertigkeit und Brüderlichkeit. Er sah in diesen menschlichen Werten nur den Bazillus einer jüdischen Epidemie, das krankhafte Produkt eines finsteren Plans, die wahrhaft starken Völker zu zerstören.

Wie kann eine von so abgrundtiefem Haß geprägte Haltung in einer Mutter-Kind-Beziehung gedeihen, in der Liebe ist? Historiker im allgemeinen haben sich diese Frage nie gestellt. Das zeugt von der Vernebelung unserer Wahrnehmungen. Grund für diese Verzerrungen ist, daß unsere Wahrnehmung auf dieser Ebene durch Prozesse geformt wird, die auf Gehorsam und der Identifikation mit Macht basieren. Die Biographie eines meiner Patienten soll dies verdeutlichen.

Er hatte einen grausamen Vater, der ihn als Kind immer wieder mit einem Lederriemen verprügelte. Seine Mutter erlebte er als hilflos und leidend, sie beschützte ihn nie, doch er bemitleidete sie herzzerreißend als arme Frau. Parallel dazu Hitlers Geschichte: Sein Vater schlug ihn regelmäßig mit einer Peitsche aus Hippopotamusleder, einmal bis zu zweiunddreißigmal.[51] Ian Kershaw schreibt dazu: «Die arme Mutter, der er zugetan war, lebte, so Hitler, in ständiger Sorge angesichts der Schläge, die er einstecken mußte, und habe manchmal draußen vor der Tür gewartet, wenn der Vater ihn verprügelte.»[52] Mein Patient sprach sehr viel von Gefühlen. Doch in seinem Umgang mit anderen war er trotz Höflichkeit und Korrektheit kalt und ohne Gefühle. Seine Mitmenschen klagten darüber, was ihm ein Rätsel war. Andere existierten für ihn nicht, wenn sie nicht in seiner Agenda notiert waren. In Liebesbeziehungen hatte er nie das Gefühl, geliebt zu werden, er war immer bereit, die Partnerin fallenzulassen, glaubte aber, daß man ihn fallenließ. In bezug auf seine Mutter sprach er von einer außerordentlich großen Liebe, die sie angeblich miteinander verband. Dahinter versteckte sich jedoch ein enormer Haß, der jedesmal zum Ausdruck kam, wenn andere ihn nicht in seinem «anständigen» und «liebenden» Image bestätigten.

Ich denke, bei Hitler muß es ähnlich gewesen sein. Denn seine Phantasien in «Mein Kampf» über die Blutvergifter, die den Körper der Deutschen mit fremdem Blut verseuchten[53], führen zu dem Fremden in ihm selbst, das heißt zu seiner eigenen Bedürftigkeit nach Wärme und Liebe, die er aufgrund des narzißtischen Mißbrauchs durch seine Mutter verleugnen mußte. Er ließ sich sogar sein eigenes Blut von Blutegeln aussaugen, um sich so dieses «Giftes» zu entledigen.[54]

Mein Patient glaubte auch, von seiner Mutter verwöhnt worden zu sein. Alice Miller brachte den Widerspruch zwischen Liebe und Verwöhnung auf folgenden Nenner: «Wenn man unter Liebe versteht, daß eine Mutter für die wahren Bedürfnisse ihres Kindes offen ist, dann ist Verwöhnen etwas ganz anderes.» Gerade dann, wenn die Offenheit für die kindlichen Bedürfnisse fehlt, «wird das Kind verwöhnt, das heißt mit Gewährungen und Dingen überhäuft, die es nicht braucht und die nur Ersatz sind für das, was man dem Kind aus eigener Not eben nicht zu geben vermag. Gerade die Verwöhnung zeigt also einen ernsten Mangel, den das spätere Leben bestätigt. Wenn Adolf Hitler tatsächlich ein geliebtes Kind gewesen wäre, dann wäre er auch liebesfähig gewesen. Seine Beziehungen zu Frauen, seine Perversionen[55] und seine insgesamt distanzierte und im Grunde kalte Beziehung zu Menschen zeigen, daß er von keiner Seite Liebe erfahren hat.»[56]

Hitler konnte sich mit dem Vater und dessen Macht identifizieren, um seinen inneren Terror zu kompensieren. Mit der Mutter jedoch war es komplizierter. Knapp eineinhalb Jahre vor seiner Geburt hatte sie innerhalb weniger Wochen drei Kinder durch Diphtherie verloren. Ihr Sohn Gustav starb mit zweieinhalb Jahren, ihre Tochter Ida mit einem Jahr und vier Monaten, Tito wurde nur drei Tage alt. Soweit bekannt ist, muß die Mutter sehr getrauert und sich mit Schuld und auch Selbstmitleid überzogen haben. Die toten Kinder wurden idealisiert, die Verzweiflung der Mutter muß also in dem Sohn Adolf Zweifel und Ängste hervorgerufen haben, wen sie wirklich liebt. Vor diesem düsteren

Hintergrund haben wahrscheinlich Hitlers Phantasien über die Mutter als schwarze, grausame Königin ihren Anfang genommen. Der Tod, der die Mutter so beschäftigte, war ja auch später seine treibende Kraft. Zugleich ist hier der Ursprung seines Heldenwahns zu suchen, denn er mußte sich in seiner Phantasie ja – großer Künstler, dann Welteroberer – besonders «anstrengen», um den toten Rivalen nicht nachzustehen. Die Verlagerung seines Seins auf die Phantasieebene muß in diesem Kontext gesehen werden. Sie fand wohl in der Zeit im Frühjahr 1894 statt, als sich seine Neigung zu Wutausbrüchen ankündigte, wenn er seinen Willen nicht durchsetzen konnte. Davor hatte Adolf den Ton im Haus angeben können.[57]

Wutausbrüche sind auch ein Anzeichen dafür, daß ein Kind nicht bekommt, was es braucht – die Zuneigung der Eltern. Wenn Kinder auf diese Weise ihren Willen durchsetzen müssen, geht es immer um einen Ersatz für das, wonach sie nicht fragen dürfen, nämlich wirkliche Liebe. Verwöhnung macht es dem Kind unmöglich, Liebe zu fordern, da jeder annimmt, daß sie im Überfluß vorhanden ist.

Hier beginnt das Kind, sich von sich selbst zu distanzieren, weil es den wahren Grund seiner Aggression nicht erkennen darf. Das Ergebnis ist eine Verlagerung: Anstatt wütend auf die Mutter zu sein, versucht es, sie zu beherrschen und sich ihrer zu bemächtigen. In diesem Prozeß geht dem Kind der Bezug zu seinem eigentlichen Bedürfnis verloren: Es weiß selbst nicht mehr, daß es ihm in Wahrheit darum ging, geliebt zu werden. Seine Umgebung bestärkt diese Verschiebung. Indem sie nur das eigensinnige und herrschsüchtige Kind sieht, das es vordergründig auch ist, macht sie ihm den Zugang zu dem, was wirklich hinter seinem Verhalten steckt, unmöglich.

Joachim Fest glaubte, daß Hitler gelernt hatte, sein eigenes Wesen zu verbergen.[58] Er meinte damit, daß er sich bewußt verstellte. Das ist aber nur die Spitze des Eisberges. Nicht berücksichtigt wird bei dieser Sichtweise, daß Hitler in einer Phantasiewelt lebte, in der sich der als Kind erfahrene Terror in eine nach außen projizierte Bestrafung seines abgewiesenen Selbst verkehrt hatte. Sein Eigenes war zum Fremden gemacht worden, das er im anderen verfolgte. Die Wut, die ihn als Erwachsenen immer dann überkam, wenn jemand ihm widersprach, war eine Reaktion auf einen phantasierten Angriff, den er selbst allerdings als ganz real erlebte. Jedes Infragestellen seines künstlich zusammengesetzten Selbstbildes kam für ihn offenbar einer existentiellen Bedrohung gleich. Innerhalb seines psychischen Systems hatte das eine gewisse Logik. Sein wahres Selbst kannte er ja nicht.

Ein wahres, aus sich heraus gewachsenes Selbst entsteht in einer liebenden Beziehung zwischen Eltern und Kind. Wenn diese fehlt, wird das Selbstbild aus Vorstellungen zusammengesetzt, die von außen vorgegeben werden. So war es auch bei Hitler. Er war ein Mensch, der Beziehungen zu anderen nur unter dem Gesichtspunkt der Macht und des Bemächtigens zu sehen verstand. Dabei konnte er durchaus auch die Maske der Menschlichkeit als Mittel zum Zweck einsetzen. Er kannte ja die Wünsche und Bedürfnisse der Menschen, in der Beziehung zur Mutter hatte er gelernt, wie man diese benutzt, um andere zu manipulieren und auszubeuten. Wenn er sich sicher, akzeptiert und nicht in Frage gestellt fühlte, konnte er sich den Anschein menschlicher Regungen geben. Das war bei seinem untertänigen Freund Kubizek in den Wiener Tagen so und auch bei der Familie Wagner in Bayreuth.[59] In der Identifikation mit dem Vater hatte er zudem die Fertigkeit übernommen, geschickt zu lügen. Der Vater wußte Regeln und Dokumente für seine eigenen Zwecke auszulegen und zurechtzurücken «und dabei zugleich die Fassade der Legitimität zu wahren ..., er (der Vater) vereinte großen Ehrgeiz mit einem durchaus flexiblen Gewissen».[60] Dies wurde zum Bestandteil von Hitlers eigenem Persönlichkeitsgehäuse.

Kershaw beschreibt, wie Hitlers Mutter seinen Launen nachgab. Nach dem Tod des Vaters kochte, putzte und wusch sie nur noch für ihn. Sie kaufte ihm einen Flügel, während er den ganzen Tag von einer Zukunft als großer Künstler phantasierte. Abends ging er in die Oper oder ins Konzert, morgens kam er nicht aus den Federn. Er brachte die Mutter dazu, seine erste Wienreise zu unterstützen. Obwohl sich die gesundheitliche Verfassung der Mutter zunehmend verschlechterte, zog er nach Wien um. Er hatte ihr vorgegaukelt, daß er dort die Gemäldegalerien im Hofmuseum studieren müsse. Es war offensichtlich kein Problem für ihn, die Mutter zu belügen. Beziehungen waren für ihn immer gleichbedeutend mit Manipulation des anderen. Er lebte in Phantasien, in denen sein Selbst grandiose Formen annahm.

Dabei spielten Haß und Wut eine immer größere Rolle, da es stets darum ging, einen vermeintlichen Feind zu bezwingen.

Die innere Logik dieser in sich geschlossenen Welt bestätigte seine innere Entfremdung von seinem eigentlichen Selbst. Er sah sich selber als Akteur in diesem innerlich inszenierten Schauspiel, das ihn belebte und ihm Bestimmtheit und Entschlossenheit gab. Seine Umgebung freilich nahm ihn nicht wirklich ernst, weder in Wien noch während seiner Soldatenzeit im Krieg. Nur der stets ergebene Kubizek unterstützte ihn in seinen Illusionen über sich selbst. Ein Leben auf der Phantasieebene gibt Kindern einen Halt. Dies kann man bei ihnen ganz direkt beobachten. Der Selbstbetrug kann für ein Kind sehr überzeugend wirken. Man muß ihn nur dauernd in seiner Phantasie wiederholen.

Der Vater spielt hier eine bedeutende Rolle, denn durch seine gewalttätige Unterdrückung weist er den Weg zur Identifikation mit seiner Macht. Dahinter jedoch verbirgt sich innerer Terror und das Unvermögen, den eigenen Schmerz zu spüren. Auch die Mutter macht es dem Kind unmöglich, seine Schmerzen zu erleben. Indem sie ihren Schmerz zu dem seinen macht, kann ein Kind nicht bei seinem eigenen bleiben. In ihren Beobachtungen mit Müttern, die ihre wahren Gefühle den Idealvorstellungen vom Mutter-Sein unterordnen, zeigte die finnische Forscherin Pirkko Niemelä, wie die Verneinung des wirklichen Erlebens beim Kind zustande kommt.[61] Man erkennt dies erst in seinem vierten Lebensjahr, wenn eine Spaltung im Verhalten deutlich wird. Einerseits geben sich diese Kinder nett, angepaßt und liebenswürdig. Andererseits offenbaren sie in Persönlichkeitstests Wut und Aggression. Diese können aber nicht direkt ausgedrückt werden, sondern manifestieren sich als Rachetriebe. So war es wohl auch bei Hitler. Denn, schreibt Niemelä, «wenn die Mutter die negativen Gefühle des Kindes übergeht oder ihm nichts abschlägt (es also verwöhnt), wird das Kind weniger motiviert sein, sich von ihr zu lösen».[62] Wachstum und eigenständige Entwicklung verlangen jedoch eine Lösung von der Mutter. Wird diese verhindert, weil die Mutter das Kind durch ihr «Leid» an sich bindet, entstehen Aggressionen, die das Kind aber gegenüber solch einer «leidenden» Mutter nicht ausdrükken kann.

Hier kommt die Phantasie als Ausweg ins Spiel. Sie bietet dem Kind die Möglichkeit, die sich gegen die vereinnahmende Mutter aufstauende Wut auszudrücken. So kann sich das Kind zum einen zeigen, wie die Mutter es möchte, also lieb und unterwürfig. Auf der anderen Seite ist es aber jähzornig, eigenmächtig, rechthaberisch und widerborstig, wie Edward Huemer, Hitlers Volksschullehrer, seinen ehemaligen Schüler beschreibt.[63] Diese Spaltung in Hitlers Seele genügte einem doppelten Zweck: Er konnte in den Augen seiner Mutter weiterhin der liebevolle Sohn bleiben und ihr gleichzeitig rachsüchtig durch ein rücksichtsloses Ausnützen ihrer «Liebe» den Schmerz heimzahlen, den er durch ihre Lieblosigkeit erfahren hatte.

Diese Spaltung charakterisiert Hitlers Leben. In Anlehnung an Harvey Cleckley, den amerikanischen Psychiater und Autor der Studie «Die Maske der geistigen Gesundheit» (1964), kann man sagen, daß Hitler der Welt das Bild einer Persönlichkeit bieten konnte, die den allgemeinen Vorstellungen von geistiger und emotionaler Gesundheit entsprach, daß diese scheinbare Intaktheit aber keinen intakten Menschen widerspiegelte. Er ahmte, fast perfekt, ein menschliches Wesen nach. «Dieser einwandfrei arbeitende psychische Apparat bringt nicht nur unermüdlich Proben richtigen Denkens hervor, sondern auch die passende Nachahmung normaler menschlicher Gefühle», schreibt Cleckley. Was fehlt, ist «die Fähigkeit, gewahr zu werden, was die grundlegenden Lebenserfahrungen für andere Menschen bedeuten».[64] Das heißt: Es gibt kein Mitgefühl, keine emotionale Grundausstattung, also keine Verbundenheit mit Schmerz. Dieser mußte abgespalten werden mit einer Mutter, die ihn zwar verwöhnte, die jedoch seine Bedürfnisse ignorierte und ihn in bezug auf den Vater verriet. August Kubizek beschreibt, wie Hitlers Mutter Klara den Sohn mit Vorwürfen und Schuldzuweisungen traktierte.[65] Sie drohte dem Kind damit, daß der arme Vater in seinem Grab keine Ruhe finde, weil Adolf seinen Anordnungen widersprach: «Gehorsam ist, was einen guten Sohn auszeichnet, und du kennst nicht die Bedeutung dieses Wortes.»

Menschen, denen so etwas angetan wurde, nehmen Rache gegen das Menschsein selbst, gegen eine Liebe, die keine für sie war. Deswegen müssen sie immer wieder Hoffnungen in anderen wecken, nur, um diese dann zerstören zu können. Das ist typisch für diese Art Mensch, für die Hitler nur ein Beispiel ist. Für uns ist es wichtig herauszufinden, wie dieses Spiel mit anderen dazu führen konnte, daß Hitler schließlich an die Macht kam.

In der Literatur wurde dieser Mechanismus schon häufig beschrieben. Ibsens Peer Gynt (ich bin darauf bereits in meinem Buch «Der Wahnsinn der Normalität», 1986, eingegangen) wird von einer Mutter derart verwöhnt, daß er nie Scham oder Schuld empfinden kann. Er kann also auch keine Verantwortung für sich und sein Verhalten entwickeln, denn seine Mutter idealisiert ihn und verzeiht ihm alles. Gleichzeitig entzieht sie ihm jedoch ihre Zuneigung und Unterstützung, wenn er etwas aus sich heraus tun möchte. Dadurch bindet sie ihn an sich, hält ihn in Abhängigkeit, was seine Aggression auslöst. Doch auch Peer Gynt kann seine Wut nicht direkt ausdrücken. So lebt er in großartigen Phantasien, zeigt sich einerseits zärtlich und voller Fürsorge für seine Mutter, mißachtet aber gleichzeitig ihre Wünsche. Die Parallelen zu Hitler sind offensichtlich.[66]

Genauso wie Hitler benutzt Peer Gynt Vorwurf und Schuld als Waffe, um andere aus dem Gleichgewicht zu bringen und zugleich seine eigenen Absichten zu verschleiern. Er verführt Ingrid, aber sobald er sie besitzt, wird sie wertlos für ihn, und er wirft sie weg. Wie Hitler ist er nie zufrieden, nie ist es genug, und er muß immer mehr erobern. Zugleich weist er jede Verantwortung für sein Handeln zurück. Es sind immer die anderen, die Schuld haben. Im Bühnendrama liegt alles dicht beieinander: Die Mutter, Ase, und ihr Wunsch, mit dem Sohn zu verschmelzen, als Entschädigung dafür, daß ihr Mann sie demütigte und verachtete. Sie nimmt auf diese Weise aber nicht Rache an den Männern, sondern erniedrigt durch ihren Sohn ihr eigenes Geschlecht, denn sie ist selbst in der männlichen Ideologie verfangen, wonach Frauen schwach und verachtenswert sind.

Im Vergleich dazu Klara, Hitlers Mutter: Sie zog mit sechzehn ins Haus von Hitlers späterem Vater, um sich um dessen Kinder zu kümmern, da seine Frau erkrankt war. Noch vor deren Tod wird sie von dem Mann geschwängert, sie heiratet ihn mit vierundzwanzig. Sie ist Katholikin, Schuld und Groll spielen in ihrer Haltung zum weiblichen Geschlecht eine entscheidende Rolle. Diese übertragen sich auch auf den Sohn. Hitlers Geringschätzung von Frauen hat wohl hier ihren Ursprung.

Peer Gynt fühlt sich lebendig, wenn er die Natur beherrschen kann. Beherrschen bedeutet in Ibsens Drama «Kiefern roden und

Klötze zerhauen, ... ein Kreuzzug widern Tod ...» Im Namen des Lebens wirbt Peer Gynt, wie Hitler, für den Tod, als sei dieser das Leben. Gegen Ende spielt er mit den Hoffnungen ertrinkender Menschen auf einem sinkenden Schiff – und wird dafür auch noch bewundert. Als sein eigenes Schiff untergeht, stößt er einen anderen vom gekenterten Beiboot und läßt ihn ertrinken. Der «blinde Passagier» im Schauspiel kommentiert Peers Unfähigkeit zu leiden. So begegnen wir in Peer Gynt der totalen Leere, einer Leere, die er, wie Hitler, mit großen Taten zu füllen glaubte. Am Ende möchte er allem entgehen, kann es aber nicht und trifft so auf den Tod, den Knopfgießer, der zu ihm sagt: «Du selbst warst *du* nie doch –... » Worauf Peer Gynt ihn fragt: «Was ist dieses ‹sein, der man ist›?» Der Knopfgießer: «Sei du selber, das meint: geh dir selbst an den Kragen.» Auch das konnte Hitler nicht.

Menschen wie Hitler und solche, wie sie Ibsen mit Peer Gynt beschreibt, leben äußeren Erscheinungsbildern nach. Dieses Gehäuse zu verlieren bedeutet, leer zu sein, nicht zu sein. Deshalb ist das Rollenspiel so existentiell für sie, sie können es nicht aufgeben. Ibsen spricht in seinem Drama, durch die Figur Madsens, davon, daß diese Menschen wie ein Fotonegativ sind, das Gegenteil von dem, was sie sein könnten.

Der Soziologe C. Wright Mills meinte, daß solche Menschen ständig auf Anerkennung pochen, weil jede Beziehung für sie nur Plattform für ein Manöver ist, durch das man durch gezieltes Auftreten andere von seiner Aufrichtigkeit überzeugt. «Man muß dauernd andere – und auch sich selbst – davon überzeugen, daß man das Gegenteil dessen ist, was man wirklich ist.»[67]

Wenn ein Mensch wie Hitler das Eigene als fremd verwerfen muß und sein Inneres zu einem Hexenkessel wird, in dem Haß und Rachsucht brodeln, dann verliert er seine Menschlichkeit. Indem er sein Äußeres auf den Schein der Menschlichkeit festnagelt, wird der aktuelle Widerspruch von anderen nicht wahrgenommen. Natürlich spielt hier auch eine Rolle, daß die Mitmenschen bereit sind, den Schein als Wirklichkeit zu akzeptieren und die Tatsachen zu verleugnen. Darauf werde ich noch zurückkommen. Das Kind Adolf Hitler mußte seine unerträglich große Bedürftigkeit und Hilflosigkeit durch einen Gegenpol ersetzen. Dies geschah in seinen grandiosen Phantasien. Abgespalten von ihrem Ursprung, der Not und dem inneren Terror, wurden diese von ihm in «Ideen» wie zum Beispiel den Antisemitismus transformiert, mit denen er anderen, die sich selbst ohnmächtig fühlten, weil auch sie ihre Wurzeln verloren hatten, Rettung versprach. Im Mittelpunkt dieser «Ideen» stand das unausgesprochene, aber implizite Versprechen, Menschen von ihrer Entfremdung und dem inneren Opfersein durch Haß auf andere zu erlösen. Dies führte zu Mord und grenzenloser Gewalt. Der Tod selbst, unter dem Deckmantel einer heiligen Mission, wurde zum Ziel.

Ganz am Anfang dieses Vorgangs steht die Projektion des eigenen abgewiesenen Selbst, das im anderen bestraft und ausgerottet werden muß. Hitlers Angst vor Unsauberkeit, Schmutz und Krankheit, deren zentrale Rolle in «Mein Kampf» deutlich wird, muß als Ausdruck dieses Prozesses angesehen werden. Erst später schmückte er den Vorgang mit antisemitischen Ideen aus. Dies entsprach jedoch eher seiner Fähigkeit, sich gesellschaftlichen Strömungen anzupassen und Parolen zu adaptieren, die sich als wirksam bei der Agitation erwiesen.

Die Angst vor Ansteckung, vor der weiblichen Sexualität, war schon in seiner Wiener Zeit vorhanden. Wie Kershaw glaubhaft nachweist, brachte er die Furcht vor Unsauberkeit aber erst nach Ende des Ersten Weltkriegs mit Judenhaß in Verbindung. Keiner seiner Frontkameraden konnte sich an Äußerungen eines solchen Hasses erinnern, und Hitler machte ja keinen Hehl aus seinen Gedanken. Der Judenhaß wurde erst in der Atmosphäre des Münchener Antisemitismus und der folgenden Unterdrückung der sozialistischen Räterepublik (für die Hitler zunächst warb) zu seinem Thema. Im Laufe seiner von der Armee beauftragten Propaganda-Aktivitäten bekam er zu spüren, daß er damit Menschen eine Hülse für ihren Haß bot, den sie nicht gezielt ausdrücken konnten. Auf diese Weise hatte er sie in der Hand. So machte er den Antisemitismus zu seinem Leitmotiv.

Viele Historiker, zum Beispiel auch Binion (1973), glauben, daß die Wurzeln von Hitlers Antisemitismus in einem unbewußten Haß auf Dr. Bloch, den jüdischen Arzt seiner Mutter, zu suchen sind, weil dieser deren Tod herbeigeführt hatte. Doch warum sollte er ihn unbewußt hassen? Wenn er glaubte, daß Dr. Bloch wirklich für das Leiden seiner Mutter verantwortlich war, gab es keinen Grund, ihn nicht bewußt zu hassen. Es gibt auch keinen Beweis dafür, daß Hitler irgendwelche Ressentiments gegen den Arzt hegte. Im Gegenteil – nach dem Anschluß beschützte er Bloch in Linz sogar[68], und er erlaubte ihm, Österreich zu verlassen und in die USA auszuwandern. Für Hitler verkörperte Bloch nicht das abstrakt «Jüdische», er sah ihn als ganz konkreten Mann. Bei Antisemitismus, auch dem von Hitler, geht es ja immer um einen Haß auf Weichheit, auf Berührung, auf Bedürftigkeit. All das muß man aus sich selbst herausreißen, weil es einen an die eigene Not mit Mutter und Vater erinnert. Es ist ein Haß auf sich selbst, transformiert in eine Abstraktion, um ein Opfer außerhalb des eigenen Selbst bestrafen zu können. In dem Moment jedoch, in dem die Abstraktion zusammenbricht, weil der andere als Person erlebt wird, verliert dieser auch seine Funktion als Opfer. Deshalb kennt jeder Antisemit, jeder Türken- oder Zigeunerhasser auch einen guten Juden, Türken oder Zigeuner, der die Ausnahme bildet! Aus diesem Grund mußten die Nazis die Juden auch entwürdigen, ihnen ihre Identität nehmen, was bei jedem vom Haß geleiteten Genozid geschieht: Um töten zu können, muß man zuerst die Identität des anderen vernichten. Wenn er nicht mehr Mensch ist, darf man ihn töten.

Doch der alte Schmerz dahinter existiert in jedem, der ein Opfer sucht. Das eigene Leid muß verleugnet werden, weil es unerträglich ist. Den alten Schmerz wieder zu erleben käme zum zweiten Mal dem Gefühl gleich, ermordet zu werden. Dieser einsame Terror ist zu groß, denn keiner stand dem Kind zur Seite, um ihm zu helfen und seinen Schmerz zu lindern. Deshalb muß der Schmerz herausgerissen werden, da er einen *zersetzt*. Das ist der Hintergrund von Hitlers Obsession mit der Angst vor Zersetzung. Deshalb muß man des Schmerzes im Feind habhaft werden, indem man ihn mit dem Tod bestraft.

Am 20. August 1919 begann Hitler einen fünftägigen Kurs im Reichsfeldlager Lechfeld bei Augsburg. Viele der dort stationierten Soldaten waren erst kürzlich aus der Kriegsgefangenschaft zurückgekehrt. Hitler sollte den «von Bolschewismus und Spartakismus ‹verseuchten› Truppen nationalistische und antibolschewistische ‹Gesinnung› beibringen».[69] Kurz zuvor hatte er eine Rede von Gottfried Feder zum Thema «Brechung der Zinsknechtschaft» gehört. Feder brachte die Juden mit dem Kapital in Verbindung, was tiefen Eindruck auf Hitler machte. Er fand darin den Schlüssel zur Abrundung seiner Ideologie des Hasses. Mit großer Leidenschaft stürzte er sich in die Propagandaarbeit der Reichswehr, nachdem sein Kommandant seine Redebegabung erkannt hatte. Hier war er ganz in seinem Element. Zum ersten Mal in seinem Leben hatte er eine Sache gefunden, bei der er zählte und herrschen konnte. Der Soldat Lorenz Frankl schrieb: «Besonders Herr Hitler ist, darf ich wohl sagen, ein geborener Volksredner, der durch seinen Fanatismus und sein populäres Auftreten in einer Versammlung den Zuhörer unbedingt zur Aufmerksamkeit und zum Mitdenken zwingt.»[70]

Er übernahm, wie Kershaw belegt, eine Stimmung in der Münchener Bevölkerung, die von gewalttätigen Äußerungen gegen Juden geprägt war. In einem Brief, datiert vom 16. September 1919, schrieb er im Auftrag seines Vorgesetzten Hauptmann Mayr: «Der Antisemitismus gründe nicht auf Emotionen, sondern auf ‹die Erkenntnis von Tatsachen›, deren erste darin bestehe, daß das Judentum eine ‹Rasse› und keine Religion sei. Emotionaler Antisemitismus erzeuge Pogrome; anderseits müsse der ‹Antisemitismus der Vernunft› zur systematischen ‹Entfernung› aller Rechte der Juden führen. Und ... ‹sein letztes Ziel muß unverrückbar die Entfernung der Juden überhaupt sein›.»[71]

Es war das erste Mal, daß Hitler die Schlüsselelemente seiner Weltanschauung enthüllte. Er behielt sie unverändert bei bis zu seinem Ende im Berliner Bunker, denn sie waren ein Teil seines zur Schau gestellten Selbst, von dem er sich nicht entfernen konnte, ohne seiner inneren Leere zu begegnen. Er selbst verstand dies sehr gut, denn er schrieb: «Ein Führer, der die Plattform seiner allgemeinen Weltanschauung an sich, weil als falsch erkannt, verlassen muß, handelt nur dann mit Anstand, wenn er in der Erkenntnis seiner bisherigen fehlerhaften Einsicht die letzte Folgerung zu ziehen bereit ist. Er muß in einem solchen Falle mindestens der öffentlichen Ausübung einer weiteren politischen Betätigung entsagen. Denn da er schon einmal in grundlegenden Erkenntnissen einem Irrtum verfiel, ist die Möglichkeit auch ein zweites Mal gegeben.»[72] Max Domarus schreibt dazu: «Diese Worte Adolf Hitlers machen seine Angst verständlich, auch nur ein einziges Mal einen Irrtum zugestehen zu müssen. Sie verließ ihn sein ganzes Leben nicht, da er ja unter keinen Umständen bereit gewesen wäre, in einem solchen Fall die genannte ‹Folgerung› zu ziehen.» Hitler selbst sprach von einem «granitenen Weltbild-Fundament». In «Mein Kampf» schreibt er: «Ich habe zu dem, was ich mir so einst schuf, nur weniges hinzulernen müssen, zu ändern brauchte ich nichts» (S. 121 und 137). Deshalb bestand er immer darauf, recht zu haben; er hatte Wutausbrüche, wenn ihm widersprochen wurde. Es waren Feders Ideen über die Zinsknechtschaft, durch die er die Worte und Formen für seinen inneren Fremden fand.

Die scheinbare Logik seiner Argumentation resultierte aus einem in sich geschlossenen, verflochtenen, starren und unveränderbaren Denksystem. Daneben stand ihm ein Repertoire an Verhaltensweisen zur Verfügung, auf die er bei alltäglichen persönlichen Begegnungen zurückgriff. Hier konnte er sich gütig und menschlich zeigen, also ganz normal erscheinen, wie es der zitierte polnische KZ-Gefangene (Gruen 1986) über die Folterer der Konzentrationslager berichtete, die nebenbei ein normales Leben führten. Hitler erzählte stolz, daß er seinen Chauffeur stets dazu anhielt, langsam zu fahren, damit die Fußgänger nicht mit Schmutz bespritzt würden. Er spielte den Onkel[73], scheinbar frei von dem anderen Selbst, das mit Rachegelüsten und Ausmerzen beschäftigt war. Diese Spaltung machte es ihm wohl auch zu Anfang schwer, selbst jemanden direkt umzubringen, denn dann war er mit seinem inneren Zwiespalt konfrontiert. Sein langes Zögern bei Röhms Ermordung ist Ausdruck dieser Unfähigkeit, sich selbst ins Gesicht zu schauen. Er brachte andere dazu, für ihn zu morden, indem er sie «ahnen» ließ, was er wollte. Es entwickelte sich deshalb geradezu ein Kult um seine Person, bei dem es um das Erahnen seiner Wünsche ging, um deren Erfüllung ihm dann zu präsentieren. Auf diese Weise brauchte er nie eine Verantwortung für seine Taten zu erleben.

Es ist immer viel die Rede von Hitlers Überzeugungskraft. Man spricht davon, als ob er diese tatsächlich als eine Art Persönlichkeitsstärke besessen habe. Das ist nur zu verstehen, wenn man die Motive derer untersucht, die sich von ihm hinreißen ließen und auf die er so großen Eindruck machte. Von den Menschen, die sich nicht hinreißen ließen, hören wir ja nur wenig, weil sie nicht im Rampenlicht stehen. Die meisten Historiker sehen Hitler nach wie vor durch die Augen derer, die ihm Stärke zuschrieben, weil sie einen Führer brauchten, der ihnen «Leben» versprach. Doch was er ihnen zeigte, hatte nichts mit wahrem Leben zu tun. Tatsächlich wollten sie das selbst auch gar nicht. Wahres Leben hätte sie nur erschreckt. Es ging ihnen ja, genauso wie Hitler, darum, Lebendigkeit zu zerstören, weil sie sie nicht ertragen konnten.

Für Hitler war Reden eine Selbststimulation. Beim Reden befand er sich in einem Zustand des Sich-selbst-Liebens, es war eine sich selbst überzeugende Darstellung seines Selbst. Dieses sich selbst dauernd inszenierende theatralische Selbst, das ein sich für sich selbst zur Schau stellendes Selbst war, bestand nur aus Äußerlichkeiten. Dieses Selbst hatte keinen eigentlichen Kern, außer Haß und Selbstmitleid, im Grunde war es ohne innere Identität. In seinem inneren Erleben war nichts außer Haß, denn jedes Gefühl, das mit wahrem Schmerz zu tun hatte, mit einem von innen heraus erlebten Sinn der eigenen traurigen, weil so bedürftigen Vergangenheit, hätte ihn mitfühlend und gedanklich introvertiert gemacht. Aber der Schmerz wurde verdrängt und die Angst durch Größenphantasien ersetzt, in denen er als unbesiegbarer Held die Welt eroberte.

Natürlich brauchte er auch ein Publikum. In Wien war es Kubizek. Einen Zuhörer zu haben genügte ihm zunächst, um sich selbst lieben zu können. Später jedoch sagte er: «Ich brauche Massen, wenn ich spreche.» Dies begründete er mit einer sentimentalen Lüge, die zugleich eine Selbstinszenierung war, um sich in einem gütigen Licht zu zeigen: «In einem kleinen Kreis finde ich einfach nicht die Worte ... Sie wären alle nur enttäuscht. Und das will ich ihnen ersparen.»[74] In Kubizek hatte er jedoch für Jahre nur einen einzigen Zuhörer gehabt, und in den Männerheimen waren es nur wenige mehr gewesen. In Wahrheit war er von dem Bedürfnis angetrieben, sich in einem «gütigen» Licht darzustellen, er brauchte die Pose des Mitgefühls, die mit wahrhaft erlebten Gefühlen allerdings nichts zu tun hatte. Er gab einfach wieder, was erwartet wurde, nämlich das Image eines lieben Menschen. Stets ging es um Darstellung, nie um wirkliche Empfindungen. Warum, so müssen wir uns fragen, fallen Menschen auf so etwas herein? Warum halten sie das Unechte für echt?

Hitlers Überzeugungskraft, sein angebliches Charisma, reicht als Erklärung nicht aus. Das würde voraussetzen, daß man weiterhin daran festhält, daß «Größe», sei sie gut oder böse, die Geschichte bewegt. Auch der Gedanke, daß es nun mal im menschlichen Wesen liege, sich von Zauber und Lügengeschichten einfangen zu lassen, greift zu kurz. Ich glaube vielmehr, daß der wahre Grund das Bedürfnis von Menschen ist, die Wahrheit zu verschleiern, sie nicht wahrzunehmen, weil sie zu schmerzhaft wäre und weil sie so sehr von Haß und Minderwertigkeit durchdrungen ist. Es gibt Menschen, die die Lüge brauchen, um aufrecht gehen zu können. So gesehen brauchte ein Hitler keine besonders überzeugenden Qualitäten zu haben. Er war einfach ein guter Lügner.

Die meisten von Hitlers Zeitgenossen zeigten sich beeindruckt von seiner konzentrierten Willensstärke, seiner Durchsetzungskraft und seinem Durchsetzungswillen. Sie sahen in ihm einen starken Mann, der hart durchgreift, einen Mann mit Solidität, Selbstsicherheit und einem guten Gewissen. Es stimmt: Hitler erweckte den Anschein, an sich selbst zu glauben, Selbstgewißheit und Sicherheit zu haben. Aber wie war es in Wirklichkeit? Sebastian Haffner sah Hitler ganz anders: «Ein moralischer Krüppel, jemand, der die wahren Werte des Lebens nicht kannte, der nicht arbeiten konnte, der unverbesserlich war, der keine wirkliche Liebe erwecken konnte, der selbst niemanden je liebte, einer, der eine ungeheure Bosheit in sich hatte. Sich selbst anzuspornen und andere einzuschüchtern, war sein Leitmotiv. Die ‹Aufgabe, vor der *ich* heute stehe› war eine (Redewendung), die er um die dreißigmal in seinen Reden, oft in entschiedenen Krisen gebrauchte ... Bei aller Unwägbarkeit (war seine Politik) immer auf seine Person zugeschnitten ... Hitler (war) kein Staatsmann, sondern ein Schwindler in der Maske eines Staatsmannes.»[75]

Albert Krebs, Gauleiter für Hamburg, bis Hitler ihn im Mai 1932 persönlich aus der NSDAP ausschloß, untermauert diese Sicht. In seinen Erinnerungen an die Frühzeit der Partei[76] sagte er, daß für Hitler nur Taktik und Demagogie galten, daß er dem Denken und der Initiative seiner Gefolgsleute keinen Raum ließ, sondern die gesamte Bewegung beherrschen wollte. Einmal traf er auf den «wahren Hitler». Krebs brachte ihm eines Morgens Druckexemplare seiner am Abend zuvor gehaltenen Rede ins Hamburger Hotel Atlantik. Er fand ihn zusammengefallen, eine Gemüsesuppe schlürfend, in hypochondrischer Angst um seine

Gesundheit über Schweißausbrüche und Gliederzittern klagend, in einer krankhaften Mischung aus Lebensangst und Sendungsbewußtsein (S. 8). «Er war mir immer nur als politischer Führer, niemals als Mensch entgegengekommen. Die in einem unbeherrschten Augenblick geoffenbarte Schwäche trug den Keim zur unbeherrschten Offenbarung der Kraft in sich. ... daß seine Stärke nur ‹überkompensierte›, in der Maßlosigkeit der Gewalt Halt suchende Schwäche ist» (S. 136f). Was Krebs hier beschreibt, ist ein zur Schau getragenes Selbst, das, wenn es kollabiert, das innere Chaos eines solchen Menschen entblößt. In diesem Moment seiner inneren Nacktheit zählte Hitler ihm seine Magenkrämpfe auf, in denen er Vorboten künftiger Krebserkrankungen sah, was ihn zu dem Glauben veranlaßte, daß er nur noch wenige Jahre zu leben habe. Dann schrie er: «Ich habe keine Zeit zu warten ... Ich muß in Kürze an die Macht kommen, um die gigantischen Aufgaben in der mir verbleibenden Zeit lösen zu können. Ich muß! Ich muß!» Mit diesen Worten, schreibt Krebs, habe er sich selbst zur Ordnung gerufen, was sich sofort in einer Veränderung von Körperhaltung, Gesichtsausdruck und Stimmlage äußerte. Die Depression war überwunden, der Mensch Hitler hatte sich in den «Führer» zurückverwandelt (S. 137; das war 1929/1930). Das Rezitieren seiner verbalen Rolle – wie in einem Schauspiel – brachte sein auf einem Image basierendes Selbst zurück. Und im Nu war er verwandelt.

Krebs berichtet von einer Rede, die Hitler Ende Juni 1930 im Braunen Haus hielt und bei der er sagte: «Und somit proklamiere ich jetzt für mich und meine Nachfolger in der Führung der NSDAP den Anspruch auf politische Unfehlbarkeit. Ich hoffe, daß sich die Welt daran so schnell und widerspruchslos gewöhnt, wie sie sich an den Anspruch des Heiligen Vaters» (in Anspielung auf die katholische Kirche) «gewöhnt hat» (S. 139). Keiner der Zuhörer wunderte sich über diese Grandiosität. Offenbar machten alle sie sich selbst zu eigen, weil auch sie sich durch solche Phantasien aufrecht hielten.

Eine weitere Begebenheit, von der Krebs berichtet, weist auf die Verbindung zwischen Haß und Unterlegenheit hin. Krebs war vom damaligen Reichskanzler Brüning damit beauftragt worden, ein Treffen mit Hitler zu arrangieren, das 1930 auch stattfand. Dabei machte er eine interessante Beobachtung: «Hitler seinerseits ist, wie ich von Heß und Strasser erfahren konnte, von Art und Erscheinen des Reichskanzlers so stark eingenommen worden, daß er sich nur durch die Bildung eines Haßkomplexes von dem Gefühl der Unterlegenheit gegenüber Brüning befreien konnte» (S. 141). Das sagt mehr über Hitlers Haß aus als alle Vermutungen über dessen Ursprung im allgemeinen und seinen Judenhaß im besonderen. Hitlers Haß wurzelte in seinem Minderwertigkeitsgefühl und der damit verbundenen Tendenz, sich als Opfer anderer zu fühlen. So kommt auch das Selbstmitleid zustande, das von denen, die kein wirkliches Leid zulassen können, als echtes Gefühl gefeiert wird. Entsprechend war auch Hitlers Reaktion, als Hindenburg im März 1932 die Wahl zum Reichspräsidenten gewann: «Die Partei hatte ihn, Hitler, im Stich gelassen» (S. 154).

Hitler fühlte sich schon von Jugend an verfolgt, gekränkt und schlecht behandelt. Zugleich sah er sich selbst als guten, ehrlichen Menschen, der ständig Gefahr lief, betrogen zu werden. Diese Angst verfolgte ihn. Sicher fühlte er sich nur, wenn er anderen einen Schlag versetzen konnte. Sein Wiener Gefährte Kubizek schrieb: «In sich überstürzenden Haßtiraden schleuderte er der Gegenwart seinen Zorn entgegen, allein und einsam, gegen die gesamte Menschheit, die ihn nicht verstand, die ihn nicht gelten ließ, von der er sich verfolgt und betrogen fühlte.» Als die Kunstakademie ihn ablehnte, «sprach er von den Fallen, die ihm gestellt worden seien nur zum einzigen Zwecke, ihn an seinem Aufstieg zu hindern».[77]

Diese Konzentration auf die «bösen Anderen» ersparte es ihm, die Verantwortung für sein Versagen zu übernehmen. Sie führte ihn auch zu der Erkenntnis, daß ein äußerer Feind wichtig war, um sich inneren Zweifeln nicht stellen zu müssen. «Die Kunst aller großen Volksführer bestand noch zu allen Zeiten darin, die Aufmerksamkeit der Masse auf einen Feind zu konzentrieren.»[78] Und: «Die Nationalisierung unserer Masse wird nur gelingen, wenn bei allem positiven Kampf um die Seele unseres Volkes ihre internationalen Vergifter ausgerottet werden.»[79] Die «Vergifter» waren für ihn natürlich die Juden, die er, entsprechend der Ablehnung seines eigenen Inneren, als bakterielle Krankheitskeime sah, die es abzutöten galt. Diesen Kampf betrachtete er als etwas Heiliges: «Politik ist nichts anderes als der Kampf eines Volkes um sein Dasein auf dieser Welt ... Der Schwächere fällt, auf daß der Starke das Leben erhält.»[80]

Die Bekämpfung des «Fremden» erscheint so als gerechter und glorioser Feldzug. Der Haß auf das Eigene, das Menschliche, das den unterdrückenden Eltern im Wege stand, wird dadurch zur heroischen Tat gegen den «Schwachen» außerhalb umgedeutet. «Schwach» ist in diesem Kontext derjenige, der das Menschliche propagiert. «Das Schicksal eines Volkes werde von drei Werten bestimmt: dem Blutswert oder rassischen Wert, dem Persönlichkeitswert und dem Kampfsinn oder Selbsterhaltungstrieb.»[81] Der Feind ist dann der Jude, der Weichheit, Zärtlichkeit und Wärme symbolisiert, also jene Werte, die Hitler schon früh von sich abstreifen mußte. Die Aufgabe, die er sich in diesem Kampf für sich selbst ausgedacht hatte, war, «dem Volk den Führerglauben wiederzugeben».[82]

Hitlers Sprache war die des erbitterten Protestes. Sie erlaubte es ihm, das Opfer in sich selbst und das Mitleid dafür auf eine Art und Weise auszudrücken, die den wirklichen Sachverhalt des Opferseins und des Leides verdeckte. Das ist der Trick, den viele Politiker anwenden, wenn sie Menschen in ihrem Opfersein und ihrem Selbstmitleid vereinen, um die Wahrheit ihres eigentlichen Leidens unter Staat, Eltern und Kirche zu verschleiern. Sie können sich dann auch noch dafür loben, daß sie dieses Opfersein an andere weitergeben. So wird die Weitergabe der Bestrafung in eine Sprache der nationalen Erneuerung und Wiedergeburt gekleidet. Das ist der eigentliche Weg der freiwilligen Knechtschaft, von der schon de La Boétie schrieb. Die angebliche Befreiung eines Volkes führt in Wahrheit zu seiner Versklavung. Die Menschen glauben jedoch unerschütterlich daran, daß es sich um ihre Befreiung handelt.

Fehlt den Menschen völlig das Bewußtsein für das, was geschieht? Ich glaube nicht. In ihrem Innern ahnen sie es. Gleichzeitig jedoch fühlen sie sich für ihren Gehorsam gelobt. Das treibt sie immer weiter in ihren Untergang hinein. Ich werde auf diesen Vorgang an anderer Stelle detaillierter eingehen. Jetzt möchte ich noch einmal auf den Mann zurückkommen, der es einem Volk möglich machte, sich mit heroischem Eifer in den Abgrund zu stürzen.

Hitlers erste Rede als Reichskanzler spiegelte sein Pochen auf inneres Opfersein und Selbstmitleid wider. Menschen, die so konstruiert sind wie er, fühlen sich dadurch zum Hassen eines Feindes berechtigt. Ian Kershaw faßt die Rede wie folgt zusammen: «Seit den Tagen des Verrats vor vierzehn Jahren habe der Allmächtige dem deutschen Volk seinen Segen entzogen. Angesichts des nationalen Zusammenbruchs versuche die kommunistische Methode des Wahnsinns das in seinem Innersten erschütterte und entwurzelte Volk endgültig zu vergiften und zu zersetzen.» Zwei Tage später, vor hochrangigen Reichswehroffizieren, sagte er: «Wer sich nicht bekehren läßt, muß gebeugt werden ... Allein Kampf bringt Rettung ... Autoritäre Führung und die Beseitigung des Krebsschadens der Demokratie ... (werden Deutschland sich) erholen (lassen) ...»[83] Den Feind immer mehr zum figurativen Element herauskristallisierend, schrie er im Berliner Sportpalast am 10. Februar 1933: «Niemals, niemals werde ich mich von der Aufgabe entfernen, den Marxismus und seine Begleiterscheinungen aus Deutschland auszurotten.» Indem er die Verantwortung so persönlich übernahm, erlöste er alle anderen von ihrer Schuld, selbst so voller Haß und Mordlust zu sein. «Einer muß hier Sieger sein», fuhr er fort, «entweder der Marxismus oder das deutsche Volk!» Dann folgten Worte der Liebe, der Größe, der Kraft und Herrlichkeit, welche die Gewalttätigkeit, die er gerade heraufbeschworen hatte, mit selbstverliebter Tugendhaftigkeit, zur Schau gestellter väterlicher Güte und einem selbstmitleidigen Pathos überdeckten: «Denn ich kann mich nicht lösen von dem Glauben an mein Volk, kann mich nicht lossagen von der Überzeugung, daß diese Nation wieder einst auferstehen wird, kann mich nicht entfernen von der Liebe zu diesem meinem Volk und hege felsenfest die Überzeugung, daß eben noch einmal die Stunde kommt, in der die Millionen, die uns heute hassen, hinter uns stehen und mit uns dann begrüßen werden das gemeinsam geschaffene, mühsam erkämpfte, bitter erworbene neue deutsche Reich der Größe und der Ehre und der Kraft und der Herrlichkeit und der Gerechtigkeit. Amen.»[84]

Es dauerte nicht lange, bis dieser «Feind», der das Volk bedrohte, Maßnahmen zum Schutz dieses Volkes rechtfertigte. So erließ Hitler schon im Juli 1933 ein Gesetz zur Zwangssterilisation. Seine Argumentation: «Alle Maßnahmen (seien) berechtigt, die der Erhaltung des Volkstums dienten. (Diese Schritte seien) moralisch unanfechtbar, wenn man davon ausgehe, daß sich erbkranke Menschen in erheblichem Maße fortpflanzten, während anderseits Millionen erbgesunder Kinder ungeboren blieben.»[85] Das Ergebnis war nicht nur die Zwangssterilisierung von 400 000 Menschen, sondern auch die Vergasung von seelisch und körperlich Behinderten.

Trotzdem existierte Hitlers Haß auf den Feind, den Fremden, vor allem auf der Ebene einer zur Pose gebastelten Haltung. Daß er sich als blutrünstiger und zur Gewalttätigkeit Entschlossener gab, diente zuallererst der Glaubwürdigkeit der Pose. Das erklärt, warum er oft bei alten Gefährten, die er aus dem Weg räumen wollte, so lange zögerte. Seine Pose war die des Mutes und der Entschlossenheit, doch drohen konnte er nur mit Selbstmord. Röhms Ermordung erwog er über Wochen hin und her. Nachdem die Entscheidung gefallen war, warf er sich in Pose. Am 13. Juli 1934 proklamierte er im Reichstag: «Ich habe den Befehl gegeben, die Hauptschuldigen an diesem Verrat zu erschießen, und ich gab weiter den Befehl, die Geschwüre unserer inneren Brunnenvergiftung ... auszubrennen bis auf das rohe Fleisch.»[86]

Auch Hitlers theatralisch vorgetragene Selbstmorddrohungen basierten auf Selbstmitleid und Opferrolle. Am 3. Januar 1935 gab er vor der Deutschen Reichs- und Gauleiter-Führerschaft sowie hohen Wehrmachtsführern eine Vorstellung von eineinhalb Stunden: «Mit Tränen in den Augen bekniete Hitler die anwesenden Parteiführer, doch einzusehen, daß er nur dann in der Lage sei, Deutschland wieder aufzubauen, wenn ihm in einer einigen Volksgemeinschaft absolute Treue und Ergebenheit entgegengebracht würden. Wie bei der Strasser-Krise von 1932 bestand auch diesmal der Höhepunkt seiner dramatischen Vorstellung in der Drohung, Selbstmord zu begehen, falls diese Einigkeit nicht zustande komme.»[87] Selbstmitleid und die Drohung, sich selbst als symbolischen Vater zu bestrafen, konnten jedoch schnell in eine bestrafende Verachtung des Volkes umschlagen, wenn die Situation es verlangte. Hitler in einer Rede am 27. November 1941: «Ich bin auch hier eiskalt. Wenn das deutsche Volk einmal nicht mehr stark und opferbereit genug ist, sein eigenes Blut für seine Existenz einzusetzen, so soll es vergehen und von einer anderen, stärkeren Macht vernichtet werden ... Ich werde dann dem deutschen Volk keine Träne nachweinen.»[88] Am 27. Januar 1941: «Wenn das deutsche Volk nicht bereit ist, sich für seine Selbsterhaltung einzusetzen, gut, dann soll es verschwinden.» Im August 1944 in einer Gauleiterbesprechung: «Sollte das deutsche Volk in diesem Ringen besiegt werden, dann war es zu schwach, die Prüfung der Geschichte zu bestehen, und nur der Vernichtung würdig!»[89]

Seine Wut und sein Haß auf das Eigene konnten sich deshalb auch direkt gegen das Volk wenden, das bald stellvertretend für sein gehaßtes Inneres stand. 1945 gab er den Befehl, alles, was in Deutschland noch stand, in die Luft zu sprengen und dem deutschen Volk jede Überlebensmöglichkeit zu nehmen. Es sollte vernichtet werden, weil es sich bei der Welteroberung als unfähig erwiesen hatte.[90] «Wenn der Krieg verloren ist, wird auch die Nation untergehen. Das ist unvermeidlich. Daher wird es vernünftiger sein, alle diese Dinge (Produktionsstätten, Verkehrsanlagen usw.) selbst zu vernichten, weil dieses Volk sich als das schwächere erwiesen hat, und die Zukunft gehört nur der stärkeren Nation im Osten. Außerdem sind die, welche die Schlacht überleben, die Minderwertigen; denn die Guten sind gefallen.»[91] «Nicht nur die Industrieanlagen, die Gas-, Wasser- und Elektrizitätswerke und die Telefonzentralen sollten vollständig zerstört werden, sondern alles, was sonst zur Aufrechterhaltung des Lebens notwendig sei: die Unterlagen für die Lebensmittelkarten, die Akten der Standes- und Einwohnermeldeämter, die Aufstellungen der Bankkonten; ferner sollten die Lebensmittelvorräte vernichtet, die Bauernhöfe niedergebrannt und das Vieh getötet werden. Selbst von den Werken der Kunst, die die Fliegerangriffe überstanden hatten, sollte nichts erhalten bleiben: Die Baudenkmäler, die Schlösser, Burgen und Kirchen, die Theater und Opernhäuser waren ebenfalls zur Zerstörung vorgesehen.»[92] Als Frauen und Kinder in die U-Bahn-Schächte Berlins flohen, um Zuflucht vor den angreifenden Russen zu suchen, ließ er die Schächte mit Wasser fluten. Die Menschen verdienten nichts Besseres.

Wenn das zur Schau getragene Selbst nicht mehr funktioniert, bricht das innere Selbst hervor. Doch bei Menschen, die nur äußerlich gelebt haben, besteht dieses Innere nur aus Haß und Ohnmacht. Weiter ist da nichts, da solche Menschen ja nie ein inneres Selbst entwickeln konnten. Es bleibt die Destruktivität, die stets vorhanden war und die jetzt in den Vordergrund tritt. Das passiert, wenn eine psychopathische Persönlichkeit, so wie sie Cleckley beschreibt, mit der Wirklichkeit konfrontiert wird. Der Mensch kann nicht mehr entkommen. Es wird offenbar, was für ihn Sinn des Lebens war. Jakob Wassermann beschrieb dies 1919 in seiner Novelle «Christian Wahnschaffe» am Beispiel des Mörders Niels Heinrich Engelschall: «Eine Schandwelt sei es, und hin werden müsse sie, und wer zu solcher Einsicht mal gelangt sei, der müsse den letzten Schritt tun, den allerletzten, wo die Verzweiflung und der Hohn durch sich selber erstickt werde, wo es nicht weitergehe, wo man an der stumpfen Hautwand den Engel des Jüngsten Tages pochen höre, wo das Licht nicht mehr eindringe und auch die Nacht nicht mehr, wo man allein sei mit seiner Wut, daß man sich doch endlich spüre und vergrößere und was Heiliges packe und zerschmettere; was Heiliges, darum handle sichs; was Reines, darum handle sichs; und Herr werden darüber, es niederzwingen, es auslöschen.»[93]

Hier muß zerstört werden, was heilig ist – das Volk, das Land, die Mutter, die Liebe, durch die man zutiefst gekränkt wurde, weil sie falsch und ungenügend war. Nur Haß und Zerstörung geben solchen Menschen ein Gefühl des Lebendigseins. Der Schmerz des Kindes wird hier zum Auslöser einer unermeßlichen Zerstörungswut. Es ist im Grunde ein Haß auf die Mutter, die die Möglichkeit wahrer Liebe verkörperte, diese aber verriet. Und die Rettung, die Hitler allen versprach, weil niemand sich davor retten konnte, ist die Erlösung vom Opfersein. Aber da er das Opfer verachtete, wie alle derart Geschädigten, war sein Versprechen ein höhnisches. Sein Ziel, am Anfang wohl nur halbbewußt, war, die Schwarze Göttin zu erreichen und sich mit dem Tod selbst zu vereinen. Albert Speer beschreibt in seinen «Spandauer Tagebüchern» (1975), wie Hitler das Zerstörerische liebte: « ... es war ganz unmittelbar das Feuer, das ihn stets in tiefe Erregung versetzte. Ich erinnere mich, wie er sich in der Reichskanzlei die Filme vom brennenden London, vom Feuermeer über Warschau, von explodierenden Geleitzügen vorführen ließ und welche Gier ihn dann jedesmal erfaßte. Nie aber habe ich ihn so außer sich gesehen wie gegen Ende des

Krieges, als er wie in einem Delirium sich und uns den Untergang New Yorks in Flammenstürmen ausmalte. Er beschrieb, wie sich die Wolkenkratzer in riesige, brennende Fackeln verwandelten, wie sie durcheinanderstürzten, wie der Widerschein der berstenden Stadt am dunklen Himmel stand.» Nur Tod und Zerstörung brachten ihn dazu, sich lebendig zu fühlen.

Es ist das Tödliche, das so viele Menschen anzieht. Nur muß es versteckt werden, zum Beispiel hinter einem gütigen Lächeln, so wie Hitler es vor seinem Fotografen Hoffmann übte. Diese Maske befreit Menschen von der Schuld, tödlich sein zu wollen.

Hitler war da kein Einzelfall. Auch heute verkleidet sich das Tödliche hinter einer Pose, die mitmenschliche Besorgnis um unsere Zukunft vorgaukelt. Frau Thatcher, in jüngster Vergangenheit, befreite ihre Zuhörer ähnlich wie Hitler von der Last des Mitgefühls: «Christentum bedeutet Erlösung im Glauben und nicht soziale Reform ... Die Kennzeichen des christlichen Lebens entstammen nicht dem sozialen, sondern dem geistigen Bereich unseres Lebens.» Damit versuchte sie, Mitgefühl als Basis unseres gemeinschaftlichen Lebens aus der Welt zu schaffen.[94] Sie spaltete die Einheit von Gefühl und Denken, indem sie leugnete, daß Denken und soziales Gefühl zusammengehören. Indem sie, wie Hitler, das Opfer in ihren Zuhörern weckte, es einem Feind außerhalb ihrer selbst gab, förderte sie die Gewalt gegen das Menschliche. Dadurch wird das, was Mitgefühl bewegt, das «Zersetzende», nicht die Härte und Kälte gegen menschliches Leid.

Solche Menschen halten sich für mutig, wenn sie keine Zweifel haben. Da ihre äußere Pose und das von Gewalt und Haß bestimmte Innere voneinander abgespalten sind, können sie – je nachdem, was die Pose verlangt – in einem Moment das eine und im nächsten das Gegenteil davon vertreten. Dies geschieht überzeugend und mit scheinbarer Ehrlichkeit, weil der Widerspruch für eine solche Person nicht existiert. Deshalb konnte Hitler so glaubwürdig wirken. Er war wie ein Schauspieler, der problemlos von einer Rolle in die andere wechselt, ohne auch nur eine Pause machen zu müssen. Aus diesem Grund konnte er jedoch auch keinen Widerspruch tolerieren, er verlor seine Haltung, wurde sprachlos oder brach zusammen. Kurt Thiele, entsetzt über Hitlers Schlußfolgerungen, sagte einmal nach einem Vortrag zu ihm: «Sag mal – dir haben se wohl ins Gehirn geschissen und vergessen zu ziehn, was?» Hitler war so konsterniert, daß er nichts sagen konnte und wortlos wegging. Doch sobald er gleich danach am Rednerpult im Münchner Bierkeller stand, war er wieder der alte, voller Selbstsicherheit und Überzeugung.[95]

Auch Wutanfälle gehörten zur Tagesordnung, vor allem, nachdem er an der Macht war. Halder berichtet von einer Begebenheit am 8. September 1942 bei einer Lagebesprechung im Hauptquartier «Werwolf»: «Als ihm (Hitler) eine ... Zusammenstellung vorgelegt wurde, nach der Stalin noch im Jahre 1942 ... über Neuaufstellungen von 1 bis 1,5 Millionen ... Mann würde verfügen können, und schließlich der Beweis erbracht wurde, daß der Ausstoß der russischen Produktion an frontfähigen Panzern monatlich mindestens 1200 Stück betrage, da ging Hitler mit Schaum in den Mundwinkeln und mit geballten Fäusten auf den Vortragenden los und verbat sich ein solches idiotisches Geschwätz.»[96]

Hinter einem derart gespaltenen Verhalten verbirgt sich ein unerreichbarer innerer Terror. Man erkennt ihn erst, wenn solche Menschen, die scheinbar ohne Zweifel sind, zusammenbrechen, weil das Posieren nicht mehr funktioniert. Dann stürzen sie sich in selbstmörderische Aktionen oder agieren ihren Haß und zugleich ihren inneren Terror in explosiven Gewalttaten aus. Hitler neigte gegen Ende des Krieges immer mehr dazu. Das selbstmitleidige Opfersein, das ihm schon immer als eingebautes Sicherheitsventil diente, half ihm auch hier, den Widerspruch zwischen grandioser Selbstherrlichkeit und Realität zu überbrücken. Als der Krieg verloren war, gab er dem deutschen Volk die Schuld. Es hatte ihn in seinen Augen verraten.

Dieser innere Terror ist für uns schwer erkennbar, weil unsere Zivilisation ihn grundsätzlich verneint. Dennoch ist er vorhanden. In meiner Praxis erlebe ich täglich, wie Menschen damit ringen. Er – der Terror – äußert sich zum Beispiel im Haß von Männern auf die Frau.

Ein Patient sagte: «Es ist schwierig, diese extreme Angst als solche zu erkennen.» Dann sprach er über seine Ängste, ein Monster zu sein, das er wie folgt beschrieb: «Ein Mann, der alle Frauen begatten will. Er muß das tun, weil er geil ist, weil er die Frauen haßt, von ihnen verletzt wurde, im Grunde Angst vor ihnen hat. Ich hasse Frauen, weil sie mich erregen können. Das macht mich machtlos, weil ich stehengelassen werden kann.» Ich fragte, warum er es sich denn zur Aufgabe mache, alle zu begatten. Er: «In der Phantasie möchte ich schon erregt sein und immer mehr Frauen erregen. Aber es ist die Angst, ihnen ausgeliefert zu sein, die ich umkehre in eine Phantasie, in der ich der Bestimmende bin, der alle reizt ... Ich habe mich so ohnmächtig erlebt. So onaniere ich mit Reizwäsche, dann habe ich Macht über die Frauen – etwas kriege ich nicht – die Angst, ich kann sie nicht als solche erkennen, trotzdem ich sie eben erlebte ... Oh, es geht so schnell. Man realisiert es gar nicht. Wenn ich jetzt darüber spreche, daß man Angst hat, geht es gleich weg. Meine Mutter – sie war immer in Bewegung, immer in Aktion. Auch ich muß immer in Bewegung sein, das hat mit Angst zu tun, aber dann weiß man nichts von ihr. Ich will nicht brav sein, dann wiederum ja. Wenn ich Angst spüre, dann Terror ... es ist schwierig, sie zuzulassen. Einmal, als ich sieben Jahre alt war, als meine Mutter ein Geständnis aus mir herauspressen wollte, da spürte ich Terror. Das kam erst jetzt zurück, als Sie vorhin vom damaligen Terror sprachen. Der Horror damals war, daß sie drauf aus war, ein Geständnis zu erzwingen. Sie ging gar nicht auf mich ein, das war der Horror!»

Der Patient sprach damit den Horror an, dem ein Kind schon zu Beginn seines Lebens ausgesetzt ist, wenn es sich in den Augen seiner Mutter nicht widerspiegelnd, das heißt in seinem Sein erkannt, erleben kann. William James (1950) beschrieb in einem psychologischen Klassiker aus dem Jahr 1905, wie die Nicht-Anerkennung einen Menschen in eine Nicht-Existenz stürzt. Die Forschungsarbeiten von Klaus und Kennell (1970; 1976), von denen ich schon sprach, haben entscheidend zu einer Aufklärung dieses Prozesses beigetragen. In der folgenden Sitzung sprach der Patient davon, daß er nun verstehe, warum er sich immer wie ein Psychotiker erlebte, wenn seine Mutter ihm als Kind und auch später kein Echo für sein Sein gab. Sein Terror resultierte dann daraus, daß er sich wie in einem schalldichten Raum fühlte, ohne die belebende Wirkung einer Reaktion von außen.

Dieser Patient war bereit, sich dem Horror zu stellen – im Gegensatz zu Hitler, dessen gesamte Entwicklung darauf ausgerichtet war, dem Terror auszuweichen. Der Schmerz, den der

Patient wieder erlebte, als er sich darauf besann, bestand darin, daß seine Mutter in ihrem Eifer, ein Geständnis zu erpressen, ihn gar nicht sah. Das meint Alice Miller, wenn sie eine verwöhnende Mutter beschreibt: das Unvermögen, auf die Nöte des Kindes einzugehen.

Hitler verneinte seinen Schmerz darüber. Er mußte «mutig» sein. J. Toland berichtet[97], daß Hitler seiner Sekretärin erzählte: «(Ich) nahm mir vor, bei der nächsten Tracht Prügel keinen Laut von mir zu geben. Und als es so weit war – ich weiß noch, meine Mutter stand draußen ängstlich an der Tür –, habe ich jeden Schlag mitgezählt. Die Mutter dachte, ich sei verrückt geworden, als ich ihr stolz strahlend berichtete: ‹Zweiunddreißig Schläge hat mir der Vater gegeben.›» In diesem Moment verbündete sich das Kind Hitler mit dem Vater in dessen Verachtung für den Schmerz. Und was war mit der Mutter, die ihn so bemitleidete, aber nichts für ihn tat? Mit ihrer «Schwäche» demonstrierte sie, wie schlecht der Vater war. Andererseits hielt sie ihren Sohn jedoch dazu an, diesen Vater zu respektieren. In einer solchen Konstellation fühlt sich ein Kind hintergangen, es darf dieses Gefühl aber nicht ausdrücken. Einerseits will ein Kind sich anders als der Vater zeigen, andererseits will und muß es der Mutter beweisen, wie feinfühlig es mit ihr ist. Das heißt, es muß ihren Erwartungen entsprechen, was etwas anderes ist, als freiwillig und selbstbestimmt zu agieren. Das ist eine Falle, die zur Spaltung führt: Das Kind muß der Mutter gegenüber brav sein, was nur eine Pose sein kann, weil keine wahre Liebe dahinter steht. Jenseits der Pose des guten Jungen, abgespalten ins Unbewußte, wütet jedoch der Haß gegen die Mutter, weil sie unter dem Deckmantel der Fürsorglichkeit manipuliert. Dies ist der Ursprung von Hitlers tiefem Haß, der ihn am Ende dazu bewegte, ganz Deutschland zerstören zu wollen. Ian Kershaw, Carl Amery und Sebastian Haffner sehen das genauso.

Weitere Belege für diesen Haß: Auf einem Schuldschein, den Hitler entworfen hatte und der von der NSDAP herausgegeben wurde, ist ein idealisierter Krieger abgebildet, der in der rechten Hand ein blutendes Schwert und in der linken einen enthaupteten Frauenkopf hält. Darunter steht der Satz: «Krieger der Wahrheit, köpft die Lüge.» Hitler war auch fasziniert von der Medusa, die Franz von Stuck gemalt hatte. Als er das Bild zum ersten Mal in einem Buch sah, rief er Dr. Ernst Hanfstaengl, einem einstigen Hitler-Bewunderer, zu: «Das sind die Augen meiner Mutter!»[98] Freud schrieb über den Terror, den Medusa erregt, und brachte diesen in Verbindung mit der Mutter.[99]

Das psychische Leben unserer Kultur ist geprägt durch ein gespaltenes Verhältnis zur Mutter. Vordergründig wird sie idealisiert, in Wahrheit jedoch auch abgelehnt und/oder verachtet. Hitler ist dafür nur ein Beispiel, wenn auch ein besonders drastisches. Diese Gespaltenheit ist natürlich unbewußt und nicht offensichtlich. Sie muß ja verneint werden. Die Kultur untermauert diese Verleugnung, indem sie die Identifikation mit dem Aggressor fördert, was wiederum den Gehorsam erzwingt und das Fortbestehen der Verleugnung sichert.

Exkurs

Luigi Lucheni – einer wie Hitler

Luigi Lucheni, der Mann, der die österreichische Kaiserin Elisabeth am 10. September 1898 in Genf ermordete, verfaßte nach seiner Verurteilung zu lebenslanger Haft einen autobiographischen Bericht, der hundert Jahre nach dem Attentat veröffentlicht wurde (1998). Dieser illustriert auf sehr anschauliche Weise die Gespaltenheit in der Beziehung zur Mutter. Zugleich zeigt er, wie eine Ideologie deren Erkennen verdeckt.

Lucheni wurde von seiner Mutter eine Woche nach der Geburt zur Adoption weggegeben. Er schreibt, sie anredend: « ... verehrte Mutter. In diesem Fall solltest Du den Gedanken verwerfen, daß Dein Sohn, weil es ihm an Sonnenlicht mangelt, diejenige verflucht, die ihn in ihrem Schoß trug ... Dich verdammen! Ach, liebe Mutter, wie kannst Du Deinen Sohn nur für so undankbar halten? Nur zu gut weiß ich, welches Leid er Dir von dem Tag an zugefügt hat, an dem Du die Gewißheit hattest, daß Du ihn in Dir trugst ... Weiß er doch mittlerweile, daß Du nur eine arme Dienstmagd warst, die, als sie ihm ihr einziges Gut anvertraute, keinen anderen Hüter besaß als die UNWISSENHEIT. Sei also ganz beruhigt, Du unglücklichste aller Mütter. Du mußt wissen, daß Dein Sohn, der Dir nie ins Gesicht gesehen hat, Dich keineswegs verflucht, sondern sich vielmehr vor Dir niederkniet, um Dich um Verzeihung zu bitten für all das Leid, das Du seinetwegen ertragen mußtest» (S. 113).

Lucheni verschanzte sich wie Hitler hinter der Pose der Güte.

Er schob sie beiseite, als er Elisabeth ins Herz stach – wie Hitler, ohne den Widerspruch zuzugeben. «Er behauptete, nach Genf gekommen zu sein, um dort den Prinzen Henri d'Orléans zu ermorden, der sich aber ganz offensichtlich nicht mehr dort aufhielt, so daß er ... schließlich den Entschluß faßte, irgend jemand anderen zu töten» (S. 41). Der Aufenthalt von Elisabeth von Österreich in Genf war erst dreieinhalb Stunden vor dem Mord in der Lokalpresse bekannt gegeben worden. Daß sein Entschluß, einfach jemanden zu töten, sich impulsiv gegen eine Frau richtete, die für ihre Tugend und ihre Mütterlichkeit bekannt war, zeigt seine innere Spaltung zwischen «Liebe» und Haß. Er bereute seine Tat nicht und behauptete, sie sei durch seine anarchistische Überzeugung motiviert gewesen, obwohl er sich erst seit drei Monaten für diese politische Richtung begeisterte. Davor war sein Verhalten durch einen tiefen Respekt vor Ordnung und idealisierter Autorität geprägt gewesen, er war für das royalistische System in Italien eingetreten und hatte sich immer über Revolutionäre ereifert (S. 23). Wichtig war ihm, als Held dazustehen: «Ich würde gern jemanden töten, aber es müßte eine sehr bekannte Persönlichkeit sein, damit man in den Zeitungen darüber lesen kann», erklärte er seinem Zimmergenossen (S. 26). Noch kurz zuvor hatte er in Neapel einen dreieinhalbjährigen Militärdienst geleistet, wo er «endlich lebt ... in einer im Inneren geordneten, nach klaren Regeln funktionierenden Welt, ohne falschen Schein, die von dem wirklichen Leben, in dem er nie seinen Platz finden konnte, abgeschnitten ist» (S. 16). Wie Hitler hatte er sich freiwillig gemeldet, und er war vom Kriegsminister mit Auszeichnungen geehrt worden. Sein Vorgesetzter hielt ihn für den besten Soldaten in der Schwadron: «Er ist immer diszipliniert und erfüllt alle Anforderungen des Militärdienstes ... Sein Verstand in Verbindung mit seinem Gehorsam kommt besonders gut beim Patrouillendienst zur Geltung ...» (S. 17).

Wie Hitler sah sich Lucheni als Opfer gesellschaftlicher Ungerechtigkeit. Den Schmerz, den er anderen zufügte, konnte auch er nicht nachempfinden. Es fehlte ihm das Einfühlungsvermögen. Von seinen Entbehrungen als Kind schrieb er, wie Hitler, ohne ein Gefühl der Trauer: «Diese Kindheit entbehrte der einfachsten Vergnügen und Freuden, in deren Genuß alle Kinder kommen, die ganze Zeit über lernte dieses Kind nie die

Annehmlichkeit einer Freundschaft, einer Kameradschaft oder nur der Gesellschaft gleichaltriger Freunde kennen. Ihm fehlte es an Schulbildung, an Ratschlägen, Trost und Zuneigung, alles unentbehrliche Dinge, wie mir scheint, um ein Kind angemessen darauf vorzubereiten, sein Leben als Mensch in der Gemeinschaft anderer Menschen zu führen und genauso seine Pflicht zu erfüllen, wie alle anderen Menschen auch» (S. 195). Anstatt wirklicher Trauer findet man hier, wie bei Hitler, nur Selbstmitleid. Aber er wußte, wie man mit Gefühlen umgeht. Wie Hitler wußte er sich das anzueignen, was seine Weltsicht unterstützte.

Den Schmerz fühlte er nicht. Aber er gab anderen die Schuld für sein Opferdasein: «Denn wenn die STARKEN glauben, ihre Beute sei bedroht, müssen sie, um ihren Opfern Angst zu machen, Exempel statuieren und die Härte ihrer Gesetze beweisen: Gesetze, die sie, Großdiebe, die sie sind, selbst gemacht haben. Sie verstehen sich darauf, die unendlich Kleinen anzustacheln, wohl wissend, daß die Verletzungen, die von den Stacheln herrühren, gerade deshalb, weil diese entartet sind, keinerlei Schmerzen hervorrufen werden» (S. 99f.). Wie die Mörder, mit denen Murray Cox in Broadmoor arbeitete, spürte er keinen Schmerz, obwohl er darüber redete. So benutzte er beim Kreuzverhör vor Gericht die Verstoßung durch seine Mutter als Rechtfertigung für seine Tat, den Mord an der Kaiserin. Auf die Frage, welches Ziel er mit seinem Verbrechen verfolgt habe, sagte er sogar: «Mich für mein Leben zu rächen» (S. 59). Sein Leid, seinen Schmerz, konnte er jedoch nicht zugeben. Wie der Staatsanwalt Georges Navazza zusammenfaßte, war es nicht einmal Rache, die Lucheni zu der Tat getrieben hatte, sondern «nichts als Haß» (S. 61). Mark Twain schrieb damals einen Brief an einen Freund, in dem er einen österreichischen Zeitungsartikel zitierte, der in vielem an das erinnert, was Haffner über Hitler sagte: «Was für ein Geist hat der Welt dieses Schauspiel geliefert? ... Am untersten Ende der menschlichen Stufenleiter, ohne Gaben, ohne Talent, ohne Bildung, ohne Moral, ohne Charakter, ohne jede innere Anmut hat er in nur fünf Minuten alle Politiker, Verkäufer der Nächstenliebe, Bandenchefs, Fahrrad-Champions, Gesetzlose und sonstige Napoleone in den Schatten gestellt» (S. 38). Die Gespaltenheit gegenüber der Mutter treibt Menschen immer wieder in den Abgrund.

Auch Hitler hatte seinen Schmerz und seinen inneren Terror völlig von seinem Sein abgetrennt. Deshalb mußte er sie ständig, genauso wie die Mörder, mit denen Cox arbeitete, außerhalb dieses Seins suchen. Hier liegt der Ursprung seines Dranges, Terror in anderen zu inszenieren. Das von Hitler imaginierte Flammenmeer, von dem Speer spricht, ist Ausdruck dieses Vorgangs. Der Mörder sucht seinen verlorenen Schmerz im Opfer. Zugleich werden Schmerz und erlebter Terror verdreht und verdeckt, indem eine tödliche Mutter heroisch idealisiert wird. In der Lagebesprechung vom 1. Februar 1943 in der Wolfsschanze erregte sich Hitler über Feldmarschall Paulus, weil dieser sich nach der Niederlage bei Stalingrad nicht umgebracht hatte: «Ich will Ihnen (zu Jodl) einmal etwas sagen. Ich verstehe einen Menschen (wie Paulus) nicht, daß er nicht lieber in den Tod geht. Das Heldentum von so vielen Zehntausenden von Menschen, Offizieren und Generalen wird ausgelöscht (durch einen solchen Mann), der nicht den Charakter hat, im Augenblick das zu tun, was eine schwache Frau getan hat.» Er berichtet dann von dem Brief einer Frau, deren Mann gestorben war: «Sie bat mich, für die Kinder zu sorgen. Es wäre ihr nicht möglich, weiterzuleben, trotz ihrer Kinder ... sie hat sich dann erschossen. Das macht die Frau, sie findet die Kraft – und Soldaten finden die Kraft nicht!»[100]

Hitler rechtfertigte sein Hassen immer wieder mit seinem Opfersein. So glaubte er sich berechtigt, anderen Schmerz zuzufügen. Ständig hatte er das Gefühl, von der Welt, vor allem von den Marxisten und den Juden, ausgelacht zu werden. In drei wichtigen Reden beschwor er ein Bild, in dem er sich als Opfer des jüdischen Spottes beschrieb. Am 30. Januar 1939: «Ich bin in meinem Leben sehr oft Prophet gewesen und wurde meistens ausgelacht. In der Zeit meines Kampfes um die Macht war es in erster Linie das jüdische Volk, das nur mit Gelächter meine Prophezeiungen hinnahm, ich würde einmal in Deutschland die Führung des Staates und damit des ganzes Volkes übernehmen und dann unter vielen anderen auch das jüdische Problem zur Lösung bringen. Ich glaube, daß dieses damalige schallende Gelächter dem Judentum in Deutschland unterdes wohl schon in der Kehle erstickt ist.»[101] Am 30. Januar 1941: «Und nicht vergessen möchte ich den Hinweis ..., daß, wenn die andere Welt von dem Judentum in einen allgemeinen Krieg gestürzt würde, das gesamte Judentum seine Rolle in Europa ausgespielt haben wird! ... Sie mögen auch heute noch lachen darüber, genau so wie sie früher über meine Prophezeiungen lachten. Die kommenden Monate und Jahre werden erweisen, daß ich auch hier richtig gesehen habe. Schon jetzt ergreift unsere Rassenerkenntnis Volk um Volk, ... (so daß sie) eines Tages ihren größeren inneren Feind erkennen werden, und daß sie dann doch in eine Front mit uns eintreten werden: die Front gegen die internationale jüdische Ausbeutung und Völkerverderbung.»[102] Am 30. September 1942 im Berliner Sportpalast: « ... wenn das Judentum einen internationalen Weltkrieg zur Ausrottung etwa der arischen Völker Europas anzettelt, dann werden nicht die arischen Völker ausgerottet werden, sondern das Judentum ... Die Juden haben einst auch in Deutschland über meine Prophezeiungen gelacht. Ich weiß nicht, ob sie auch heute noch lachen, oder ob ihnen nicht das Lachen bereits vergangen ist. Ich kann aber auch jetzt nur versichern: Es wird ihnen das Lachen überall vergehen. Und ich werde auch mit diesen Prophezeiungen recht behalten.»[103]

Hier spielte Hitler seine Opferrolle bis zum Äußersten aus. Dieser Duktus seiner Reden ermöglichte es seinen Zuhörern, sich mit ihm als Opfer zu identifizieren und daraus das Recht auf Rache abzuleiten. Hitler war ein Meister der Verhöhnung, doch sein Hohn war immer damit verknüpft, was andere ihm angetan hatten. Ron Rosenbaum glaubt, daß Hitler in diesen Reden einfach eine obszöne Lustigkeit ausdrückte.[104] Damit übersieht er den entscheidenden Punkt, nämlich wie tief Hitler dem Fremden die Verantwortung für seine Verletzungen zuschrieb. Und daß er damit seine wirklichen Peiniger, die Eltern, in Schutz nahm.

Menschen wie Hitler haben für das Leben nur Verachtung übrig. Das wird auch in Luchenis Geschichte deutlich. Wenn der Haß auf die Mutter vom Bewußtsein abgespalten ist, dann hassen solche Menschen das Leben, weil sie keine Liebe erhielten. Das, was so oft als Liebe erlebt wird, ist alles andere als Liebe. Der amerikanische Psychiater und Analytiker Joseph C. Rheingold von der Harvard University hat dieses Problem im Bereich der Mutterliebe eingehend erforscht. Er faßt es wie folgt zusammen: «Mit zunehmender Frustration wird Liebe zu einer Maske für eine Abwehr gegen rachsüchtige Impulse. Das Bestürzende in der Analyse dieser Empfindungen, die so viele als ‹Liebe› erleben, ist, daß sie Ausdruck einer Selbsttäuschung ist, die nicht zuläßt, daß das wahre Gefühl Haß ist.»[105]

Der Schlachtruf des Franco-Generals Milan Astray lautete: «Lang lebe der Tod!» Bei einer Feier zu Beginn des spanischen Bürgerkrieges an der Universität Salamanca schrie er der Versammlung zu: «Tod der Intelligenz!»[106] Miguel de Unamuno, der große spanische Philosoph, damals Rektor der Universität, meinte dazu: « ... ein Krüppel ..., dem ein erhabener Geist fehlt, sucht unheilvolle Entspannung in Verstümmelung rund um sich herum.» Darum geht es: Wenn die Seele verstümmelt ist, weil der Mensch nicht geliebt wurde, dann ist sie immer wieder bestrebt, sich mit der als tödlich erlebten Mutter durch den Tod zu vereinen. Diese Erlösung wird dann «Leben» genannt. Hitler sagte am 1. Februar 1943 bei einer Lagebesprechung: «Was heißt das: Leben? ... Der einzelne muß ja sterben. Was über den einzelnen Leben bleibt, ist ja das Volk. Aber wie einer davor Angst haben kann, vor dieser Sekunde, mit der er sich aus der Trübsal (befreien kann, wenn ihn nicht) die Pflicht in diesem Elendstal zurückhält! Na!»[107]

Hier wird Leben verneint für die abstrakte Idee des Volkes, in dessen Namen das Leben dem Tode gewidmet ist. Weiter: «Wenn mein Leben beendet worden wäre, wäre es für mich persönlich – das (darf ich sagen) – nur eine Befreiung von Sorgen, schlaflosen (Nächten und einem) schweren Nervenleiden gewesen. Es ist nur (der Bruchteil) einer Sekunde, dann ist man von allem erlöst (und hat seine) Ruhe und seinen ewigen Frieden.»[108] So spricht ein Mensch, der sich leer fühlt, dem ein lebendiges, das Leben bejahendes Gefühl in seinem Dasein fehlt. Folglich kann er auch die Leiden anderer nicht erkennen und mitfühlen. Ein solcher Mensch kann sein Leben leicht beenden. Der Grund, warum Luigi Lucheni und Hitler sich das Leben nahmen, war nicht die Verzweiflung über das, was sie anderen angetan hatten. Sie konnten den Schmerz, den sie anderen zufügten, gar nicht erkennen. Ihr Selbstmord geschah vielmehr aus der Pose des Beleidigten, als reine Selbstdarstellung, mit der solche Menschen ihre Feigheit, sich dem Schmerz des Lebens zu stellen, verdecken.

Nur die Zerstörung des anderen zählt, nur sie gibt solchen Menschen das Gefühl, lebendig zu sein. Hitler gab am 18. Oktober 1942 den Befehl, alle Gegner zu ermorden: «Von jetzt an sind bei allen Kommandounternehmungen in Europa oder in Afrika von deutschen Truppen gestellte Gegner, auch wenn es sich äußerlich um Soldaten in Uniform oder Zerstörungstruppen mit und ohne Waffen handelt, im Kampf oder auf der Flucht bis auf den letzten Mann niederzumachen ... Selbst wenn diese Subjekte bei ihrer Auffindung scheinbar Anstalten machen sollten, sich gefangenzugeben, so ist grundsätzlich jeder Pardon verweigert.» Noch am 24. Juni 1944 wurden diese Bestimmungen durch einen Befehl des Wehrmachtführungsstabes ausdrücklich «voll aufrechterhalten».[109]

Wie konnte es dazu kommen, daß Menschen diesen Mann als Erlöser erlebten und sich von seinen Ideen führen ließen? «Ich habe die Überzeugung besessen, daß in den nächsten zehn, zwanzig, dreißig, vielleicht fünfzig Jahren in Deutschland kein Mann mit mehr Autorität, mehr Einwirkungsmöglichkeit auf die Nation und mehr Entschlußfreudigkeit, als ich sie habe, kommen wird» (Hitler am 12. Dezember 1944).[110] Und es schien, als ob sich dem fast eine ganze Nation anschloß. Vielleicht war es aber auch umgekehrt. Vielleicht war Hitler eher das Resultat eines psychischen Vorgangs, der die Menschen dazu trieb, nach einem «Erlöser» wie Hitler zu suchen. Dieser Frage werden wir im folgenden Kapitel nachgehen.

Die Menschen, die Hitler zum Führer machten

«Wenn man sich in selbstgebastelten Posen sieht, braucht man sich nicht um Gefühle zu kümmern», sagte mir einmal eine Patientin, eine erfolgreiche Zahnärztin. «Wenn man sich in Erscheinungsbilder projiziert, ist alles abrufbar. Man kann die Bilder in Schubladen stecken und versorgen, je nachdem, was gefordert ist. Es ist alles visuell, wodurch man ‹scheinbar› auch alles und sich selber bestimmen kann.»

Die Patientin sagte dies, unmittelbar nachdem sie von ihren Erlebnissen als Kind mit einer unberechenbaren Mutter erzählt hatte. Die Mutter, ebenfalls eine Zahnärztin, war zwar in ihren allgemeinen Aktivitäten strukturiert und vorhersehbar, neigte aber zu plötzlicher Kälte der Tochter gegenüber. «Ich stellte mir dann zum Beispiel vor, wie ich als Ärztin cool und alles im Griff habend posierte. Einfach perfekt und bewunderungswert. In dieser Pose machte mich meine Tüchtigkeit unantastbar. Ich konnte nicht verlassen werden, ich konnte alles selbst steuern. Der Terror, der von der Ablehnung durch meine Mutter ausging, konnte mich nicht überraschen. So hatte ich mich im Griff. Man darf keine Empathie haben, dann fühlt man sich schwach und macht anderen Angst.»

Die Patientin beschreibt einen Prozeß, der auch Hitlers Posieren erklärt: die Entwicklung seines Selbst, das dem Image von absoluter Willensstärke und Entscheidungskraft diente, hinter dem sich jedoch nur eine verwirrte, von Angst, Haß und Selbstmitleid durchdrungene amorphe, grenzenlose und undifferenzierte Ich-Struktur verbarg, wie sie Dr. Krebs bei seiner Begegnung mit Hitler in Hamburg erlebt hatte.

Der Mythos Hitler

Das «Sich-in-Pose-Werfen» charakterisierte Hitler schon in seiner Kindheit. Sein Stolz auf seine Unempfindlichkeit gegenüber dem Schmerz, wenn der Vater ihn mit der Peitsche züchtigte, ist ein frühes Beispiel. Hitler mußte sich in der Pose finden, weil er keinen Halt in einem wirklichen Gefühlsleben hatte, das sich aus einer Verbindung zu erlebtem Schmerz, zu Hilflosigkeit, Trauer und Verzweiflung ergibt. Posieren wurde ihm zum Ersatz für das Innere, für das er nicht die Kraft hatte. Und je weniger ein Mensch diese Kraft besitzt, desto mehr muß er ein Leben nach außen hin, in einer Pose, leben. So begann Hitler schon früh, in München, mit der Entdeckung seiner Redekunst ein Image zu formen, das sich an jener Pose orientierte, die er bereits in seiner Kindheit als Erlösung von seinem Schmerz erfahren hatte – das angebliche Starksein. Dazu gehörte auch, daß er Entschlossenheit und eine unbiegsame Autorität vorgeben mußte: «Ich habe ... diese Erfolge nur erzielt ..., weil ich mich niemals durch Schwächlinge von einer mir einmal gewordenen Erkenntnis wegschwätzen und wegbringen ließ und ... weil ich stets entschlossen war, einer einmal erkannten Notwendigkeit auch unter allen Umständen zu gehorchen.»[111]

Wenn aber die Pose nicht mehr mit der Wirklichkeit vereinbar ist, folgt der Zusammenbruch. Dieser äußert sich in Störungen des Bewußtseins. Stalin kollabierte nach Hitlers Angriff auf Rußland, so daß er für Wochen nicht in der Lage war, sein Land zu regieren. Wenn es einem solchen Menschen nicht möglich ist, die Wirklichkeit mit seinem starren, auf Einbildung beruhenden Selbst-Image zu vereinbaren, kann er den Konflikt oft nur auf diese psychosomatische Weise lösen. Bei Hitler waren nicht nur seine Wutanfälle in der Kindheit ein Indiz für diesen Prozeß. Auch sein Erblinden nach dem Senfgas-Angriff am 15. Oktober 1918 muß in diesem Zusammenhang gesehen werden. Zwar war die Sehstörung zum Teil auf die vorübergehende Wirkung des Gases zurückzuführen. Die damit einhergehenden psychischen Reaktionen waren jedoch derart auffällig, daß er im Militärspital Pasewalk dem Chefpsychiater Edmund Forster übergeben werden mußte.[112]

Kurz nach seiner Genesung erblindete Hitler erneut. Rudolph Binion beschreibt diesen Rückfall als eine verzweifelte Reaktion auf die revolutionären Umwälzungen in Deutschland Ende 1918, die Hitlers patriotischer Gesinnung völlig widersprachen.[113] In «Mein Kampf» spricht Hitler selbst davon, daß er «die entsetzlichste Gewißheit meines Lebens», daß nämlich eine Revolution stattgefunden hatte, nicht aushalten konnte: «Während es mir um die Augen wieder schwarz (wurde) ...» (S. 223).

Hitler «rettete» sich mit einer Halluzination. Diese drehte sich um die Vision, das deutsche Volk zu befreien und Deutschlands Größe wiederherzustellen. «(Hitler) erzählte Hanfstaengl, daß er, während er im Herbst 1918 im Spital in Pasewalk lag, eine übernatürliche Vision gehabt hätte, welche ihm befahl, sein unglückliches Land zu retten.»[114]

Die Realität, die sich hinter Hitlers Pose verbarg, war freilich eine ganz andere. Er war unfähig, Entscheidungen zu treffen. Erst wenn die Situation ihm keinen Ausweg mehr ließ, konnte er sich entschließen. So war es, wie schon erwähnt, bei Röhms Ermordung, wobei er lange zögerte, bis er durch die Drohungen der Reichswehr zum Handeln gezwungen wurde. Doch gleich danach warf er sich in die Rolle des strengen Herrn, der erbarmungslos Entscheidungen traf, und proklamierte: «In dieser Stunde war ich verantwortlich für das Schicksal der deutschen Nation und damit des deutschen Volkes oberster Gerichtsherr!»[115]

Wenn die Wirklichkeit seinen Phantasien widersprach, wie zum Beispiel nach dem gescheiterten Putschversuch der österreichischen SS und Parteifunktionäre im Juli 1934, dann tobte er hysterisch.[116] Die militärische Wiederbesetzung des Rheinlands am 7. März 1936 war ein waghalsiges Unternehmen, kein realitätsbezogener Entschluß. Hitler selbst sagte danach: «Wären die Franzosen ins Rheinland eingerückt, hätten wir uns mit Schimpf und Schande wieder zurückziehen müssen, denn die militärischen Kräfte, über die wir verfügen, hätten keineswegs auch nur zu einem mäßigen Widerstand ausgereicht.»[117] «Bin ich froh! Herrgott! Bin ich froh, daß das so glatt abgegangen ist!» zitiert ihn S. Frank.[118]

Interessant und eigentlich erschreckend ist, daß sich trotz der tatsächlichen Unentschiedenheit Hitlers gerade seine Pose der unerschütterlichen Willenskraft zum Mythos entwickelte. Offenbar sehen Menschen das, was sie sehen wollen. Fakt ist: Hitler war ein Zauderer, unfähig, den deutschen Staat entschlossen zu regieren. Seine Mitarbeiter verkehrten diese Tatsache jedoch ins Gegenteil. Werner Willikens, Staatssekretär im preußischen Landwirtschaftsministerium, sagte am 21. Februar 1934 in einer Rede: «Jeder, der Gelegenheit hat zu beobachten, weiß, daß der Führer sehr schwer von oben alles das befehlen kann, was er für bald oder für später zu verwirklichen beabsichtigt. Im Gegenteil, bis jetzt hat jeder an seinem Platz im neuen Deutschland am besten gearbeitet, wenn er sozusagen dem Führer entgegen arbeitet. Sehr oft und an vielen Stellen ist es so gewesen, daß schon in den vergangenen Jahren Einzelne immer nur auf Befehle und Anordnungen gewartet haben. Leider wird das in Zukunft wohl auch so sein; dem gegenüber ist es die Pflicht eines jeden, zu versuchen, im Sinne des Führers ihm entgegen zu arbeiten. *Wer dabei Fehler macht, wird es schon früh genug zu spüren bekommen.* Wer aber dem Führer in seiner Linie und zu seinem Ziel richtig entgegen arbeitet, der wird bestimmt wie bisher so auch in Zukunft den schönsten Lohn darin haben, daß er eines Tages plötzlich die legale Bestätigung seiner Arbeit bekommt.»[119] Dieses «dem Führer entgegen arbeiten» bedeutet, wie Kershaw selbst bemerkt, Entscheidungen zu treffen, ohne daß Hitler einen Befehl erteilen muß. Das Ergebnis war eine Zersetzung der offiziellen Regierungsbürokratie und die Günstlingsherrschaft der Nazi-Bonzen, die sich Hitler dadurch noch mehr verpflichtet fühlten. Da Hitler Auseinandersetzungen aus dem Weg ging und unfähig war, Entscheidungen zu treffen, kam es, wie Kershaw recherchierte, zu einem Durcheinander in Regierungs- und Verwaltungsfragen.[120]

Ein außergewöhnliches Phänomen war die Folge: Einerseits existierte ein Mythos vom Herrscher mit einem eisernen Willen, auf der anderen Seite gab es einen hochmodernen Staat, dem eine zentrale Koordinationsstelle fehlte und dessen Regierungschef weitgehend von der Regierungsmaschinerie losgelöst war. Fritz Wiedemann, einer von Hitlers Adjutanten, wird von Kershaw zitiert: «(Mit der Zeit wandte sich Hitler) jenem Lebensstil zu, den er als junger Mann in Linz und Wien so geliebt hatte ... Später erschien Hitler gewöhnlich erst kurz vor dem Mittagessen, las kurz durch, was der Reichspressechef ... aus der Presse zusammengestellt hatte, und ging dann zum Essen. So wurde es für (die Staatssekretäre) Lammers und Meissner immer schwieriger, von Hitler Entscheidungen zu erlangen, die nur er als Staatsoberhaupt treffen konnte ... Auf dem Obersalzberg ... kam er grundsätzlich erst gegen 14 Uhr aus seinem Zimmer. Dann ging's zum Essen. Den Nachmittag füllte meist ein Spaziergang aus, und abends wurden gleich nach dem Abendessen Filme vorgeführt.»[121]

Der Mythos von der willensstarken Führer-/Vater-Figur implizierte nicht nur, daß jeder erraten mußte, was Hitler wollte. Diejenigen, die ihm nicht richtig «entgegen arbeiteten», mußten auch damit rechnen, daß sie für ihr Versäumnis «früh genug» bestraft wurden. Kershaw beschreibt all das. Trotzdem sieht er in Hitler immer noch den «kühnen» und entschlossenen Staatsmann. Das zeigt, wie sehr unsere von der Identifikation mit einem Aggressor geprägte Kultur uns dazu bringt, «Größe» und einen starken Willen in unseren Führern/Vätern zu sehen oder sehen zu müssen.

Bis heute macht der Mythos uns glauben, daß Hitlers Stärke und Größe daran zu messen seien, daß er die wirtschaftliche Lage der Deutschen wesentlich verbessert habe. In Wahrheit war das Gegenteil der Fall. Im Herbst 1935 berichtete die Berliner Polizei von einer verschlechterten Stimmung in der Bevölkerung, weil die Lebensmittelpreise stiegen und die Arbeitslosigkeit wuchs. Als die Stimmung im Januar 1936 noch weiter sank, wurde Hitler wütend, und er verbat sich solche Berichte.[122] Im selben Monat gab das Reichsarbeitsministerium die Zahl der Arbeitslosen mit zweieinhalb Millionen an. Hitlers Reaktion war, eine nationalistische Euphorie zu entfachen, um dem entgegenzuwirken. So inszenierte er den Einmarsch ins Rheinland. Die Hälfte der arbeitenden Bevölkerung verdiente zu dieser Zeit nicht mehr als 18 Reichsmark in der Woche – ein Lohn, der unter der Armutsgrenze lag und wesentlich niedriger war als 1928 während der Weimarer Republik.

Das bedeutet, daß der Mythos Hitler nicht einfach auf seine eigene Inszenierung zurückzuführen war, sondern daß er etwas mit dem Bedürfnis der Menschen nach einem solchen Mythos zu tun hatte. Hitler fühlte sich dadurch in seinem Glauben bestätigt, daß seine Pose die Realität war, und er hielt immer stärker an seinen Selbst-Inszenierungen als vermeintlichem Selbst fest. Bei einer Rede am 13. September 1936 vor den Kampfformationen der Partei hielt er sich bereits für unfehlbar: «Das ist das Wunder unserer Zeit, daß ihr mich gefunden habt, daß ihr mich gefunden habt unter so vielen Millionen! Und daß ich euch gefunden habe, das ist Deutschlands Glück!»[123] Und vorher schon, am 14. März 1936 in München: «Weder Drohungen noch Warnungen werden mich von meinem Weg abbringen. Ich gehe mit traumwandlerischer Sicherheit den Weg, den mich die Vorsehung gehen heißt ... Das deutsche Volk soll nun urteilen ... ob in diesen drei Jahren die deutsche Nation gesunken ist oder ob sie auferstanden ist ... Dieses Urteil erwarte ich ... Es wird meine größte geschichtliche Legitimität werden. Und ich werde dann vor die Welt hintreten und sagen können: ‹Nicht ich spreche, sondern das deutsche Volk hat gesprochen!›»[124]

Die Identifikation mit dem Aggressor führt dazu, daß Menschen, die so geformt wurden, sich von dem Erlösung erhoffen, der sie zum Leiden brachte. Sie suchen jedoch nicht einen wirklich starken Führer, sondern eine Fiktion von Stärke. Diese war ja auch dem Vater, auch der Mutter eigen, als sie das Kind unterdrückten, um sich selbst stark und bedeutsam zu fühlen. Deshalb hoffen solche Menschen, Erlösung bei dem zu finden, der Stärke verspricht, sie jedoch gar nicht besitzt. Was sie suchen, ist der grausame König oder die grausame Königin.

Die Geschichte ist reich an Erlösern, die Menschen versprechen, sie aus ihrer Not zu befreien. Milošević ist da nur ein Beispiel. Norman Cohn zeichnet in seinem Klassiker «Das Ringen um das Tausendjährige Reich. Revolutionärer Messianismus im Mittelalter und sein Fortleben in der modernen totalitären Bewegung» (1961) viele Bilder von Führern, die ihre Gefolgsleute in einen erbitterten Kampf gegen vermeintliche Feinde führten, um sie aus ihrer Hilflosigkeit, ihrem Elend und ihrer Verzweiflung zu erlösen. Keiner von ihnen verkörperte jedoch den Mythos von der absoluten, übermenschlichen Entschlossenheit so perfekt wie Hitler. Er zog seine Zuhörer in seinen Bann, indem er – wie in seiner Rede am 14. September 1936 in Nürnberg – immer wieder ihre und die eigenen Schwächen ansprach. Jedem Zuhörer war dabei aus eigener Erfahrung klar, daß es diese Schwächen sind, die Entschlossenheit verhindern. Und jeder wußte, wie leicht es ist, sich durch «Wegschwätzen» von seinem Weg abbringen zu lassen. So drückte Hitler etwas aus, das alle als eigene Unzulänglichkeit kannten. Und durch die Identifikation mit ihm und seiner Pose konnten sie selbst die Entschlossenheit erleben, zu der sie von sich aus nicht in der Lage waren. Auf diese Weise kann ein geschändetes Ich sein Wertgefühl steigern.

In diesem Prozeß müssen der Haß und der innere Feind angesprochen werden, um beide auf andere abwälzen zu können. In einem Artikel des Magazins «New Yorker» berichtete Jane

Kramer über die oberhessische Stadt Schlitz, die vor unserer Epoche acht Jahrhunderte lang von einer adeligen Familie beherrscht wurde.[125] Diese versprach den Bürgern für ihre Knechtschaft Schutz vor Feinden. In einem Interview mit Kramer hatte der Oberbürgermeister der Stadt über das Problem gesprochen, daß die Schlitzer bereit seien, jedem zu folgen, der ihnen Befehle erteile, solange sich die Befehle gegen einen Feind richteten. Für solche Menschen ist die Welt ohne einen Feind unverständlich und nicht in den Griff zu kriegen. Erst eine Autorität, die auf Feinde verweist, selbst wenn diese Terror ausübt, vermittelt das Gefühl von Sicherheit.

Indem Hitler den Menschen vermeintliche Feinde offerierte, bot er ihnen die Möglichkeit, den so verhaßten inneren Fremden nach außen zu verlagern, den Haß ohne Schuldgefühle zu entäußern und sich dadurch von der erdrückenden Last der Minderwertigkeit zu befreien. Das ist der Grund, warum Menschen nach Erlösung trachten, warum sie einen Führer brauchen, der kein wirklicher ist. Ein wahrer Führer, wie es zum Beispiel Abraham Lincoln war, würde Verantwortung fordern und verlangen, sich der Wahrheit zu stellen. Das würde man auch mit einem solchen Führer erleben. Dies jedoch würde Angst machen, denn dann müßte sich auch jeder mit seiner eigenen Unterwerfung konfrontieren – ein Unterfangen, das den meisten dieser Menschen unmöglich ist, da hinter jeder Identifizierung mit dem Aggressor aus der Kindheit der Terror steht, der dazu zwingt, die Wahrheit zu verleugnen. Das Ergebnis ist die oft lebenslange Suche nach Erlösung von der Minderwertigkeit, nicht von dem eigentlichen Schmerz, der dem Kind einst zugefügt wurde.

William Shirer, der zur Zeit des Einmarschs ins Rheinland am 7. März 1936 als amerikanischer Korrespondent in Berlin arbeitete, beschreibt das Gebaren der Mitglieder des Deutschen Reichstages während Hitlers Rede wie folgt: « … kleine Körper mit großen Köpfen, wulstigen Nacken, kurzgeschorenem Haar, dicken Bäuchen, braunen Uniformen und schweren Stiefeln … Sie springen auf, jubelnd und schreiend. Auf der Gästetribüne dasselbe Bild, mit Ausnahme einiger Diplomaten und etwa fünfzig von uns Korrespondenten. Ihre Hände sind zum sklavischen Salut hochgestreckt, ihre Gesichter von Hysterie gezeichnet, ihre Münder weit geöffnet und schreiend, ihre von Fanatismus brennenden Augen gerichtet auf den neuen Gott, den Messias. Der Messias spielt seine Rolle superb.»[126]

Menschen suchen die Identifikation mit einer Figur, die sie als mächtig erleben. «Ich ordne mich ohne weiteres Herrn Adolf Hitler unter», schrieb Ernst Graf zu Reventlow.[127] «Ich hatte mich selbst, meinen Führer und mein Anliegen gefunden», beschrieb Kurt Lüdecke seine Empfindungen, als er Hitler 1922 zum ersten Mal reden hörte.[128] «Wie viele sehen zu ihm auf in ergreifender Gläubigkeit als den Helfer, Erretter, als den Erlöser aus der übergroßen Not.» So äußerte sich Luise Solmitz, eine Lehrerin, nach einer Hitlerrede im April 1932.[129] Sie alle suchten eine Identität durch Identifikation, weil ihr Eigenes ihnen abhanden gekommen war, entfremdet durch die Identifikation mit einem frühen Aggressor oder Aggressoren. Diese Identifikation verurteilt Menschen dazu, ein Leben lang nach Erlösern zu suchen, weil sie die Schmach ihrer eigenen Entfremdung sich leer und unwert fühlen läßt. Dieser Prozeß verleitet sie dazu, aus einer Figur, die ein Nichts ist und die sich gerade deshalb aus Posen der Stärke und der Willenskraft ein fiktives Selbst basteln mußte, einen Führer zu machen. Erst die für unsere Kultur typische Schädigung des kindlichen Selbst gibt Menschen wie Hitler die Chance, überhaupt etwas zu werden. Ohne diese Defizite der Masse wäre das Phänomen Hitler – oder Milošević – gar nicht möglich. Menschen mit einem eigenständigen Selbst, wie zum Beispiel Sebastian Haffner oder Kurt Tucholsky, sahen Hitler deshalb auch als das, was er wirklich war – ein Nichts. Um eine Person wie Hitler richtig einschätzen zu können, müssen wir differenzieren zwischen den verschiedenen Arten der Identitätsentwicklung, die zum Aufbau eines inneren Kerns führen kann oder aber nur zur Ausbildung von dessen Ersatz. In letzterem Fall haben wir es mit einem Konglomerat aus Posen und Identifikationen mit Autoritätsfiguren zu tun, das der Verleugnung von Schmerz, Leid und Mitgefühl dient.

Erschreckend an Hitler ist deshalb weniger seine Psychopathologie, wie sie Erich Fromm ausführlich beschrieben hat[130], sondern die Tatsache, daß Menschen in ihm ihren eigenen verlorenen Teil wiederzufinden glaubten. Dieses Problem besteht unabhängig von Hitler weiter fort. Auch heute noch werden Menschen, die unintegriert leben, weil sie nicht differenzieren können zwischen der Macht des eigenen Phantasielebens und der Realität ihrer Lebensumstände, zu Trägern verlorener Hoffnungen und Sehnsüchte stilisiert. Es sind Menschen ohne Kontext, ohne Bezug zu ihren Gefühlen, ohne Einbindung in wirkliche Beziehungen, soziale Prozesse oder die Kontinuität ihrer Geschichte. Ihr Verhalten ist losgelöst von all dem, ihr Bezugspunkt ist ein der männlichen Macht gewidmetes Phantasieleben. Die Anhänger solcher Menschen glauben in deren Wut und Haß die Anteile wieder zu finden, die ihnen selbst abhanden kamen, weil sie unterdrückt wurden. Die eigentliche Pathologie dieses Phänomens liegt in der Wut, die aus der Not enttäuschter Hoffnungen und unbefriedigter Liebesbedürfnisse des Kindes hervorgegangen ist. Die Suche nach Liebe hat sich so in Haß und Gewalt verkehrt. Wie Rheingold beschreibt, verwandelt sich der Wunsch nach Liebe mit zunehmender Unterdrückung in eine Maske, unter der Rachegefühle lauern. Gleichzeitig entartet der Anteil, der keine Liebe erfuhr, zu einer Selbsttäuschung, die verhindert, daß das wahre Gefühl, nämlich der Haß, zum direkten Ausdruck kommt. Eine «Selbstfindung» durch Identifikation mit solchen Führern bewirkt dann, daß Haß als Liebe legitimiert wird. Aus Liebe zum Vaterland darf man dann morden.

Ich möchte noch einmal auf die erwähnte Kontextlosigkeit solcher Menschen zurückkommen. Bei Hitler wird sie in seinen Posen deutlich – der Pose der Ehrfurcht und Heldenhaftigkeit dem deutschen Soldaten gegenüber und der Pose des Mitgefühls für Volk und Soldaten insbesondere. Hitler wich Frontbesuchen aus, weil er den Anblick von Toten und Verwundeten nicht ertragen konnte und weil die Worte des Mitgefühls, die er an die Soldaten richtete, ohne emotionalen Kontext, ohne Bezug zu einem Gefühl menschlicher Bindung waren. Die Soldaten waren für ihn nur «Werkzeuge» zur Realisierung seiner Pläne. Wenn sie starben oder verwundet wurden, betrachtete er sie als «weggepfefferte Gewehre».[131] Er warf sich in die Pose des strengen, unbeirrbaren und unbeugsamen Führers und konnte sich ganz seinen mörderischen Phantasien hingeben. Die Wirklichkeit jedoch war ihm unerträglich. Nach dem auf ihn verübten Attentat am 20. Juli 1944 ließ er die Attentäter wie Schlachtvieh an Fleischerhaken erhängen. Er befahl, die Hinrichtungen zur demütigenden Quälerei zu machen und zu filmen. Aus der Distanz sah er sich die Filme dann an. Die direkte Konfrontation mit der

Umsetzung seiner tödlichen und haßerfüllten Phantasien vermied er jedoch. Er war nicht einmal in der Lage, seiner Köchin ins Gesicht zu sagen, daß sie entlassen sei, nachdem sich herausgestellt hatte, daß sie Jüdin war. Werner Maser nimmt an, daß Hitler auch bei der Ermordung von Juden nur so unmenschlich sein konnte, «solange er seinen Opfern nicht Aug' in Aug' gegenüberstand».[132] Seine Vermutung deckt sich mit meiner zuvor beschriebenen Analyse, wonach Hitlers Antisemitismus ein Aspekt seines Sich-in-Pose-Werfens ist. Die Logik der Rolle bestimmte dann das Ausmaß seines Rollenspiels. Wie ich am Beispiel von Hans Frank im Anschluß zeigen werde, geht es beim Posieren immer um Effekte, die man erzielen will, nicht um einen tatsächlichen emotionalen Inhalt, wie es das Hassen eines individuellen Juden wäre. Das wahrhaft Schreckliche ist, daß Hitlers Wirklichkeit nicht der Haß auf einen speziellen Menschen war, sondern die Abstraktion, die aus dem Haß auf den eigenen Fremden entsteht. Aber der Haß auf den eigenen Fremden hat dann seine eigene Wirklichkeit für die Anhänger, die diesen als Erlaubnis benötigen, um die eigenen bösartigen Phantasien auszuleben. Die Pose dient dazu, die Angst, die aus dem unüberwindbaren ersten Terror des Lebens aufsteigt, zu überlisten.

Auch Hitlers Unfähigkeit, Ungewißheiten auszuhalten, ist ein Indiz dafür, daß seinem Verhalten ein wahrer Kontext fehlte. Er mußte sich deshalb ständig in die Pose der Entschlossenheit und des starken Willens werfen. « … es war in den Jahren 1934 bis 1939 geradezu charakteristisch für das Dritte Reich, daß immer wieder Krisen innen- und außenpolitischer Art entstanden. Kaum war die eine beendet, so begann die nächste. Zum großen Teil wurden sie von Hitler bewußt hervorgerufen … durch die Ungeduld, mit der er verfuhr. Hitler duldete kein langsames Ausreifen.»[133] Es ist interessant, was Lenin 1920 im Zusammenhang mit seiner Kritik am linken Radikalismus über Ungeduld schrieb: «Sie verwechseln Wunschdenken mit Tatsachen … sie führen Ungeduld als theoretisches Argument aus.»[134] Er verstand die infantile Natur solcher Ungeduld und erkannte, daß sich dahinter die Unfähigkeit verbarg, Angst zu tolerieren. Ungeduld verdeckt im Grunde eine tiefe Abhängigkeit. Man ist nicht in der Lage, Frustrationen zu ertragen. Hitler überspielte diese Unfähigkeit nicht nur mit Ungeduld. Er verdeckte sie auch, indem er die Ungeduld in etwas Starkes und Tatkräftiges umdeutete. «Und da wächst die Erkenntnis, daß es immer noch besser ist, wenn notwendig, ein Ende mit Schrecken auf sich nehmen, als einen Schrecken ohne Ende zu ertragen.»[135]

Die Analyse der psychopathologischen Dialektik zwischen Hitler und seinen Anhängern muß auch den folgenden Aspekt mit einbeziehen: Im Namen eines autoritären Vaters brachte er es fertig, daß sie ihre eigenen autoritären Väter verließen. So kam es zu einem merkwürdigen Phänomen: Sie, die im Gehorsam der Autorität ergeben waren, wurden zu «Rebellen», indem sie sich Hitler verschrieben. Obwohl sie sich scheinbar der Aufrechterhaltung der herrschenden Struktur verpflichtet fühlten, zerstörten sie im Namen der Ergebenheit an eine Autorität das Leben und ihre vermeintliche Bindung an Ordnung und Gesetz.

Die Frage, wer Hitler war, kann nur im Kontext seiner Anhänger beantwortet werden, denn sie waren es, die ihn zu der Person machten, die die Historiker bis heute beschäftigt. Ohne die Wechselwirkungen zwischen ihm und seiner Gefolgschaft hätte es diesen Hitler gar nicht gegeben. Nur durch die Einbettung in die Bedürfnisstruktur der Menschen konnte ein Mann zum Führer werden, der weder zum Führen noch zum Regieren imstande war. Das ist das wahrhaft Paradoxe: Hitler verkörpert die unreale Welt des Posierens, in der die Pose mit der Wirklichkeit verwechselt wird, wodurch Wirklichkeiten geschaffen werden, die ohne Verantwortlichkeit der Akteure existieren. In diesem Umstand liegt auch die tiefe Bedeutung von Carl Amerys Beobachtung, daß Hitler ein Vorläufer unserer Zeit war. Er spiegelt in perfekter Weise die heutige Welt wider, in der das Image die Wirklichkeit und die Pose die Verantwortung ersetzt haben.

Hans Frank

Hans Frank, beim Nürnberger Prozeß zum Tode verurteilter ehemaliger Generalgouverneur im besetzten Polen, vermittelt wie kaum ein anderer Einblick in diesen Vorgang, in dem Unterwerfung und Posieren zu einem verantwortungslosen, destruktiven Spiel werden. Frank war ein Mann ohne eigentliches Selbst, ohne Zugang zu seinen Gefühlen des Schmerzes und des Leids. Sein Leben war eine dauernde Pose, immer auf den Effekt zielend. Was jedoch fehlte, war der emotionale Inhalt, den die Pose nur vorgab. Sein Sohn Niklas Frank erkannte das. In seiner Biographie über den Vater berichtet er davon, daß dieser auf dem Weg zur Hinrichtung zu dem Franziskanerpater Sixtus O'Connor sagte: «Als ich noch ein kleiner Junge war, hat mir meine Mutter jeden Morgen, bevor ich zur Schule ging, ein Kreuz auf die Stirn gemacht. Bitte, Pater, tun Sie das auch.» Der Kommentar des Sohnes: «Ein toller Effekt für einen Schmieren-Tragöden!»[136] Gustave M. Gilbert, Gerichtspsychologe beim Nürnberger Prozeß, schrieb auf, was Frank nach einer Verhandlung, bei der dieser seine Beteiligung an der «Endlösung» zugegeben hatte, sagte: «Ich denke, es macht den Richtern wirklich Eindruck, wenn einer von uns ehrlich und offen ist und nicht versucht, die Verantwortung abzuschieben. Glauben Sie nicht? Ich war wirklich erfreut darüber, wie meine Aufrichtigkeit sie beeindruckte.»[137] Als «Schausteller seines Gewissens», wie Gilbert ihn nennt, steigerte er sich in die Dramatisierung seiner Scham, ohne wirkliche Scham und Trauer über seine Taten zu empfinden.[138]

Hans Frank selbst gab dem Gerichtspsychologen einen Einblick in sein von außen geleitetes Selbst, das ohne eigentlichen Kern existierte und nur aus einem Festhalten an Pflichten, Posen und Identifikationen bestand. Als Gilbert ihn fragte, wie er es überhaupt fertiggebracht habe, grausame Reden über die Judenvernichtung zu halten und diese Einzelheiten in seinem Tagebuch festzuhalten, antwortete Frank: «Ich weiß es nicht – ich kann es kaum selbst verstehen. Es muß ein böses Grundelement in mir stecken – in allen Menschen ... Massensuggestion – das erklärt es kaum. Ehrgeiz – das hat eine Menge damit zu tun. Stellen Sie sich nur vor, mit 30 Jahren war ich Minister, fuhr mit einer Limousine durch die Gegend, hatte Dienstboten ... Aber Hitler kultivierte dieses Böse im Menschen. Ja, das war wirklich *phänomenal*. Als ich ihn in dem Film im Gerichtssaal sah ... war ich wieder für einen Augenblick trotz allem hingerissen. Ich bin ein so leicht zu beeindruckender Mensch. Merkwürdig. Man sitzt vor Gericht unter einer Bürde von Schuld und Schande ... Dann erscheint Hitler auf der Leinwand. Man streckt die Hand aus – ... für einen Augenblick ist man berauscht und denkt ... vielleicht.»[139] Ein außengelenktes Selbst gehorcht jeweils der Macht, die im Moment herrscht. Sobald Frank seine Identifikation auf die demokratischen Sieger, die jetzt Macht hatten, verlagerte, konnte er sein früheres Selbst wohl wirklich nicht mehr verstehen.

Wir sehen hier ein Selbst auf der Suche nach Autorität. Je stärker Hitlers Pose der Entschlossenheit und des unbeugsamen Willens war, um so mehr ergab sich ein Selbst wie das von Frank und um so mehr identifizierte es sich mit dem Posierenden. «Hitler war der Teufel», sagte Frank. Und: «So verführte er uns alle ... Wissen Sie, das Volk ist in Wirklichkeit feminin. In seiner Gesamtheit ist es weiblich» (damit verleiht er nicht nur seiner Verachtung für Frauen, sondern auch für sich selbst Ausdruck). «Man sollte nicht *das* Volk sagen, sondern *die* Volk. Es ist so gefühlsbetont, so unbeständig, so abhängig von Stimmung und Umgebung, so leicht zu beeinflussen; es erhebt Stärke zum Idol, das ist es!» Gilbert weist darauf hin, daß Frank bei der Beschreibung des Volkes dieselben Begriffe benutzte, mit denen er sich selbst beschrieb. «Und es ist so willig zu gehorchen! ... Aber nicht nur Gehorsam ... Hingabe, wie eine Frau ...» Er brach dann in ein hektisches Lachen aus, wie Gilbert schreibt. «Und das war das Geheimnis von Hitlers Macht. Er stellte sich hin, ballte die Faust und schrie: ‹Ich bin der Mann!› Und er brüllte vor Kraft und Entschlossenheit. Und so unterwarf sich ihm die Allgemeinheit einfach mit hysterischer Begeisterung. Man darf nicht sagen, Hitler habe die Deutschen *vergewaltigt* – er *verführte* sie! Sie folgten ihm mit verrücktem Jubel, wie Sie es in Ihrem Leben in der Art noch nicht gesehen haben!»[140] Ohne es zu bemerken, beschrieb Frank hier sich selbst. Er zeigte dabei auch unbeabsichtigt auf, wie die Verführung zustande kam: indem die Menschen aus der Leere ihrer eigenen Identität heraus Hitlers Posieren benutzten, um sich selbst als wertvoll zu erleben. So wurde er zum Führer gemacht. Aussagen von Frank lassen auch darauf schließen, für wie wertlos Hitler sich selbst und die Menschheit insgesamt hielt: «Jene drei Tage nach Hitlers Selbstmord waren entscheidend ... Nachdem er uns verlockt und die ganze Welt in Aufruhr versetzt hatte, verschwand er einfach – ließ uns im Stich, damit wir die Schuld für alles, was geschehen war, auf uns zu nehmen hätten. Kann man denn einfach nach all dem verschwinden und seine Spuren im Sand verwischen, so daß nichts mehr zu sehen ist? In einem solchen Moment erkennt man, wie unbedeutend man ist. ‹Planetenbazillen› – wie Hitler die Menschheit nannte.»[141] Frank wies auch darauf hin, daß der

Ehrgeiz eine entscheidende Rolle in diesem Vorgang spielen kann. Ein solcher Ehrgeiz ist Ersatz für die Gefühle, die einem Menschen von frühester Kindheit an genommen werden. Indem dieser zum Kern des Selbst wird, verlagert sich die Verankerung des Seins zunehmend ins Äußere. So wird der Mensch noch mehr in den Gehorsam getrieben. Gleichzeitig kann er sich der Selbsttäuschung hingeben, daß sein ehrgeiziges Streben Ausdruck von Autonomie ist. Bezeichnend für Hitler war, daß es sich bei ihm ja nicht um einen realitätsbezogenen, an der Sache orientierten Ehrgeiz handelte, wie man ihn zum Beispiel beim Meistern einer Aufgabe an den Tag legt. Ein solcher Ehrgeiz ist mit disziplinierter Arbeit verbunden, die Hitler nur bei der Vorbereitung seiner Reden zeigte. In bezug auf den Ehrgeiz ging es ihm jedoch um die Pose – er stellte den Ehrgeizigen nur dar.

Das Hamburger Reserve-Polizeibataillon 101

Man kann verstehen, warum sich Menschen wie Frank oder der Germanist Schneider, auf den ich später zurückkomme, den Nazis verschrieben. Hier war eine junge Bewegung, in der man schnell Karriere machen konnte, Frank als Jurist, Schneider als Fachmann für germanische Kultur, eine Laufbahn, die abgetrennt war von Moral und Ethik. Wie aber ist das Verhalten von Menschen zu erklären, die weniger ambitioniert waren, wie die Mitglieder des Hamburger Reserve-Polizeibataillons 101, das zur Durchsetzung der «Endlösung» in Polen eingesetzt wurde?

Der amerikanische Historiker Christopher R. Browning (1996) beschreibt diese Männer als normale, unbescholtene Familienväter mittleren Alters, zu neunundneunzig Prozent verheiratet, zum großen Teil aus der Hamburger Arbeiterschicht stammend. Sie hatten sich nicht freiwillig für diese Aufgabe gemeldet und reagierten auch nicht einheitlich auf den Befehl, Juden zu ermorden. Kurz nach Beginn des Einsatzes bildeten sich drei Gruppen heraus: Da war ein Kern von Männern, die sich mit wachsender Begeisterung ans Töten machten. Eine zweite, größere Gruppe beteiligte sich auf Befehl an Erschießungen und Ghettoräumungen, ergriff aber von sich aus keine Initiative. Männer dieser Gruppe ließen in Einzelfällen sogar Opfer am

Leben. Die dritte, die kleinste Gruppe, weniger als zwanzig Prozent, entzog sich und verweigerte das Töten.

Vor Beginn der ersten Mordaktion in Jozefow hatte der Kommandant, Major Trapp, die fünfhundert Mann starke Einheit über das Vorhaben informiert. Dann machte er ihnen ein ungewöhnliches Angebot: Diejenigen unter ihnen, die sich der Aufgabe nicht gewachsen fühlten, sollten vortreten. Ein Mann meldete sich, danach noch zehn oder zwölf. Obwohl das Morden anfangs fast alle entsetzte und anwiderte, machten nach kurzer Zeit achtzig bis neunzig Prozent der Bataillonsangehörigen mit. «Die meisten schafften es einfach nicht, aus dem Glied zu treten und offen nonkonformes Verhalten zu zeigen. Zu schießen fiel ihnen leichter.»[142] In vielen Strafgerichtsprozessen von NS-Verbrechen gaben die Täter die vermeintliche Zwangslage als Rechtfertigung für ihr Mitmachen an. Für das Hamburger Polizeibataillon kann das als Grund nicht gelten, denn Major Trapp nahm diejenigen in Schutz, die solche Einsätze mißbilligten. Und in all den hundert Gerichtsverfahren der Nachkriegszeit konnte keiner den Beweis dafür antreten, daß eine Verweigerung, unbewaffnete Zivilisten zu töten, eine gnadenlose Bestrafung zur Folge gehabt hätte.[143]

Browning hebt hervor, daß für manche Angehörigen des Bataillons, die nach dem Krieg bei der Polizei blieben, Karrieredenken eine entscheidende Rolle gespielt habe. Ich halte die «kameradschaftliche» Bindung der Männer für schwerwiegender. Sie hatten Angst, als «weich» gebrandmarkt zu werden. Bei der «Judenjagd» zeigte sich, wer ein «Weichling» und wer ein «harter Kerl» war. Browning schreibt: «In den Monaten, die seit dem Einsatz in Jozefow vergangen waren, hatten sich viele Bataillonsangehörige zu gefühllosen, gleichgültigen und in manchen Fällen auch sehr eifrigen Mördern entwickelt; andere hingegen machten beim Morden nur in begrenztem Maße mit und hielten sich heraus, sobald das ohne große Mühe und allzu unangenehme Folgen möglich war. Nur einer unangepaßten Minderheit gelang es jedoch, sich eine – ständig bedrohte – Sphäre moralischer Autonomie zu bewahren, aus der sie den Mut schöpften, sich dem gemeinschaftlichen Morden durch listiges Verhalten gänzlich zu entziehen.»[144] Browning vermutet, daß Loyalitätsvorstellungen, die ein den Anforderungen der Autorität entsprechendes Verhalten fordern, zum moralischen Imperativ werden, der eine Identifizierung mit dem Opfer nicht mehr zuläßt. «Normale Menschen geraten in einen ‹Zustand der Fremdbestimmung›, in dem sie nur noch Vollstrecker eines fremden Willens sind. Dabei fühlen sie sich nicht mehr für den Inhalt ihrer Handlungen persönlich verantwortlich, sondern nur noch für deren möglichst gute Ausführung.»[145] Wenn Browning hier mit «normalen Menschen» einen statistischen Begriff meinen würde, könnte man diese Bezeichnung noch akzeptieren. Aber Brownings Vorstellung ist, daß der Mensch situationsbedingt ist und von soziologischen Kräften gesteuert wird. Das aber verschleiert, worum es wirklich geht – daß es auf die Art der Identitätsbildung ankommt, inwieweit ein Mensch fremd- oder selbstbestimmt handelt. Es gab immer Menschen, die sich – Browning selbst berichtet ja davon – trotz der Zwangslage einer Situation widersetzten.

Es stimmt allerdings, daß man Menschen leicht dazu bringen kann, sich sadistisch zu verhalten. Das zeigte auch ein Experiment von Philip Zimbarde. Er brachte Versuchspersonen, die allesamt auf Adornos F-Skala eine geringe Autoritätsgläubigkeit aufwiesen, in eine simulierte Gefängnissituation. Zuvor hatte er sie willkürlich in Wärter- und Gefangenen-Gruppen aufgeteilt. Die Wärter mußten Methoden entwickeln, um die zahlenmäßig überlegenen Gefangenen unter Kontrolle zu halten. Obwohl körperliche Gewalt untersagt war, führte die Struktur des Gefängnislebens dazu, daß es schon innerhalb von sechs Tagen zu Erniedrigungen, eskalierender Brutalität und Unmenschlichkeiten kam. Etwa ein Drittel der Wärter gab sich hart und grausam, eine andere Gruppe war hart, aber fair und nicht darauf aus, die Gefangenen schlecht zu behandeln. Nur weniger als 20 Prozent erwiesen sich als «gute Wärter», die Gefangene nicht bestraften, sondern menschlich mit ihnen umgingen.[146]

Dieses Ergebnis weist Ähnlichkeiten mit der Gruppenbildung im Hamburger Polizeibataillon auf. Es entspricht auch den Erfahrungen mit amerikanischen Vietnamsoldaten, die in zahlreichen Untersuchungen dokumentiert sind. Ungefähr zwei Drittel aller Veteranen zeigten irgendwann nach ihrer Rückkehr Symptome einer posttraumatischen Belastungsstörung.[147] Jeder, der an Greueltaten beteiligt gewesen war, litt noch über zehn Jahre nach Kriegsende unter solchen Problemen.[148] Nur eine kleine

Minderheit, die sich nie an Vergewaltigungen, Folterungen, Morden an Zivilisten oder Kriegsgefangenen oder an der Verstümmelung von Toten beteiligt hatte, entwickelte keine posttraumatischen Störungen. Es stellte sich heraus, daß diese Männer eine innere Identität hatten, die davon geprägt war, daß sie in ihrem Leben, vor allem in ihrem sehr frühen Leben, menschliche Liebe und wahre Zuwendung erfahren hatten. Sie waren kommunikativ, akzeptierten ihre Ängste, mußten nie ihre Männlichkeit unter Beweis stellen, ließen sich auch nie zu hilflosen Opfern machen und waren immer bereit, anderen zu helfen. Diejenigen, deren eigenes Männlichkeits-Image sich stark am Typ Rambo orientierte, erwiesen sich dagegen als am meisten gefährdet.[149]

Die empirischen Studien zeigen, daß die Bereitschaft zum Gehorsam und das Bedürfnis, im Kameradschaftsverband zu bestehen (was etwas anderes ist als die Suche nach wahrer Zuwendung), eng verknüpft sind mit einer Identitätsentwicklung, die auf Identifikation beruht, weil das Eigene als fremd abgespalten wurde. Man kann deshalb die Tatsache, daß unter bestimmten Bedingungen so viele ihre Menschlichkeit verlieren, nicht einfach mit gesellschaftlichem Druck erklären. Es spielt eine entscheidende Rolle, welche Form der Identität die Betroffenen entwickeln konnten. Daß es meistens weniger als ein Fünftel waren, die sich ihre Menschlichkeit bewahrten, hat weniger mit der Frage zu tun, ob auch «normale Menschen» Böses tun können. Die erschütternde Tatsache weist vielmehr darauf hin, daß es in unserer Kultur normal ist, daß Menschen sich von ihrem eigenen Selbst entfremden und keine wirkliche, auf inneren Prozessen basierende Identität aufbauen können. Ich möchte hier noch anmerken, daß auch die Mitglieder des Hamburger Polizeibataillons, die nur ihre «Pflicht» erfüllten (!) und das Töten nicht zelebrierten, Merkmale zeigten, die typisch sind für Menschen ohne wahre Identität: « ... sie fühlten mehr Mitleid mit sich selbst wegen der unangenehmen Arbeit, die sie zu erfüllen hatten, als irgendwelches Mitleid für ihre entmenschlichten Opfer.»[150] Es ist der «normale» Verlust der Identität, die Unmöglichkeit, eine wirkliche Identität zu entwickeln, die uns zum Nachdenken über den Prozeß der Identifikationen bewegen sollte. Jedes Sozialisationsprogramm, das die Identifikation zur

Grundlage der Identitätsentwicklung macht, muß in Frage gestellt werden.

Eine reduzierte (also auf Identifikation beruhende) Identität muß nicht automatisch zur Unmenschlichkeit führen, wie die Studie über das Hamburger Polizeibataillon zeigt. Bezeichnend ist, daß ein Kind keine innere Stärke entwickeln kann, wenn das Eigene zum Fremden gemacht wird, weil kein annehmendes Entgegenkommen erlebt wurde. Eine auf innerer Stärke basierende Identität setzt die Erfahrung wirklicher Liebe voraus. In unserer Kultur wird jedoch eine Stärke gefördert, die auf Identifikation aufbaut und sich dabei am Image einer Männlichkeit ohne Mitgefühl orientiert. Eine solche von Rollenklischees geprägte Identität läßt sich unter den Umständen, die die Nazis in ihrem Mordprogramm schufen, aber nur aufrechterhalten durch Grausamkeiten, die dem «Männlichen» verpflichtet sind. Hier muß man allerdings differenzieren: Diejenigen, die in ihrer Kindheit ein gewisses Maß an Liebe erfahren haben, werden innere Konflikte erleben, sobald sich Reste einer empathischen Wahrnehmung in ihnen regen. Aus diesem Grund legte auch die größte Gruppe des Hamburger Polizeibataillons ein Verhalten an den Tag, das sich als passiv einstufen ließ. Sie waren jedoch nicht in der Lage, sich dem Tötungsauftrag zu entziehen. Diese Gruppe litt auch unter psychosomatischen Beschwerden. Dagegen zeigen die zitierten amerikanischen Studien über posttraumatische Störungen, daß es durchaus Menschen gibt, die auch unter überaus traumatischen Lebensumständen an ihrer Menschlichkeit festhalten können. Insbesondere die Arbeiten von Judith Lewis Herman weisen nach, daß es die Fähigkeit zur Empathie ist, die Menschen eine Art Immunität gegen das Unmenschlichsein verleiht.[151]

In einer Arbeit über das Töten im Krieg zitiert Oberst Dave Grossman von der amerikanischen Armee[152] eine Studie von General S. L. A. Marshall (1978), in der aufgezeigt wird, daß nur 15 bis 20 Prozent der amerikanischen Soldaten im Zweiten Weltkrieg während des Gefechts ihre Waffen benutzten. Ähnliche Hinweise gibt es über das Verhalten im amerikanischen Bürgerkrieg. F. A. Lord (1976) berichtet, daß nach der Schlacht von Gettysburg im Jahre 1863 27 574 Gewehre eingesammelt wurden, von denen 90 Prozent geladen waren. 12 000 hatte man mehr als einmal geladen, ohne zuvor einen Schuß abzugeben, 6000 davon waren mit drei bis vier Kugelladungen verstopft. Warum, so fragte sich Lord, luden mindestens 12 000 Soldaten ihre Flinten falsch? Marshall schreibt: «Das normale und gesunde Individuum hat einen so großen inneren und meistens unerkannten Widerstand, einen anderen Menschen zu töten, daß es einem anderen nicht aus eigenem Willen heraus das Leben nehmen würde.»[153] Das änderte sich jedoch, nachdem die US-Armee mit einem neuen Trainingsprogramm für ihre Soldaten begann. Im Koreakrieg schossen noch 55 Prozent der Soldaten auf den Feind, im Vietnamkrieg waren es schon 90 Prozent. In ihrem täglichen Drill wurden die Soldaten gezielt desensitiviert. Man ließ sie beim Marschieren und anderen körperlichen Übungen blutrünstige Parolen wie «Kill! Kill! Kill!» schreien. In sogenanntem «operative conditioning» wurde das Schießen im Reflex trainiert. Das Ziel glich einer menschlichen Gestalt. Außerdem sorgte man dafür, daß sich der einzelne Soldat von seiner Gruppe für akkurates Schießen bestätigt fühlte. So wurde das Schießen zum automatischen Akt, was sich in einem Anstieg der Schießbereitschaft von 20 auf 90 Prozent äußerte.

Auch hier waren Hitlers Schergen Vorläufer. Indem Juden als Nicht-Menschen deklassiert wurden, wurde das Töten entmenschlicht. Hinzu kam der Druck der «Kameradschaft», also der innere Drang, sich von den anderen akzeptiert zu fühlen. Doch Grossman zeigt in seinem Buch auf, daß das Töten, auch wenn es unter dem Vorzeichen der Entmenschlichung des Gegners geschieht, für die Täter seinen Preis hat. Das Ausmaß der emotionalen Störungen unter amerikanischen Vietnamveteranen weist darauf hin. Grossman beschreibt ihre erschreckenden Entwicklungen. Ihre Ehen gingen in die Brüche, viele wurden obdachlos, nahmen Drogen, begingen Selbstmord. In Brownings Studie über das Hamburger Polizeibataillon gibt es keine Hinweise auf solche Folgen. Nur sehr wenige konnten sich der Tatsache stellen, daß sie getötet hatten. Möglicherweise bewirkte der Gehorsam in Deutschland auch eine perfektere innere Entfremdung. Trotz Konditionierungstraining waren die einzelnen amerikanischen Soldaten offenbar weniger in der Lage, ihr Töten zu verarbeiten. Ein Vietnamveteran erzählte Grossman: «Sie trainierten mich zu töten. Sie schickten mich nach Vietnam. Sie sagten mir aber nicht, daß ich Kinder bekämpfen würde.»[154]

Trotzdem: Auch in den USA hassen die Menschen das Opfer in sich selbst, also den Teil, der zum Fremden wurde. Das zeigt sich zum Beispiel bei Kinovorführungen, in denen ein besonders bestialischer Mord eines unschuldigen Opfers durch einen grausamen Mörder immer wieder mit Beifallsrufen quittiert wird.[155]

Offenbar sind die individuellen Differenzen menschlicher Unmenschlichkeit doch abhängig vom Ausmaß des eigenen Opfer-Erlebens. Ein höherer Grad erlebter Lieblosigkeit führt nicht nur dazu, daß das innere Opfer verneint werden muß. Er bewirkt auch, daß der Haß auf das Eigene in sadistischer Weise zum Ausdruck kommt.

Massenmörder in der SS

Henry V. Dicks beschreibt solche Menschen in seiner Studie über Massenmörder in der SS.[156] Einen von ihnen, S 2 genannt, traf Dicks in einem Gefängnis bei Bonn, wo er eine lebenslange Haft verbüßte, weil er als stellvertretender Kommandant eines Konzentrationslagers eine große Anzahl von Morden begangen hatte. Ehemalige KZ-Häftlinge hatten ihn als äußerst gefürchteten bestialischen Menschen charakterisiert. Dicks schildert seinen Werdegang: Er (S 2) schätzte seine Kindheit als völlig normal ein, obwohl seine Eltern ihn mit acht Jahren verlassen hatten. Er selbst hatte dieses Verlassenwerden als Vertrauen in ihn umgedeutet. Die Eltern waren 1919/1920 aus ihrer Heimat Oberschlesien emigriert, da sie nicht polnische Bürger werden wollten. Den achtjährigen Sohn hatten sie bei einer Tante in Obhut gelassen, damit er für sie eines Tages den Besitz von Haus und Grund zurückfordern konnte. Der Heranwachsende lebte bis 1931 in Breslau, wo er sich einen Ruf als aggressiver und impulsiver SS-Rowdy erwarb. Er wurde schnell von Nazi-Partei-Bonzen gefördert und 1933 zum KZ Esterwege kommandiert. Dort war er verantwortlich für die Entwicklung grauenhafter Foltertechniken: Er ließ spezielle Gestelle für Auspeitschungen errichten und ersann Methoden, einem Menschen Wasser in den Mund zu leiten, so daß dieser unter dem ständigen Wasserdruck auseinanderplatzte. Er warf Opfer in Jauchegruben und sah ihnen beim Ertrinken zu, er zwang Alte und Gebrechliche, Zementsäcke zu tragen, um sie dann auszupeitschen, wenn sie zusammenbrachen. Und all das in Begleitung von Marsch- oder Zigeunermusik.

Im Gefängnis sprach er voller Haß über die Polen und darüber, wie seine Familie das Land verlassen mußte und ihn, den Achtjährigen, als Stellvertreter des Vaters zurückließ. Gleichzeitig versuchte er, sich der neuen Vaterfigur, Dr. Dicks, einschmeichelnd unterzuordnen. Die Leiden seiner Kindheit und die Ablehnung durch Vater und Mutter verleugnete er völlig. Er konnte nicht davon sprechen, daß Zärtlichkeit in seiner Kindheit ein Tabu war und die Eltern tatsächlich kalt und abweisend waren. Genauso wie die englischen Mörder haßte er seinen Schmerz und fügte ihn anderen zu. Doch im Unterschied zu den psychotischen Mördern von Broadmoor war er seinen Peinigern – Vater, Mutter und ihren Stellvertretern in der autoritären Nazi-Partei – völlig ergeben. Er war stets bereit, ihre Befehle auszuführen. Dicks sagt, daß sein Verhalten das des Kadavergehorsams widerspiegelte. Auch hier ersetzte Kameraderie wirkliche Liebe: «Ich fand ein Zuhause wieder in der Kameraderie meiner Gesellen» (S. 111). Gleichzeitig hatte er keine Probleme damit, seine «Treue» zur Autorität nach der Gefangennahme sofort auf die neuen Herrscher zu übertragen. Sie waren jetzt seine neuen Pflegeeltern (S. 109).

Nicht alle Mörder, die Dicks befragte, mordeten mit Vergnügen. Einige taten es völlig abgetrennt von jeglichen Gefühlen. Das macht sie scheinbar schwerer zu verstehen. Es bedeutet aber, daß das innere Opfer vom Bewußtsein des Hasses abgetrennt ist. In ihrer Abgespaltenheit von ihren Gefühlen können diese Menschen die schrecklichsten Taten als logische Konsequenz rationaler Überlegungen verhüllen. Doktor MO wurde von Dicks in einem Gefängnis in West-Berlin interviewt. Er war damals fünfundsechzig Jahre alt und zu lebenslanger Haft verurteilt, da er an der Ermordung von sechsundzwanzig geistig behinderten Deutschen in einer oberschlesischen Stadt beteiligt war, als sich 1945 die Russen näherten. «Euthanasie», sagte er, war eine friedliche und ordentliche Prozedur, und «man konnte doch nicht Zivilisten einfach in einer Zone der militärischen Operation frei herumlaufen lassen.» Er war zu dieser Zeit SS-Mitglied und Gesundheitsdirektor der Stadt. Während des Gerichtsverfahrens war sein Hauptargument zu seiner Verteidigung: «Ich war dafür, nicht lebenswertes Leben zu töten» (S. 146). Zu Dicks sagte er:

«Herr Professor, können Sie nicht sehen, daß, wenn ich nichts getan hätte, die ganze Sache zu einem blutigen Durcheinander geworden wäre?» (S. 147). Anschließend ergab er sich dem Selbstmitleid: Er erzählte davon, wie er als Gefangener im sowjetischen Lager war. Er habe hungern müssen, und sein Offiziersrang sowie sein professioneller Status seien nicht respektiert worden. Dann beklagte er sich über die Primitivität der Russen. Ein solches Verhalten ist charakteristisch für Menschen mit einem inneren Opfer, das sie nicht wahrhaben können. Anstatt sich dem Leiden der Opfer zuzuwenden, betonen sie ihr eigenes vermeintliches Leid, wodurch das wirkliche Leiden der anderen weggeschoben wird.

Dr. MOs Vater war sehr streng. Er glaubte an Zucht und Ordnung und erwartete Gehorsam von seinem Sohn. Dicks schreibt, daß MO Schwäche und Abhängigkeit haßte. Sein wahrer Haß richtete sich natürlich gegen die Zärtlichkeit (das heißt, das Bedürfnis nach Zärtlichkeit), die in seiner Erziehung als Schwäche verachtet wurde. Dadurch wurde auch jede Nähe, die er sich einmal gewünscht hatte, als Abhängigkeit eingeschätzt. Auf diese Weise kann Nähe verworfen werden. Wie sehr Zärtlichkeit für ihn mit einem Tabu belegt war, zeigte sich am deutlichsten in seinem Bekenntnis vor Gericht: «Ich bin für das Töten unwerten Lebens.» Seine vernunftbezogene Coolness war die Pose des Liquidators, der über Leben und Tod entscheidet. Er verkörpert wohl den Typ Mensch, der sein inneres Opfer am meisten verdrängen mußte, um die Taten des Unterdrückers völlig zu verleugnen und in ihr Gegenteil zu verkehren. Deshalb, so Dicks, habe sich die Internalisierung der durch den Vater erlebten Strenge, Entbehrung und moralischen Nötigung in MOs Psyche in Liebe umgeformt. Das einzige, worum es ihm ging, was er jedoch bestritt, war Bestrafung. Sie war das Ziel seines Lebens, die er unter einem Deckmantel philosophischer Theorien verbarg. Er sprach davon, daß Kultur und Technologie eine Leere im Menschen herbeigeführt hätten, ohne zu erkennen, daß er damit sich selbst und seinen Zustand beschrieb.

Eine andere Studie von Dicks gibt einen differenzierteren Einblick in das Ausmaß von Gehorsam und innerer Entfremdung unter den Nazis.[157] Dicks interviewte mehr als tausend deutsche Kriegsgefangene zu einem Zeitpunkt, als diese noch an einen Sieg der Nazis glaubten. Sein Ziel war es, den Zusammenhang zwischen politischer Ideologie und Persönlichkeitsstruktur zu untersuchen. Mit Hilfe einer speziell entwickelten Interviewtechnik wurden ihre politischen und persönlichen Merkmale in eine Werte-Skala unterteilt (genannt F-Skala), die die Gefangenen in fünf Kategorien klassifizierte: F I war der harte Kern fanatischer Nazis, F II waren die gläubigen Nazis, die Vorbehalte hatten, jedoch nur in Hinblick auf die Wirksamkeit, nicht in ethischer oder politischer Beziehung. Die Gruppe F III bestand aus unpolitischen Männern, die passiv soziale und politische Umstände akzeptierten. Sie wiederholten die Nazi-Parolen, aber ohne emotionale Überzeugung. F IV waren Männer, die passiv antinationalsozialistisch waren, die Konflikte erlebten, enttäuscht waren und nicht wußten, wo sie standen. Sie hatten Hitler aufgrund seiner politischen und wirtschaftlichen Versprechen unterstützt, waren Patrioten, zeigten aber Vorbehalte gegen Krieg und Nazis. F V waren aktive Gegner des Nationalsozialismus.

Eine Grafik (siehe unten S. 158) zeigt die Verteilung auf die fünf Kategorien: 11 Prozent der Gefangenen waren aktive Nazis (F I), 25 Prozent gläubige Nazis mit Vorbehalt (F II), 40 Prozent waren unpolitisch (F III), 15 Prozent passive (F IV) und neun Prozent aktive Anti-Nazis (F V). Dicks korrelierte diese politischen Kategorien mit Persönlichkeitsmerkmalen, die mit der Ablehnung von Zärtlichkeit sowie der Identifikation mit Mutter und Vater zu tun hatten. Dabei ergaben sich interessante statistische Beziehungen: Männer, die zu den Kategorien F I und F II gehörten, zeigten eine signifikante Ablehnung von Zärtlichkeit. Dies deutet darauf hin, daß sie in der Beziehung zu ihren Müttern keine Zärtlichkeit erfahren hatten, daß diese verboten war und daß dieses Zärtlichkeits-Tabu eine Unterdrückung der Empfindungen (und Bedürfnisse) gegenüber der «liebenden» Mutter bewirkt hatte. Die Soldaten, die hohe Punktwerte in den F-Kategorien I und II erzielten, zeigten auch Muster großer Identifikation mit autoritären, bestrafenden und auf Gehorsam bedachten Vätern, ohne daß sie Zweifel oder Kritik an diesen äußerten. Zugleich war die Korrelation zwischen niedrigen F-Werten und der Fähigkeit zu liebevollen Frauenbeziehungen hoch. Die Gefangenen, die sich durch eine gute Beziehung zu einer liebenden Mutter auszeichneten, waren auch am wenigsten der Nazi-Ideologie verfallen. Für die Männer mit hohen Werten auf der F-Skala existierten keine liebevollen Beziehungen zur Mutter oder zu Frauen im allgemeinen. Sie waren nur an politische und institutionelle Symbole gebunden. Diese wurden mit «Liebe» besetzt. Auf die politische Bedeutung dieses Zusammenhangs werde ich nochmals zurückkommen.

Beim genaueren Betrachten von Einzelfällen aus den Gruppen F I und F II trat immer wieder eine Persönlichkeitsstruktur zutage, die auf äußerlichen Posen der Männlichkeit basierte. So beschreibt Dicks einen gewissen H. S. als reinen Poseur, dessen Beziehungen ohne jede Zärtlichkeit waren. «Wenn ein Frau weint und mich anfleht», sagte dieser, «muß ich lachen.» Warme menschliche Gefühle seien an diesem Offizier nicht zu entdekken gewesen. «Nimmt man ihm seinen Glauben an die Nazis, würde er einfach zusammenbrechen, da kein innerer integrierender Kern existiert.»[158] Dies bestätigt erneut, daß solche Menschen kein eigentliches Selbst und deshalb auch keine eigentliche Identität haben. Alles in ihrem Leben dient der Projektion ihres gehaßten inneren Opfers. Ihr Selbstmitleid ist eine Camouflage dieses Hasses. Mit ihrer Brutalität, schreibt Dicks, konnten die überzeugten Nazis ihre Persönlichkeit zusammenhalten, die auf einer Identifikation mit destruktiven, bestrafenden Vätern beruhte. Er faßt die generelle Einstellung solcher Männer so zusammen: « ... alle diese intrigierenden, kultivierten Feinde rund um uns haben unsere berüchtigte nichtsahnende Einfachheit, Güte und Sanftheit mißbraucht. Falls sie glauben, daß wir solche Trottel sind, die sich ihrem Willen, uns zu vernichten, unterwerfen, werden wir ihre bösen Absichten mit größter Rücksichtslosigkeit zu vernichten wissen; jetzt werden wir ohne Erbarmen und ohne Skrupel agieren» (S. 144). Indem Hitler diesen Phantasien mit seiner scheinbaren Entschlossenheit und der Pose des «eisernen» Willens zum Ausdruck verhalf, gab er ihnen eine Kohärenz. Das veranlaßte die Menschen, selbst Träger solcher Phantasien, dazu, ihn zu ihrem Führer zu machen.

Die meisten Soldaten in Dicks' Untersuchung waren zwar politisch passiv, zeigten sich aber als folgsame Erfüllungsgehilfen, wenn sie einen Befehl bekamen. Dies spiegelt ein politisches Problem wider, das es eingehender zu untersuchen gilt: Es geht um den allgemeinen Gehorsam, der dazu führt, daß die große Mehrheit der Menschen politisch passiv ist und sich ängstlich denjenigen unterordnet, bei denen der Haß am größten ist. Gleichzeitig haben sie Angst, sich aus dem Bereich ihrer Identifikation mit Aggressoren hinauszubewegen.

Es ist interessant, daß sich im selben Band der Zeitschrift «Human Nature» (eine Publikation des Travistock Institute of Human Relations in London und des Center for Group Dynamics in Ann Arbor), in der Dicks seine Untersuchung veröffentlichte, ein Artikel von Donald W. Winnicott befindet, in dem dieser, unabhängig von Dicks, auf ähnliche Erkenntnisse abzielt.[159] Unter dem Titel «Einige Überlegungen zur Bedeutung des Wortes Demokratie» stellt Winnicott die These auf, daß eine demokratische Gesellschaft emotionale Reife benötige, um zu funktionieren. Außerdem stellt er die Frage, welchen Anteil an anti-sozialen Individuen eine Gesellschaft verkraften könne, ohne ihre demokratischen Tendenzen zu verlieren. Als «anti-sozial» bezeichnet Winnicott Menschen, die sich aus Gründen, die mit ihrer inneren Unsicherheit zusammenhängen, mit Autoritäten identifizieren. Solche Personen, schreibt Winnicott, sind ungesund und unreif, da ihre Identifikation mit dem Aggressor eine Selbst-Entdeckung verhindert. «Es ist wie ein Sinn für den Rahmen ohne Gefühl für das Bild, ein Sinn für die Form ohne Berücksichtigung von Spontaneität. Dies ist eine Vermassungstendenz, die sich gegen die Individualität des Einzelnen richtet. Menschen, die sich auf diese Weise entwickeln, können in ihrer Gesinnung als verdeckt anti-sozial betrachtet werden» (S. 177).

Solchen versteckt anti-sozialen Menschen fehlt ein ganzheitliches Menschsein. Sie können Konflikte, die in ihrem Inneren entstehen, nur außerhalb ihrer selbst lokalisieren, um sie in den Griff zu kriegen. Winnicott meint hier, ohne es direkt auszudrükken, daß solche Menschen zwar ständig auf Kontrollieren ausgerichtet sind und für sich glauben, alles unter Kontrolle zu haben. Sie können ihr Leben aber gar nicht in den Griff bekommen, da sie den inneren Konflikt verleugnen. Gesund ist für Winnicott eine Person, die traurig sein kann, die den Konflikt in sich selbst zu erkennen vermag wie auch das dazugehörende Umfeld. Grundlage einer Entwicklung zur anti-demokratischen Persönlichkeit ist für Winnicott die Tatsache, daß viele Eltern keine guten Eltern sind. Mit einer solchen Entwicklung geht auch eine Angst vor der Frau einher, die ihre Ursachen in der tiefen Abhängigkeit des kleinen Kindes von der Mutter hat. Winnicott ist der Meinung, daß diese Angst vor der Frau die eigentliche Triebfeder dafür ist, daß viele Menschen andere beherrschen wollen. Das heißt: Manche Menschen entwickeln das Bedürfnis, ein Diktator zu sein, um auf diese Weise der Angst zu entkommen, von einer Frau beherrscht zu werden. Dies ist ein unbewußter Vorgang, der die eigenartige Gewohnheit aller Diktatoren erklärt, nicht nur auf absolutem Gehorsam und Abhängigkeit zu beharren, sondern auch darauf, von allen geliebt zu werden.

Es handelt sich um ein Pendant zur ersten, terrorisierenden «Liebe» einer Mutter, die ihrem Kind in seinen Bedürfnissen nicht entgegenkommen konnte. Alles dreht sich um die Perversion einer Liebe, die keine war. Winnicott erkennt die dramatische Situation des Kindes in unserer Kultur, denn er schätzt den Anteil derer, die eine Liebe bekamen, aus der emotionale Reife entsteht, auf nicht mehr als dreißig Prozent. Aus diesem Grund ist er auch der Meinung, daß sich die Frage nach der Stabilität einer demokratischen Gesellschaft nur im Zusammenhang mit der Art der Kindererziehung beantworten läßt. Winnicott macht noch auf etwas anderes aufmerksam: daß sich nämlich hinter der Suche nach dem starken Mann, der einen mit einer übermenschlichen Macht beherrscht, die Angst vor der Frau verbirgt. Diese Angst wird verleugnet, indem der Frau magische, hexengleiche Eigenschaften zugeschrieben werden, was wiederum dadurch abgewehrt wird, daß man sie zum verachtenswerten, minderwertigen Objekt degradiert.

Winnicotts Überlegungen führen also zu einer erweiterten Erklärung des Phänomens der Identifikation mit dem Aggressor: Wenn tatsächlich die nicht-liebende Mutter die Quelle des Terrors ist, was sie zur Allmächtigen, zur «schwarzen Königin» werden läßt, dann bewirkt ein strenger, brutaler Vater nicht nur eine Identifikation mit dem Aggressor. Der von ihm ausgehende Terror lenkt auch von dem tieferen Terror ab, der mit der Mutter als erster und wichtigster Bezugsperson zu tun hat. Wir haben hier eine weitere Erklärung dafür, warum sich so viele Menschen Hitler unterworfen haben. Er wurde zum Retter vor der unbewußt gefürchteten allmächtigen Mutter, sowohl für Männer als auch für Frauen. Bei Männern schaltet die Idealisierung eines – männlichen – Diktators die Frau und das Erkennen der Frau als Angstquelle automatisch aus. Bei Frauen lindert der Führer den Terror, der von der Mutter ausgeht. Im Zusammenhang mit ihrer Untersuchung der Männerfeindlichkeit in der feministischen Emanzipationsbewegung vertritt auch Maria Gambaroff die Meinung, daß diese eine Verschiebung von Ängsten vor der Mutter auf den Mann darstelle, um dem bedrohlichen Terror zu entkommen, der mit der frühen Mutter-Kind-Beziehung in Zusammenhang steht.[160]

In der Therapie begegnet man dieser Angst häufig, und zwar bei Männern und Frauen. Daß Männer diesen Terror verleugnen, ist auch Teil ihres Macho-Seins. Sie verhüllen dadurch nicht nur ihre eigene Verzweiflung und ihre Hilflosigkeit. Sie verhindern so auch, daß sich Frauen ihren Problemen mit dem Muttersein stellen. Außerdem machen sie es fast unmöglich, die Brutalität und Grausamkeit so vieler Menschen auf persönliche Verletzungen durch die Mutter zurückzuführen. Ein großer Teil gerade dieser Männer kultiviert ein göttliches Mutterbild, wobei sie allerdings die Mütter im Handumdrehen verachten, erniedrigen und vergewaltigen können, wenn diese nicht der ihnen zugeschriebenen Göttlichkeit entsprechen. Dieses Paradoxon innerhalb ihrer eigenen Mythen wurde der Militärdiktatur in Argentinien zum Verhängnis, als die «Mütter der Plaza Major» Klage erhoben.

Hitler entsprach mit seiner Rolle als unerschrockener, willensstarker Herrscher so sehr den Bedürfnissen der in bezug auf ihre Mütter tief verletzten Männer, daß sie fortan ihren Schmerz und ihre Sehnsucht nach Liebe nur durch Gewalttätigkeit verleugnen konnten. Zugleich muß er mit seiner gezierten Art, sich zu bewegen, und mit der femininen Gestik seiner Hände genau jene Sehnsucht nach der Mutter, die man verneint, geweckt haben. Da aber die Pose des gewalttätigen Mannes dies verleugnete, konnte man sich diesen weiblichen Aspekten Hitlers ergeben, ohne zu fürchten, dabei entdeckt zu werden. Karl Burckhard, ein Bewunderer Hitlers, erzählte einem englischen Historiker, daß Hitler der ergreifendste feminine Mann gewesen sei, den er je getroffen habe. Manchmal sei er fast unmännlich gewesen.[161] Ähnliche Aussagen gibt es nach W. C. Langer vom Leiter des Generalstabs der Deutschen Wehrmacht.[162]

Neben dieser Effemination zeigte Hitler noch andere Verhaltensweisen, die im Widerspruch zu seiner Pose des starken männlichen Beschützers und Eroberers standen. Da waren zum Beispiel seine masochistischen, selbstentwertenden sexuellen Praktiken (Berichte darüber hält Kershaw zu Unrecht für wenig bedeutend). Ein deutscher Filmregisseur erzählte der amerikanischen OSS (der späteren CIA), daß er Hitler Schauspielerinnen für die Nacht zuführte. Eine von ihnen, Renate Müller, berichtete dem Regisseur von ihren erschütternden Erfahrungen. Nachdem sich beide entkleidet hatten, kroch Hitler unterwürfig auf dem Boden herum. Er bat sie, ihn mit Fußtritten zu malträtieren. Sie tat es schließlich, und es erregte ihn sehr. Nach dieser Begegnung war sie so außer sich, daß sie sich aus dem Fenster eines Berliner Hotels stürzte.[163] Otto Strasser, ein früherer Gefährte Hitlers, berichtete von Angela Maria Rabaul, genannt Geli, die von 1929 bis 1931 Hitlers Geliebte war. Sie hatte ihm erzählt, daß sie auf Hitlers Gesicht sitzen mußte, damit er ihre Geschlechtsteile genau betrachten konnte. Er bestand dann darauf, daß sie auf ihn urinierte. Das verschaffte ihm sexuelle Befriedigung. Es ist bekannt, daß sieben Frauen nach solchen Begegnungen mit ihm Selbstmord verübten.[164]

Bezeichnend ist, daß Hitler all diese Seiten auslebte, ohne von ihrer Widersprüchlichkeit beeinflußt zu werden. Die Fähigkeit zu einer inneren Integration, die bei anderen Zweifel über sich selbst hervorgerufen hätte, gab es bei ihm nicht. Es ist, als wäre seine Person in Stücke – oder Schubladen – eingeteilt gewesen, die nicht miteinander in Verbindung standen. So wird auch erklärbar, wieso er von einem Moment zum anderen vom braven Jungen zum brutalen Mann wechseln konnte, ohne diesen Widerspruch zu erkennen. Diese innere Gespaltenheit machte ihm ein Posieren möglich, das frei von Zweifeln war. Nur so konnte er das Bild des unerschütterlichen, eisernen und pflichtbewußten Menschen derart perfekt wiedergeben. Und indem er sich nie mit sich selbst konfrontierte, ersparte er auch seinen Anhängern, sich ins Gesicht zu sehen. Ihn zu lieben befreite sie von der stets in ihnen lauernden Minderwertigkeit und Identitätslosigkeit. Hitlers Abspaltung ermöglichte es Millionen von Menschen, ihre Zweifel an sich selbst abzustreifen, die eigene Unzulänglichkeit abzutrennen und sich so als Ganzes zu erleben. Darin lag ein mächtiger Beweggrund, ihn zum Führer zu machen. Seine Leere erlöste sie von ihrer eigenen. Deshalb wollten – oder konnten – sie auch seine Pose nicht als solche erkennen: ein Selbstbetrug, mit dem Menschen sich aus ihrer Unzulänglichkeit retten.

Das Posieren

Die Identifikation mit dem Aggressor ermöglicht nicht nur ein Weiterleben mit dem Terror, indem sie zu einer Umkehr der Gefühlslage führt – man liebt und idealisiert denjenigen, der einem Leiden zufügt. Eine außergewöhnliche Studie solch einer Entwicklung ist Fridtjor Schaeffers Untersuchung «Pathologische Treue»[165]. Die Identifikation ist gleichzeitig auch der Versuch, sich die vermeintliche Stärke des Unterdrückers zu eigen zu machen. So ist es zu erklären, daß Gewalt fortan als «Stärke» angesehen wird. Darüber hinaus unterdrückt diese «Stärke» auch das, was zu einer wirklichen Stärke führen könnte – nämlich die Verbindung zum eigenen Schmerz und seine Überwindung durch Anteilnahme eines anderen Menschen. Wenn letzteres fehlt, setzt eine Entwicklung ein, in der das Fremde endgültig abgestoßen werden muß, und zwar mit Haß und Gewalt. Bei Menschen, die zumindest einen Rest Zuwendung erleben konnten und sich deshalb nicht vollständig mit dem Aggressor identifizieren mußten, verläuft diese Entwicklung nicht ganz so endgültig. Ihnen bleiben Zweifel und Minderwertigkeitsgefühle als Bestandteil des inneren Fremden, der nicht völlig abgestoßen wurde. Es sind genau diese Menschen, die sich von einem Führer von ihrem inneren Unbehagen «erlösen» lassen. Wie dies vor sich geht, möchte ich im folgenden aufzeigen.

Die Identifikation mit dem Aggressor ist für das Kleinkind eine Identifikation mit dessen Übermacht. Aber was ist das für ein Mensch, der Macht ausübt, um ein Kind zu beherrschen und zu demütigen; der sich durch die Lebendigkeit, die Neugier und die Entdeckungsgabe eines Kindes so sehr in Frage gestellt fühlt, daß er sie mit Gewalt niedermachen muß? Es kann nur ein Mensch sein, der sich zutiefst unsicher, minderwertig und unzulänglich fühlt, dies aber nicht zulassen kann. Solche Menschen kompensieren derartige Gefühle, indem sie sich in die Pose der Kraft, der Entschiedenheit und des unnachgiebigen Willens werfen. Dem eigenen Kind gegenüber ist es besonders leicht, diese Pose zu demonstrieren. In bezug auf die Identifikation heißt dies jedoch, daß das Kind sich nicht mit der Wirklichkeit der Eltern identifiziert, sondern mit deren Pose. Gleichzeitig erkennt jedes Kleinkind die tieferen Schwächegefühle der Eltern, da es diese ja empathisch miterlebt. Es darf sie jedoch nicht wahrnehmen. Diese Schwächegefühle der Eltern werden zum Bestandteil des inneren Fremden, der von sich gewiesen werden muß. Dieser Vorgang führt dazu, daß sich das Kind auf die Pose der Autorität fokussiert, es identifiziert sich mit dieser und wird fortan in seinem Leben nicht die Wirklichkeit eines Menschen suchen, sondern die Pose. Ich möchte an dieser Stelle noch einmal auf die Studien von Bluvol und Roskam (s. oben S. 45 f.) verweisen. Sie hatten gezeigt, daß Jugendliche, die sich mit Autoritätsfiguren identifizieren, ihre Eltern nicht als wirkliche Menschen mit positiven und negativen Seiten erkennen konnten, sondern nur idealisierte Bilder von ihnen hatten (das heißt: sie identifizierten sich mit ihnen als Pose).

Höhere Lebewesen fokussieren sich bereits bei der Geburt auf ihre Mutter. Man nennt diesen Vorgang Prägung. Schneirla zum Beispiel berichtete von dem australischen «Tracer Sheep», das seine Mutter für keinen Moment aus den Augen läßt. Es entfernt sich nur so weit, wie es sie sehen kann. Wenn die Mutter stirbt, umkreist das Jungtier den Kadaver selbst dann noch, wenn er verwest ist und nur ein Haufen Gebeine übrigbleibt. Schließlich wendet sich das Schaf einem Stein, Felsen oder Hügel zu, der die Funktion des visuellen Mittelpunktes der Mutter übernimmt und zum Zentrum seines Lebensraums wird.[166] Menschen werden sozusagen in Analogie auch auf das Bild von Mutter und Vater geprägt. Diese Prägung jedoch geschieht auf zwei Ebenen – der der wirklichen Eltern und der der idealisierten. Die «Idealisierung» und ihr Ausmaß sind abhängig von dem Ausmaß des Terrors, der zur Identifikation mit dem Aggressor führte.

1945, direkt nach dem Ende des Krieges, führte eine Gruppe unter Leitung des Psychiaters und Kinderanalytikers David M. Levy eine Studie mit 83 Deutschen über deren Einstellung zur Autorität des Vaters durch.[167] Bei den Versuchsteilnehmern handelte es sich um Personen, die von einer nazipolitischen Vergangenheit genügend unbelastet waren, so daß sie von der amerikanischen Verwaltung die Genehmigung erhielten, Zeitungen herauszugeben. 73 Prozent der Befragten bejahten die Aussage: «Das Wort des Vaters muß ein unausweichliches Gesetz in der

Familie sein», 25 Prozent verneinten sie, zwei Prozent gaben keine Antwort. Als Vergleichsgruppe dienten Studenten der Universität Marburg, junge Leute also, die gerade dabei waren, «ihre eigene Autorität zu etablieren». Hier stimmten nur 31 Prozent der Aussage zu, 65 Prozent lehnten sie ab. Ein Kandidat der ersten Gruppe erzählte: «Als wir klein waren, hatten wir außerordentlichen Respekt vor unserem Vater. Wir fürchteten ihn mehr, als wir ihn liebten. Einmal befahl er mir, von einem Holzhaufen zu springen. Ich tat es, aber ich verstauchte mir den Fuß, als ich herunterfiel. Als mein Vater mich erreichte, gab er mir eine Ohrfeige. Er war sehr streng; er liebte uns, aber er konnte es nie zeigen. Ich nehme an, es war seine männliche Bescheidenheit» (S. 21). Wir sehen die Idealisierung des Vaters als ein liebender, was der eigentlichen Situation des Sohnes nicht entsprach.

Gregory Bateson trägt mit seiner Analyse des Nazi-Films «Hitlerjunge Quex» zu einer Differenzierung hinsichtlich der Gefühle für Vater und Mutter bei.[168] Er weist darauf hin, daß körperliche Bestrafung mehr dem Vater als der Mutter zugesprochen wird. Kinder sind wahrscheinlich deshalb auch weniger bereit, Ohrfeigen oder Schläge durch die Mutter zu akzeptieren. Sie erleben diese eher als Verletzung und Verrat. Dies spiegelt erneut die Situation der Mutter in unserer Kultur wider, die als diejenige angesehen wird, die «Liebe und Zärtlichkeit» gibt. Dem Vater dagegen ist ein Mangel an Mitgefühl und Einfühlungsvermögen erlaubt. Er wird so von dem Gefühl verschont, ein Verräter des Kindes zu sein. Man entschuldigt ihn damit, daß er, wie im Beispiel oben, das Kind insgeheim liebt, seine Gefühle aber nicht zeigen kann. Dies führt dazu, daß viele Männer sich mit einer Frau nie wirklich geborgen fühlen können, da sie glauben, diese könnte sie immer verraten. Es hat wohl auch viel mit den romantischen Ideen zu tun, die zahlreiche Männer von ihrer Kindheit entwickeln, indem sie diese als voller Genuß, Freude und Freiheit erinnern. Das führt dazu, im Sterben Einheit und Verschmelzung mit dem verlorenen Liebesobjekt, der Mutter, zu suchen. Ein Teilnehmer der oben genannten Studie drückte dies so aus: «Von außen betrachtet, scheint die Kindheit immer eine frohe gewesen zu sein, obwohl dies nicht der tatsächlichen Situation entspricht. Deutsche können nie richtig fröhlich sein, da gibt es wirklich keine Belohnung dafür, jung und froh zu sein, das Leben zu genießen ohne Einschränkungen. Das bringt einen jungen Deutschen immer dazu, sterben zu wollen. Ich beobachte das überhaupt im Krieg. Es waren nicht nur die stets präsenten Gefahren einer Schlacht oder das Bedürfnis, diesen zu entkommen. Es war einfach der Wunsch, tot zu sein, zu sterben, sich zu opfern, es machte keinen Unterschied, für was. Deutsche sind immer unter Druck. Keiner von uns kann sich harmonisch entwickeln.»[169]

Doch wie auch immer der Terror aussieht, dem ein Kind ausgesetzt ist, seine Identifizierung erfolgt stets mit dem Bild, das die Eltern nach außen hin von sich geben. Dieses stimmt jedoch nicht überein mit den inneren Zweifeln, die sie in Gewalttätigkeit und «Stärke» ausagieren. Kinder werden in einem solchen Prozeß deshalb auf Posen und nicht auf die innere Wirklichkeit der Eltern festgelegt. Das macht es natürlich für jene, die ihre eigene Pose als Wirklichkeit ausgeben (und dabei auch noch wahre Macht ausüben können), einfach, ein Gefolge zu erobern. Wir werden durch unsere Sozialisation darauf geradezu programmiert. Aus diesem Grund wirken auch «Führer», die sich in die Pose der Kraft, Entschiedenheit und Sicherheit werfen, immer wieder so überzeugend. Wenn sie zudem noch Feindbilder predigen und so eine Legitimation liefern, Haß auszuagieren, ist ihnen der Erfolg fast sicher. Es geht dabei nicht um Ideologien, sondern um die frühe Prägung von Menschen auf das Posieren ihrer Eltern, um die Verneinung der Wirklichkeit ihrer Schwäche, deren Erkennen das Kind in Gefahr gebracht hätte. Deshalb reagieren solche Führer und ihre Anhänger auch so wütend, wenn sie auf Schwächen aufmerksam gemacht werden. Deren Wahrnehmung bedroht sie in ihrem tiefsten Inneren.

Die Idealisierung eines Führers hat allerdings ihre Kehrseite: Die Rache folgt auf dem Fuß, sobald der Führer nicht hält, was er versprochen hat. Dabei geht es nicht um konkrete Dinge wie Wohlstand und Reichtum. Entscheidend ist das Versprechen, groß und mächtig zu sein. In dem Moment, in dem ein Führer seine Macht und seine Gewalt verliert – wie Hitler, als er den Krieg verlor –, schlägt die Bewunderung in Haß um. «Er hat uns verführt», sagte Hans Frank. Aus diesem Grund können die Anhänger auch so schnell ihre Seiten wechseln.

Dies zeigte John Bushnell in seiner Studie über das Verhalten der russischen Armee während der Revolutionsjahre 1905 und

1906.[170] Bushnell beschreibt, wie diese Armee je nach Situation mal selbst meuterte, mal der Niederschlagung von Aufständischen diente. Dieselben Soldaten wechselten in rascher Folge ihr Verhalten und durchliefen innerhalb von zehn Monaten zweimal den kompletten Zyklus von Rebellion und neuer Loyalität. Truppen, die von Januar bis Oktober 1905 Aufständische niederschlugen, meuterten von Ende Oktober bis Anfang Dezember, und bereits ab Ende Dezember schossen sie wieder auf Zivilisten, um von Mai bis Juni 1906 erneut zu rebellieren und Ende Juni wieder gegen die Aufständischen vorzugehen.

Bushnell weist nach, daß das wechselnde Verhalten der Soldaten nichts mit ihrer Behandlung oder mit ihren politischen Anschauungen zu tun hatte. Ausschlaggebend war einzig, wen sie gerade für die Autorität hielten – nur die gab ihrem Selbstgefühl Halt. Glaubten sie, das alte Regime sei am Ende, dann revoltierten sie. Glaubten sie aber, daß es noch Befehlsgewalt habe, dann gingen sie gegen die Zivilisten vor. Daran wird sichtbar, daß nicht so sehr der Zerfall der äußeren sozialen Struktur Rebellion hervorruft, sondern daß es darum geht, ob eine Autorität vorhanden ist, der man sich unterwerfen kann. Scheint sie nicht mehr vorhanden zu sein, dann bricht das auf Identifikation gegründete Persönlichkeitsgefüge auseinander. Und so kommt es zum – in diesem Fall wiederholten – Umschwenken. Die vorhandene Bereitschaft zur Gewalttätigkeit in Menschen mit solchen Identitätsstrukturen richtet sich dann unmittelbar gegen das, was vorher noch für gut gehalten wurde. Zugleich suchen solche «Untertanen», wie Heinrich Mann sie in seinem gleichnamigen Roman nennt, die Erlösung von ihrer Minderwertigkeit. Eroberungen und das Gefühl, auf der Seite der Sieger zu sein oder einem Herrenvolk anzugehören, eignen sich hervorragend zu diesem Zweck.

Es gibt jedoch noch einen weiteren Aspekt, der im Zusammenhang mit der Identifikation mit dem Aggressor von Bedeutung ist. Es handelt sich um den Haß auf den Unterdrücker, der nicht direkt ausgedrückt werden darf. Der Haß auf die Mutter wird, wie bereits beschrieben, durch eine Verachtung und Erniedrigung der Frau ersetzt. Der männliche Machismo führt jedoch dazu, daß der Terror, der von Frauen ausgeht, vordergründig weniger stark erlebt wird. Statt dessen wird auf der bewußten

Ebene der Vater mehr gefürchtet. Es ist interessant, daß gerade faschistische, aber auch kommunistische Regime die Autorität des Vaters untergraben, indem sie diese der Autorität des Führers unterordnen. Eine Patientin beschrieb die Bekehrung ihres Vaters zu Hitler mit den Worten: «Du kommst vom Vater weg, wenn du dich mir, das heißt Hitler, verschreibst.» Ihr Vater hatte gegen die Dominanz seines eigenen Vaters gekämpft, der ihn in allen Bereichen seines Seins beherrschte; am Ende jedoch unterwarf er sich ihm jedesmal, weil er ja alles besser wußte. Aber eines Tages unterwarf er sich Hitler, nachdem er ihn bei einer Versammlung hatte reden hören. Er tat dies, obwohl (oder gerade weil) er wußte, daß sein Vater ein Gegner Hitlers war. Hitler symbolisierte starken Willen und den Glauben an sich selbst, also alles, was dieser Mann in Beziehung zu seinem Vater unterdrücken mußte. Ihr Vater, schrieb mir die Patientin, benutzte Hitlers Pose nicht, um mit sich darum zu ringen und innerlich zu wachsen, sondern um diese als Schutzschild gegen den Vater einsetzen zu können. Unter diesem Deckmantel praktizierte er dann als Nazi das gleiche Verhalten wie der Vater, und er bekämpfte alle, die nicht in seinem Boot saßen (Juden, Linke), mit der gleichen vernichtenden und verachtenden Härte, mit der sein Vater ihm begegnet war. Durch diese Identifikation mit Hitlers Pose gab er die Bestrafung weiter, die er selbst durch seinen Vater erlitten hatte.

Die Verachtung des terrorisierenden Vaters kann also leicht zutage treten, wenn man sich einer noch gewaltigeren Macht ergeben kann. Unverändert bleibt dabei die Bereitschaft, sich zu ergeben, sich der Autorität auszuliefern, weil die Kraft fehlt, sich eine Erlösung in einem Prozeß der Selbstfindung zu erarbeiten. Diese Sucht nach Stärke, nach einem Erlöser, durchdringt alle Lebensbereiche. Sie ist allerdings nicht immer offensichtlich, da wir ja oft sehr geübt darin sind, uns selbst die Pose des eigenständigen, zuversichtlichen und autonomen Menschen zu geben. Ein guter Poseur weiß deshalb auch, wie er seinen wahren Charakter am besten überspielt. Daß der Führer die Masse für ihre Ergebenheit und Unterwürfigkeit verachtet, geht aus Hitlers Schriften und Bemerkungen hervor. Er sah das Volk als weiblich an, gutgläubig und bereit, einem Führer zu folgen.

Ich möchte nun aufzeigen, daß eine Unterwerfung unter Autoritäten nicht nur in politischen, sondern auch in wirtschaftlichen und wissenschaftlichen Bereichen üblich ist. Es wirft ein Licht auf die Gegenwärtigkeit und das Ausmaß des Terrors in unseren Kindheitsgeschichten.

Gehorsam und Ehrgeiz

Hans Schneider/Schwerte: Ein Prozeß des Verleugnens

Gehorsam verursacht den Verlust einer eigenen Identität. Dies wird verschleiert, indem Menschen sich autonom glauben, weil sie, unbeeinflußt durch Einfühlung und den Schmerz anderer, Macht und Gewalttätigkeit ausüben. Indem Macht und Gewalt durch ideologische Abstraktion einem «höheren» Ziel wie dem Volk, der Wissenschaft, dem Fortschritt oder dem Wachstum gewidmet sind, werden sie immer mehr von ihren wirklichen Absichten, nämlich Herrschaft und Kontrolle über andere auszuüben, abgetrennt. Indem das Eigene als Fremdes abgewertet wird, weil die Eltern es nicht ertragen können, wird es zum Fokus der Aggression, die sich nicht gegen jene richten darf, die eigentlich Quelle der Unterdrückung sind. Auf diese Weise werden Menschen gewalttätig und böse, weil sie den Schmerz, der ihnen angetan wurde, nicht erkennen dürfen und ihn deshalb an andere Opfer weitergeben.

Im Kontext einer solchen Entwicklung spielt der Ehrgeiz eine wichtige Rolle. Die Eltern verlangen von dem Kind Erfolg. Indem es diesen ehrgeizigen Erwartungen entspricht, stellt es die Eltern zufrieden und kann gleichzeitig seine aggressiven Triebe entladen. Die Untersuchung von Bluvol und Roskam zeigte, daß die ehrgeizigsten und erfolgreichsten Schüler dazu neigten, andere abzuwerten und herunterzumachen. Das vermittelte ihnen das Gefühl von Autonomie. Indem unsere Kultur Ehrgeiz legitimiert und als wertvoll unterstützt, verschleiert sie die Destruktivität, die in dieser Motivation steckt.

Der Fall Schneider/Schwerte ist ein Spiegelbild dieses Vorgangs. Der Germanist Hans Schwerte, der sich als Autor der ideologiekritischen Studie «Faust und das Faustische», als linksliberaler Publizist und Reformrektor der Universität Aachen einen Namen gemacht hatte, wurde 1995 als der SS-Mann Dr. Hans Ernst Schneider entlarvt. Er war vor 1945 führendes Mitglied der SS-Organisation «Ahnenerbe» und zuletzt als Hauptsturmführer Abteilungsleiter im persönlichen Stab von

Reichsführer Himmler gewesen. Für seine «hervorragenden Leistungen» bei der Erledigung von «Sonderaufgaben» im Auftrag Himmlers war Schneider vom Reichskommissar der besetzten niederländischen Gebiete, Dr. Arthur Seyß-Inquart, persönlich mit dem Kriegsverdienstkreuz II. Klasse ausgezeichnet worden. Zu diesen «Sonderaufgaben» hatte unter anderem die Beschaffung von Geräten für Menschenversuche im Konzentrationslager Natzweiler-Struthof bei Straßburg gehört, bei denen KZ-Häftlinge unter großen Qualen starben. Nach dem Krieg änderte Schneider seinen Namen in Hans Schwerte, er ließ seine SS-Tätowierung entfernen, legte sich eine neue Lebensgeschichte zu und heiratete seine «Witwe». Seine Entlarvung führte zwar dazu, daß ihm seine Titel als Professor und Ehrensenator aberkannt wurden und daß er das Bundesverdienstkreuz zurückgeben sowie auf Teile seiner Pension verzichten mußte. Als Grund für diesen Privilegienentzug wurden jedoch nicht seine mörderischen Aktivitäten während der NS-Zeit geltend gemacht. Man warf ihm vielmehr vor, daß er mit seinen falschen Angaben zur Person gegen das geltende Beamtenrecht verstoßen hatte.[171]

1942 hatte Schneider über Rilke geschrieben, daß dieser «als eine Enderscheinung ... am Individuum ... bei der Selbstaussage» haften geblieben sei und nie «zur Not und Formungsnotwendigkeit der Gemeinschaft gefunden» habe und daß «eine Dichtung ohne innerlich tragenden Grund von Volk und Reich, ohne die politische Leidenschaft als ihr pulsendes Blut ... in unverpflichtendem Intellektualismus abdorren» müsse. Schon 1948 konnte er als Schwerte schreiben: «Der selbstgeprägte Sprachraum, für den u. a. Rilke weitgehend typisch erscheint, konnte erst im Zerfall aller sprachlichen und damit aller sozialen Bindungen eines Volkskörpers von entscheidender Bedeutung für die Dichtungs- und Geistesgeschichte werden ... Rilkes Sprache und Dichtung ist, soziologisch gesehen, ein Gradmesser der zerfallenden Volks-Sprach-Gemeinschaften Europas ...»[172] Hugo von Hofmannsthal lobte er in einer folgenden Schrift von 1954 dafür, daß dieser im Gegensatz zu anderen Dichtern, die alle «nicht ... über die Grenze des Ichs» hinausgekommen seien, den «Weg aus lyrisch-monologischer Ich-Vereinsamung zu einer abendländisch verpflichtenden Wert-Verantwortung» gefunden habe, die besiegelt werde durch das «Opfer und Blutzeugnis des geistigen Menschen». Bei den anderen sei eben «das eigene Ich stärker» gewesen.[173]

Unter dem Deckmantel eines akademisch wertfreien Erkenntnisinteresses zieht Schneider/Schwerte gegen die Individualität des Menschen zu Felde und plädiert für ein Sichauflösen in der Masse. Dies dient in Wahrheit einem Selbst, das sich verstecken muß, weil es nicht die Stärke hat, es selbst zu sein. Damit gibt er die Erfahrung weiter, die ihn selbst geformt hat, nämlich die Entfremdung seines eigentlichen Selbst in seiner Kindheit. Es kann nicht anders gewesen sein. Deshalb konnte er auch Thomas Mann nicht aushalten. Über diesen schrieb er: «Wie weit artistische Parodie gehen darf, ohne ins Geschmacklose umzuschlagen, darüber ist mit Thomas Mann schlecht zu streiten, da er anscheinend keine Grenzen anerkennt, vielmehr glaubt, alles und jedes in sein ‹auflösendes› Wort-Spiel hineinnehmen zu dürfen.» «Zweifel und Verzweiflung» seien für ihn nichts als «‹Verseichterung›, ... der Rückzug auf das Ich und das Selbstbewußtsein ...»[174] Alles, was den Menschen zum Menschen macht, sein Zugang zu seiner mitfühlenden Sensitivität, sein Leiden, wird verächtlich als Rückzug aufs Ich diffamiert. Er muß die Absage an das Eigene weitergeben, und das mit Gewalt. Seine Gewalttätigkeit drückt sich zwar auf verbaler Ebene aus, dies ist jedoch typisch für die Konkurrenz und das Erfolgsstreben im akademischen Betrieb. Ehrgeiz ist der Leitfaden und wird zur einzigen Wahrheit. Seine Karriere in der Nazizeit hatte sich Schneider auch mit denunziatorischen Aktivitäten gesichert.[175]

Opportunismus war seine einzige Religion, und die Nazis gaben ihm hier freien Lauf. Als diese dann die Macht verloren, sattelte Schneider/Schwerte auf die Sieger um. 1995 wurde er gefragt, ob er denn nie Angst gehabt habe, durch die Besatzungsmächte enttarnt zu werden. Er antwortete: «Ich habe nie daran gedacht, daß jetzt die Amerikaner aufstehen und sagen würden, mein lieber Mann, du bist ein Schurke, sondern die haben mir gedankt dafür. Weil ich ja schließlich darüber gesprochen habe, was sie auch wollten. Die wollten ja die berühmte ‹Umerziehung› haben.»[176] Nur ein Selbst ohne eigenen Inhalt ist zu so etwas fähig, ein Selbst, das durch Identifikation zustande kam und nicht auf Identität beruht. Aus einer solchen Entwicklung kann nur ein beständiger Kern hervorgehen: Haß, Destruktivität und die Notwendigkeit, Erfolg zu haben. Letzteres wiederum dient dazu, den Haß und die Destruktivität zu verdecken.

Carl Schmitt: Der projizierte Feind als Wirklichkeit

Carl Schmitt machte sich im Deutschland der zwanziger Jahre einen Namen als anti-liberaler politischer und juristischer Theoretiker, der scharfe Kritik am Versailler Friedensvertrag und der Weimarer Verfassung übte. 1932 verteidigte er vor Gericht die Einführung eines autoritären Staates. Dies beeindruckte die Nazis so sehr, daß sie ihn nach Hitlers Machtergreifung zum Professor und juristischen Berater machten und ihn mit der Herausgabe einer wichtigen juristischen Zeitschrift betrauten. Nach der Ermordung Röhms veröffentlichte er darin einen Artikel mit dem Titel «Der Führer schützt das Recht», in dem er das Hitler-Regime rechtfertigte.[177]

Schmitt genießt auch heute noch die Anerkennung, einer der größten politischen Autoren Deutschlands zu sein. In seiner Schrift «Der Begriff des Politischen» (1927) legt er klar, daß die spezifische Unterscheidung zwischen politischer Tat und Motivation reduziert werden kann auf die Unterscheidung zwischen Freund und Feind. Mark Lilla weist darauf hin, daß Schmitt in seinen Schriften kein Wort über Freundschaft verliert, obwohl dies ein zentrales Thema in klassischen politischen Theorien ist.[178] Nach der Devise: Die Feinde meines Feindes sind meine Freunde, scheint sich für ihn Freundschaft nur über gemeinsame Feindschaft zu definieren. Und mit dem Begriff Feind bezeichnet er immer den öffentlichen Feind, nicht den privaten. Heinrich Meier vertritt die Auffassung, daß das Politische für Schmitt nur existiert, wenn es einen Feind gibt, und er (der Feind) nur dort wirklich ist, wo der Feind erkannt wird.[179] Schmitt glaubt, daß das Erkennen des Feindes der erste Schritt zur Selbsterkenntnis ist. In seinem «Glossarium» schreibt er: «Der Feind ist unsere eigene Frage der Gestalt.»[180] Mit anderen Worten: Sage mir, wer dein Feind ist, und ich sage dir, wer du bist. Auseinandersetzung mit sich selbst bedeutet für Schmitt Auseinandersetzung mit dem Feind, «um das eigene Maß, die eigene Grenze, die eigene Gestalt zu gewinnen.»[181] Der Feind aber ist der Fremde. Ohne sich seiner eigenen Situation bewußt zu sein, sagt Schmitt hier, daß man nur über das – ausgestoßene – Fremde zu sich selbst, zur «eigenen Ebene» gelangen kann. Das Tiefere darf er nicht verstehen, er weiß aber, daß das Eigene etwas uns Aufgetragenes ist[182], das heißt durch ein «Fügen» entstand. Aber er erkennt nicht die Gewalt, den Gehorsam, dem er sich unterwarf, und muß deshalb den Fremden hassen. Natürlich ist auch für Schmitt der Fremde der Jude, den er bis zu seinem Tod haßte. Dabei ging es, wie bei Hitler, um den abstrakten Juden. Oder um eine historische Gestalt wie Spinoza, den er für verantwortlich hielt für «die dreisteste Beleidigung, die jemals Gott und dem Menschen zugefügt worden ist und die alle Flüche der Synagoge rechtfertigt ...», nämlich das «‹sive› der Formel Deus sive Natura», die Gleichsetzung von Gott und Natur.[183] Spinoza verstieß, indem er Gott naturalisierte, gegen die übergroße Macht einer Autorität, den strengen, göttlichen Vater. Für Leo Strauß dagegen, der 1932 einen Aufsatz über Schmitts «Begriff des Politischen» veröffentlicht hatte, den Schmitt als durchdringende Kritik empfand, hegte er eine gewisse Bewunderung, so daß er ihn für ein Rockefeller-Stipendium vorschlug, wodurch Strauß den Nazis entkam.

Schmitt verwarf seine Entfremdung und erkannte doch, daß das Fremde etwas mit ihm selbst zu tun hatte. Heinrich Meier faßt seine innere Dialektik zusammen: «Feind ist, wer mich in Frage stellt. Wer kann mich in Frage stellen? Im Grunde doch nur ich mich selbst. Der Feind ist unsere eigene Frage als Gestalt.»[184] Meier erkennt genauso wenig wie Schmitt, daß es hier um eine innere Ablehnung des Eigenen geht. Allerdings fallen ihm die Widersprüchlichkeiten in Schmitts Aussagen auf: «Denn wenn wir daran glauben, daß uns unsere eigene Frage in Gestalt des Feindes entgegentritt, als objektive Macht, die sich nicht betrügen läßt, dann ist die Auseinandersetzung mit dem gegenwärtigen Feind nicht nur das Vordringlichste, sondern ... schon das Wichtigste für uns ... Aus demselben Glauben erklärt sich Schmitts Präokkupation für *das Eigene*: die ‹eigene Frage›» (Meier zitiert Schmitt), «die ‹eigene Ebene›, das ‹eigene Maß›, die ‹eigene Grenze›, die ‹eigene Gestalt› ... Wenn wir uns auf die ‹eigene Frage› besinnen, ... übernehmen (wir) unseren Part, wenn wir die Auseinandersetzung mit ‹dem anderen, dem Fremden› auf der ‹eigenen Ebene› führen, *‹um das eigene Maß, die eigene Grenze, die eigene Gestalt zu gewinnen›*. Das ist der *tiefste*

Grund für vermeintlich so durch und durch ‹existentialistische› Aussagen wie die frühe Behauptung Schmitts, der Krieg habe ‹seinen Sinn› nicht darin, daß er für hohe Ideale oder für Rechtsnormen, sondern darin, daß er gegen den *‹eigenen Feind›* geführt wird.»[185] «Erst im Bürgerkrieg enthüllt sich die ganze Wahrheit der Feindschaft. ... Schmitt erinnert ... auch daran, daß der Feind, der mein Bruder ist, mit mir durch eine Gemeinschaft verbunden ist, die alle menschliche Anerkennung transzendiert.»[186] « ... erst im Bürgerkrieg enthüllt sich die ganze Wahrheit der Feindschaft.»[187] Es ist offensichtlich: Hier geht es um das abgestoßene eigene Selbst!

«Er (der Feind) ist eben der andere, der Fremde, und es genügt zu seinem Wesen, daß er in seinem besonders intensiven Sinne existentiell etwas Anderes und Fremdes ist, so daß er im Konfliktfalle die Negation der eigenen Art von Existenz bedeutet und deshalb abgewehrt und bekämpft wird, um die eigene, seinsmäßige Art von Leben zu bewahren.»[188] Diese *«seinsmäßige Art»* jedoch ist die aufgesetzte, und das erkennt Schmitt nicht. Wenn er die «Rückhaltlosigkeit des Gehorsams» heraufbeschwört, um sich aus dem Bannkreis von Betrug und Selbstbetrug zu befreien, heißt das, daß er sein *wirklich* Eigenes verwerfen muß. Das Eigene ist für Schmitt das Fremde. Er muß es aber verneinen und außerhalb seiner selbst im Feind suchen, um es dort zu bekämpfen.

Anfang der siebziger Jahre waren es nicht nur die Faschisten und die Rechten, die sich Schmitts Ideen zuwandten. Auch die Linken versprachen sich von seinen Schriften mehr Erkenntnis. Man schätzte ihn als schonungslosen Realisten, dessen Gedanken dazu beitragen sollten, zur Wahrheit vorzudringen ohne die fiktiven liberalen Ideen, die ohnehin nur als Verschleierung der wahren Klasseninteressen des Kapitals angesehen wurden. Daß sich hinter seiner scheinbar «reinen Vernunft» tiefere und ganz und gar irrationale Beweggründe verbargen, fiel kaum jemandem auf. Joschka Fischer allerdings betrachtete die neue Begeisterung der Linken für Schmitt mit Skepsis. In einem Artikel (1982) wies er darauf hin, daß die Kämpfer der linken Szene mit zunehmender Militanz in Schmitts Theorie eine Parallele zu ihrem eigenen Anliegen sahen. Das aber bedeutet: Was sie wirklich gemeinsam hatten, war ihre Motivation des Todes. Hinter beiden Ansätzen verbirgt sich die Negation des Lebens im Namen der Unterwerfung unter eine Autorität.

Schmitt und die Nazis kämpften *gegen* Freiheit (Befreiung war Betrug, da sie dem Gebot des Gehorsams widersprach). Die Linken dagegen kämpften *für* die Freiheit im Namen von Ideologien, die eine Idee oder die Partei, für die sie stand, zum allmächtigen Gott machten, dem sie sich ergaben. Auch hier wurde eine Autorität zum Mittelpunkt des Seins erhoben. Dies war jedoch schwerer erkennbar, weil es vordergründig um «rebellische» Ideen ging – ein gefährlicher Selbstbetrug, der völlig von der Identifikation mit dem Aggressor und der damit verbundenen freiwilligen Knechtschaft ablenkte. Wenn Menschen nach übergeordneten Ideen streben, dann führt auch die Rebellion nur dazu, wie Henry Miller einmal schrieb, eine Kirche einzureißen, um eine andere wieder auferstehen zu lassen. Es geht nach wie vor um Macht und die Hoffnung, durch diese erlöst zu werden. So etwas schafft nur neue Formen der Tyrannei.

Was die Linken an Schmitt so faszinierte, war seine Freund-Feind-Kategorisierung. Diese bestätigte aus ihrer Sicht die Gerechtigkeit ihres Kampfes. Wie Lilla betont, waren sie jedoch nicht bereit, Schmitts moralisches Universum zu durchleuchten.[189] Was war die Basis seiner Gedanken? Warum war für ihn die Feindschaft so fundamental? Solche Fragen konnten sie nicht stellen. Sie hätten sonst auch die Rolle ihrer Ideologie und ihre eigene Unterwerfung unter deren Übermacht in Frage stellen müssen.

Das Tödliche

Ehrgeiz ist wohl der am besten verhüllte Auswuchs des Gehorsams. Verhüllt deshalb, weil der Unterworfene sich als autonom erlebt, da er glaubt, eigene Ziele zu verwirklichen. Der Grund ist meiner Meinung nach darin zu suchen, daß sich – ich habe es schon erwähnt – im Ehrgeiz Aggressionen ausdrücken, die eine zwangsläufige Reaktion auf den Gehorsamsdruck sind. Man muß sich diesen destruktiven Gefühlen jedoch nicht stellen. Auf diese Weise wird Ehrgeiz zum Deckmantel von Unmenschlichkeit. Es ist einfach, die Vergehen der KZ-Kommandanten und ihrer Erfüllungsgehilfen, der mörderischen Einsatzkommandos und der Folterer der Gestapo als Greueltaten eines primitiven Menschenschlages zu sehen. Doch was ist mit den sogenannten medizinischen Forschungen der Akademiker des Dritten Reiches?

Alexander Mitscherlich und Fred Mielke dokumentierten Augenzeugenberichte im Nürnberger Prozeß gegen dreiundzwanzig SS-Ärzte und -Wissenschaftler, der am 9. Dezember 1946 begann.[190] Das Dokument Nr. 865 beschreibt ein «Experiment» im KZ Ravensbrück: «Ich habe den Kampf (Dr.) Rosenthals mit einer gesunden jungen Ukrainerin gesehen, welche sie mit Gewalt in den Operationssaal zu bringen versuchten ... (Da) wurde ihr eines ihrer gesunden Beine amputiert (für Knochenmarks- und Regenerationsexperimente) ... Dies geschah in der Zeit, als man Versuchsoperationen an polnischen Mädchen vornahm ... Die Frau, an welcher die Operation vorgenommen wurde ... erhielt später die tödliche Injektion ... Unter ähnlichen Umständen wurde einem anderen ukrainischen Mädchen der Arm und der Schultergürtel abgenommen. Auch sie wurde durch eine Injektion getötet» (S. 82 f). Bei der «3. Arbeitstagung Ost der beratenden Fachärzte vom 24. bis 26. Mai 1943 in der Militärärztlichen Akademie Berlin» berichtete Generalleutnant Professor Dr. Gebhardt von «besonderen Versuchen über Sulfonamidwirkungen». Professor Gebhardt begann mit folgenden Worten: «Ich trage die volle menschliche, chirurgische und politische Verantwortung für diese Versuche» (S. 83).

Was bedeutet in diesem Zusammenhang «menschliche» Verantwortung? Eine solche Aussage vor dem Hintergrund der furchtbaren Taten entspricht dem Hohn des psychopathischen Mörders, der seinem Opfer ins Gesicht lächelt, während er es tötet. Solche «Wissenschaftler» gebrauchen diese Worte des Gefühls als Lippenbekenntnis, wohl wissend, wie man sich menschlich gibt, ohne wirklich zu fühlen, was man zu fühlen vorgibt. Ihr emotionales Erleben ist völlig abgetrennt. Dies entspricht der Situation der Ehrgeizigen. Ehrgeizig zu sein verlangt die Trennung von eigenem Schmerz und Leid. Diese Trennung ist Bestandteil jenes Vorgangs, durch den das Eigene, fremd geworden, an andere Opfer weitergegeben wird. Die intellektuellen Mörder, die sich hinter der Maske der Wissenschaftlichkeit verbergen konnten, hatten eine noch größere Distanz zu ihren eigenen Gefühlen als die «primitiven» KZ-Aufseher. Haß wird von ihnen nicht mehr als solcher empfunden. Statt dessen erlaubt die Zielstrebigkeit ihres als Ehrgeiz aufgewerteten Gehorsams die Verneinung von Haß als Motivation. Das unterscheidet die intellektuellen von den «primitiven» Mördern. Sie stehen nicht einmal zu ihren Gefühlen, von denen sie durch Dissoziation getrennt sind. Ihre akademische Überlegenheit verschleiert sie. Hitler verabscheute diese Leute, denn er fühlte sich ihnen unterlegen. Er wußte jedoch sehr genau, wie er ihre Eitelkeit und ihren Ehrgeiz für seine Zwecke nutzen konnte. Bei seinen Genossen machte er sie oft lächerlich, sprach von «Bildungshochmut», «Feigheit», «Verkalkung».[191] In einer Rede am 15. Juni 1932 verhöhnte er die «Belanglosigkeit ihrer Einbildung».[192]

Die im Nürnberger Prozeß angeklagten Ärzte waren Menschen, deren Empfinden abgetrennt war von Leid und Schmerz. Man könnte sagen, ihr Inneres war ihnen ein Fremder. Freud irrte sich, als er annahm, daß das Destruktive durch Sublimierung in konstruktive Bahnen umgeleitet werden kann. Das Destruktive ist nicht dasselbe wie die Aggression, die eine berechtigte Reaktion auf eine Unterdrückung ist. Das Destruktive im Menschen entsteht, weil das Eigene zum Fremden gemacht und dann gehaßt wird. Dieser Haß muß zurückgeführt werden zu seinen Quellen, zum eigenen Opfer, das man einst war. Nur so läßt sich der wahre Aggressor identifizieren. Erst wenn wir uns mit seiner terrorisierenden Macht konfrontieren, können wir den Haß auf uns selbst und auf andere Opfer erkennen. Der Haß läßt sich nur beenden, indem man die Trauer über die ungenügende Liebe der Eltern zuläßt. Erst dann kann ein Mensch kreativ werden. Freud dachte, daß das Aggressive, das Bösartige einfach umgeleitet werden kann. Dadurch erkannte er nicht, daß es einen Unterschied gibt zwischen berechtigter Aggression und Haß. Indem er beides in einen Topf warf, verschleierte er den destruktiven Aspekt des Ehrgeizes und unterstützte damit das, was unsere auf Erfolg und Leistung ausgerichtete Kultur fördert: Ehrgeiz und Leistung, das Schaffen von Größe als Selbstzweck. Erfolg und Leistung beeindrucken natürlich, deshalb wird auch nicht sichtbar, daß sie dem Destruktiven dienen.

Für Menschen wie Professor Gebhardt ist wirkliche moralische Verantwortung nur eine Last. Sie streifen sie wie selbstverständlich ab, wenn sie sich gehorsam einer aggressiven Autorität wie Hitler unterwerfen. Den Verlust ihrer Freiheit erkennen sie nicht. Sie halten sich für autonom, und indem sie sich in den Dienst eines «höheren» wissenschaftlichen Zweckes stellen, entledigen sie sich ihrer Verantwortung. Die Kehrseite dieses Prozesses beschreiben Mitscherlich und Mielke mit den Worten: «Wer seine Freiheit verschenkt, wird verächtlich; er erfährt es in jenem Diktat, das ihn nun ebenso verachtet, wie es ihn die Mißachtung anderer lehrt.»[193] Diese Selbstverachtung wird aber verkehrt in eine Selbstverherrlichung, die typisch für alle ist, die von Haß und Minderwertigkeitsgefühlen geleitet sind.

Im Deutschland des Nationalsozialismus wurde die resultierende Erkaltung der zwischenmenschlichen Beziehungen durch einen Rausch der nationalen Hingabe ans Völkische vertuscht. Der Mensch verkam zu einem gesichtslosen Wesen, doch die Ideologie Hitlers und seiner Genossen machte daraus in einer Umkehrung die Verherrlichung des mythischen Germanentums. Etwas Vergleichbares vollbrachte Stalin mit seinem neuen «sowjetischen Menschen». Das Innere wurde ausgelöscht. Robert Ley, NS-Reichsorganisationsleiter, sagte: «Der einzige Mensch, der in Deutschland noch ein Privatleben führt, ist jemand, der schläft.»[194] Die Menschen hatten aus Angst vor dem Lebendigen in sich selbst ihr Inneres zum Fremden gemacht. Trotzdem fühlten sich diese Sklaven frei, weil sie andere eroberten und töteten. Aber es ging ihnen darum, das Lebendige zu töten, denn das bedrohte sie. So schrieb der französische Dichter Robert Desnos in einem deutschen Konzentrationslager:

«Ihr Lebenden, nur keine Angst, denn ich bin tot.
Mein Geist, mein Leib; nichts bleibt, nichts, was euch bedroht.»

Ein Interview, das Bruno Schirra 1998 mit dem Mediziner und «Forscher» Dr. Hans Münch führte, demonstriert die Psychopathologie der Nazi-Wissenschaftler auf besonders drastische Weise.[195] Münch war zum Zeitpunkt des Gesprächs siebenundachtzig Jahre alt und lebte in gutbürgerlichen Verhältnissen in Roßhaupten im Allgäu. Der Autor beschreibt ihn als einen «liebenswürdigen Herrn», der seine Besucher zuvorkommend umsorgt, «während er erzählt, wie mühsam es war, die Juden zu verbrennen». Als er sich Spielbergs Film «Schindlers Liste» anschaut, sagt er: «Da stimmt jedes Detail. Genauso war es.» Münch selbst war während der Selektionen in Auschwitz-Birkenau auf der Rampe. Daß die Juden auf den Scheiterhaufen nicht «einfach» brannten, schildert er als «ein technisches Problem», das natürlich gelöst wurde.

Münch sitzt während des Gesprächs unter einem ans Kreuz genagelten Jesus. Er berichtet, daß Häftlinge, die nicht spurten, als sie bei den Verbrennungen das Fett der Verbrannten über die Leiber gießen sollten, in die kochende Brühe gestoßen wurden. Dabei wundert er sich noch heute, wie schnell sie starben – und «reicht Marmorkuchen» an seine Gäste. Seine Frau kann es offenbar nicht mehr ertragen und bricht heraus: «Mein Gott, wie ich mich schäme, eine Deutsche zu sein.» – «Ich nicht», sagt Münch. Die Juden hätten es zwar schlimm gehabt in Auschwitz. Aber für ihn sei es auch nicht leicht gewesen.

Er spricht davon, daß er aus Opportunismus und nicht aus Überzeugung zur SS gekommen sei. Seinen Dienst in Auschwitz leistete er im Hygiene-Institut der Waffen-SS. «Juden auszumerzen, das war eben der Beruf der SS damals ... Ich konnte an Menschen Versuche machen, die sonst nur an Kaninchen möglich sind. Das war wichtige Arbeit für die Wissenschaft.» Als seine Frau ihm ein Schinkenbrot reicht, erzählt er, wie er den Häftlingen Streptokokken in Arme und Rücken injizierte. Er riß ihnen gesunde Zähne aus und injizierte ihnen den Eiter anderer Häftlinge, um einen Zusammenhang zwischen vereiterten Zahnwurzeln und Rheuma nachzuweisen. Das «Menschenmaterial» habe er von einem Dr. Clauberg bekommen. «Ein widerlicher Mensch», sagt Dr. Münch, «hat ausgesehen wie ein Jud.»

Als Münch im Sommer 1943 in Auschwitz ankam, war es, wie er sagt, «ein herrliches Biergartenwetter ... Das waren ideale Arbeitsbedingungen, eine exzellente Laborausrüstung und eine Auslese von Akademikern mit weltweitem Ruf ... (unter den Häftlingen) die besten Wissenschaftler des Pasteur-Instituts und hochausgebildete Fachleute europäischer Universitäten.» Es störte ihn nicht, daß dies Juden waren. «Wir haben sie gepflegt, die spurten, die standen stramm, daß es nur so klapperte.» Münchs Aufgabe war die Seuchenbekämpfung – Fleckfieber, Ruhr, Typhus. Wenn in einer Baracke eine Seuche ausbrach, «marschierte die ganze Mannschaft ins Gas ... die Maschine lief an, und die ganze Baracke wurde eingeschürt». Er erzählt das ganz beiläufig. «Hat Sie das belastet?» will der Interviewer wissen. «Nein, nein, überhaupt nicht», lautet die Antwort. Denn hätte man sie nicht vergast, «wären sie jämmerlich an Seuchen krepiert» (!).

In Auschwitz habe er sich wohl gefühlt, sagt er. Hier wurde er respektiert. Er wollte «Insider» sein. «Im Hygiene-Institut war ich der König ... Ruhig an einem Platz zu leben, an dem Hunderttausende Menschen vergast wurden, das hat mich nicht belastet.» Josef Mengele sei ihm der sympathischste Lebensgenosse gewesen. Mengele schnitt Kindern die Köpfe ab, und Münch untersuchte sie. Münch erzählt: «Mengele und die andern schickten uns ihr Material, Köpfe, Leber, Rückenmark, was eben so anfiel. Wir haben es analysiert.» Der Journalist fragt, ob er sich jemals verweigert habe. Ein solcher Gedanke ist Münch unbegreiflich: «Das war Dienst, und Dienst war Dienst und Schnaps war Schnaps.»

Die Abende verbrachte er im Casino: «Da war eine gute Kameradschaft, man hat über alles gesprochen.» (Auf die Rolle der Kameradschaft im Leben solcher Menschen werde ich nochmals zurückkommen.) Die Heilung der Welt, so zitiert er Mengele, sei durch die Judenvernichtung zu erreichen. Er erwartet Diskussionen mit Objektivität und Rationalität zu diesem Thema. «Es gab keine armen Juden», sagt er, «man mußte schon ideologisch sehr verblendet sein, um nicht zu sehen, daß die Juden viele Bereiche, besonders die ärztlichen, weit infiziert hatten.» Am schlimmsten, so meint er, seien die «Ostjuden» gewesen. «Ein furchtbares Gesindel. Die waren so dressiert auf Servilität, daß man sie als Mensch gar nicht mehr qualifizieren konnte.»

Zuerst unterdrückt und terrorisiert man die Menschen, um sie zu Sklaven zu machen, und dann wirft man es ihnen vor. Dieser «liebenswürdige Herr» gab Eva Kor, einer Überlebenden, die ihn nach Auschwitz eingeladen hatte, am 27. Januar 1995 die Hand, als sie ihm verzieh. Ein Jahr später sagte er in einem «ZEIT»-Interview über sie: «Ein pathologischer Fall, diese Frau. (Hatte) eine Mutter-Kind-Beziehung zur SS gehabt, die sie beschützt hat.» Eva Kor überlebte Mengeles Menschenversuche, als sie elf Jahre alt war. Dann beklagte sich Münch über Vera Kriegel, eine Frau, die Mengeles Zwillingsexperimente überlebt hatte. Als Vierjährige war sie in sein Labor gekommen, dessen Wände voll mit präparierten Menschenaugen waren. «Dutzende Menschenaugen, mit Nadeln aufgespießt, wie eine Schmetterlingssammlung», erinnerte sie sich. Dann begann er mit ihr sein Experiment: Er gab ihr Injektionen in die Augen, um eine Veränderung der Augenfarbe zu testen.

Münch traf Vera Kriegel fünfzig Jahre danach bei der Befreiungsfeier in Auschwitz. Sie fragte ihn, warum er das getan habe. Zeugen berichteten, daß er, nachdem die Frau weitergegangen war, zu sich selbst gesagt habe: «Die Frau Kriegel ist eine von den ganz miesen Häftlingen, diese widerliche kleine Jüdin. Der ging es doch gut damals. Die hat sich durchgefressen, hat sich rangeschmissen bei Mengele, nur um ihr kleines Leben zu retten.» In einem Moment, in dem er sich unbeobachtet fühlte, kam die Wahrheit an den Tag: Neben der Pose des liebenswürdigen, herzlichen Menschen war da nur Verachtung für seine Mitmenschen. Im Innern lauert bei derartigen Menschen der Haß, während das Äußere das gesellschaftlich erwartete Gesicht wahrt. Diesem ergeben sie sich. Es ist ein Rollenspiel der Anpassung, das dem Bestreben gewidmet ist, sich im «richtigen» Licht darzustellen, und das dem Bedürfnis dient, sich die Billigung und Anerkennung der Autoritäten zu sichern.

Im Auschwitz-Prozeß in Krakau 1947 wurde Münch wegen seiner Rheuma- und Malaria-Experimente als Kriegsverbrecher angeklagt. «Wenn er darüber spricht, wird sein Gesicht hart, die Hand verkrampft sich um ein Lineal: ‹Da marschierten sechs hysterische Weiber auf, darunter ein furchtbar giftiges Weib, die extra aus Amerika eingeflogen worden war, und alle haben gejammert, was ich ihnen Grausames angetan hätte ... Die Malaria-Experimente waren ganz harmlos ...› Nach Ansicht von Tropenmedizinern gibt es nur zwei Wege, solche Tests zu machen.

Entweder hat er die Häftlinge von Malaria-Mücken stechen lassen, oder er hat gesunde Häftlinge mit malariaverseuchtem Blut infiziert.» Er wird freigesprochen, weil er «den Häftlingen gegenüber wohlwollend eingestellt war …» (Schirra).

In dem Gespräch mit Bruno Schirra schildert Münch das Verhältnis zu den einhundertzwanzig Häftlingen seines Kommandos, als seien sie «fast so was wie eine Familie gewesen». Elis Herzberger, der als Bakteriologe arbeitete, sagt: «Der Mann war in der SS! Wir waren Häftlinge! Niemals waren wir eine Familie. Sie haben uns wie Haustiere behandelt.» Münch erinnert sich an die Transporte aus Ungarn im Sommer 1944, «an die Schreie der SS-Männer, das grelle Licht der Scheinwerfer. Er erinnert sich, wie Häftlingskommandos, unter den Peitschenhieben der SS, die Männer und Frauen und Kinder aus den Viehwaggons treiben, an die Kinderleichen, die die Häftlinge aus den Waggons kratzten, sie wegtrugen, so wie man tote Hühner an den Beinen faßt, immer zwei in einer Hand, die Köpfe nach unten.» Seine Frau bittet ihn, das Interview zu beenden, sie habe Angst vor Auschwitz. «Münch streichelt ihr übers Haar, kommt zurück, lächelt um Verständnis bittend: ‹Sie bleiben natürlich.›» Hier wieder: Die Pose demonstriert Zärtlichkeit, doch er geht gar nicht auf seine Frau ein, verachtet ihre Not. Dann «redet er, redet wie losgelassen», und merkt nicht, daß er dabei seine eigene Legende niederreißt. Er spricht von einer «idealen Selektion», wie er die kleinen Tricks der Verlorenen durchschaute, wenn jemand seine Krücke verbergen wollte oder sich als Arzt ausgab. «Da mußte schon alles seine Ordnung haben … So schrecklich war das sowieso nicht, die Selektion. Sie hatte ihre menschliche Dimension … Die Leute … im Lager verrecken zu lassen, das ist sicher inhumaner gewesen.»

Nach der Selektion ging er ins Krematorium und schaute sich das Sterben in den Gaskammern durch den Spion an. Schirra beschreibt ihn, während er davon erzählt: «Münch imitiert die Gesten der Sterbenden. Sein Gesicht verzerrt sich, er reißt den Mund auf, japst, schlägt die Arme über dem Kopf zusammen, verkrallt die Hände in seiner Kehle. Und dann macht er ihre Geräusche nach. Ein Summen kommt tief und langsam aus seiner Brust, dumpf und brummend, ‹wie das Summen in einem Bienenstock›.» Der Tod, sagt er, sei das Erlöschen einer biologischen Einheit. «Danach kommt nichts.»

In der Beschäftigung mit dem Tod, in einem – fast empathischen – Wiedererleben des Sterbens der Ermordeten, liegt Münchs Lebendigkeit. Dieses Verhalten gibt einen Einblick in die tiefste Schicht seiner Existenz, es läßt den Mord erkennen, den er an sich selbst erlebte und den er weitergeben muß, um sich lebendig zu fühlen. Dies erinnert an den Mörder von Broadmoor, der sagte: Ich nahm ein Leben, weil ich eins brauchte. Und es entspricht den Schilderungen von W. Kütemeyer, der einen Nazi-Offizier beschreibt, der auf einem untergehenden Dampfer Frauen mit Säuglingen in den Armen erschoß, um die Ordnung wieder herzustellen.[196] Dieser Mann berichtete, wie sehr ihn die Gesichter der zusammenbrechenden Frauen fasziniert hatten. Schon immer habe er Sterbende mit Neugier, doch ohne Anteilnahme betrachtet. In Momenten, in denen es um Tod und Töten ging, fühle er sich am lebendigsten, zum Beispiel unter Artilleriefeuer oder bei Bombardements. Er habe sich nie so wohl gefühlt wie in solchen Situationen, sagt er.

Es ist das eigene erlebte Sterben, das verdrängt wurde und das wiederkehrt als das, was man weitergibt. Die Angst vor dem Ermordetwerden, die Wechsler und Schilder als eine Urangst beschrieben haben, kehrt wieder als ein Bestrafenmüssen. Dies ist auch die verleugnete Motivation, die hinter dem Verhalten ganzer Massen von Menschen wie den oben genannten Wissenschaftlern steht, die unter dem Deckmantel der Wissenschaftlichkeit dem Tod so ergeben waren.

Diese Ergebenheit kann viele Formen annehmen, und sie äußert sich nicht nur in der «Vernichtung minderwertigen Lebens». In seinem Bericht «Ein Kind lebt für den Heldentod» beschreibt Wolfgang Nagel einen sehr ehrgeizigen Vater, der seinen Sohn in den Heldentod trieb.[197] Er selbst war aus seiner Minderwertigkeit heraus Nazi geworden, dem «Heldsein» jedoch entzog er sich durch Krankheit. Also sollte stellvertretend sein Sohn ein Held werden. Der Vater trieb ihn an, sich freiwillig zur Armee zu melden, um Offizier zu werden. Walter, der Sohn, kommt 1944 mit der Wehrmacht nach Holland. Er erlebt den Krieg voller Terror und Not. Er bittet den Vater, ihm ein «C-Telegramm» zu schicken. Damit könnte dieser dem Sohn unter Hinweis auf erlittene Bombenschäden einen Urlaub zu Hause ermöglichen. Doch der Vater schweigt. Ende September wird Walters Division nach Ostpreußen verlegt, wo er das Eiserne Kreuz für Tapferkeit erhält. Der Vater beeilt sich, diese Auszeichnung der Lokalpresse mitzuteilen. Als Walter ihn erneut an das C-Telegramm erinnert, antwortet der Vater, er fühle sich «durch das Ansinnen gequält». Walter fällt am 16. Januar 1945, keine neunzehn Jahre alt. Das Tödliche hat viele Gesichter, doch es ist immer die Triebfeder solcher Menschen.

Diese Menschen sind ganz auf das Todbringende fixiert, denn sie können sich trotz allen Ehrgeizes nie lebendig fühlen. Das Eigene wurde ihnen zum Fremden gemacht. So wie der Mörder von Broadmoor brauchen sie das Leben anderer, um sich selbst am Leben zu fühlen. R. Welchering schrieb mir einmal in einer persönlichen Mitteilung: «Solche Menschen brauchen das Leben, um es töten zu können.» Sie müssen andere zerstören, weil sie – wie Adorno es formulierte – sich selbst als selbstbestimmende Wesen ausgelöscht haben, also Wesen ohne wahre Identität sind. Das Ergebnis ist eine innere Kälte, die sie nicht ertragen können. Deshalb müssen sie die Lebendigkeit im Töten finden. Sie töten das Leben im anderen – das Opfer, das sie in sich selbst hassen – und rächen sich auf diese Weise für die eigene Unterdrückung, indem sie diese an andere weitergeben. Das Ganze erscheint als Paradoxon, das sich erst auflöst, wenn man erkennt, daß der Haß auf das eigene Opfer in uns selbst diese Verkehrung der Gefühle bewirkt. Die Täterschaft der eigentlichen Aggressoren – der Eltern und anderer Autoritätsfiguren in der Kindheit – wird verneint, weil man den Schmerz und den Terror, den ihre falsche und/oder unzureichende Liebe hervorrief, nicht ertragen konnte. «Ich habe mich diesem Vermächtnis der Toten nie enger verbunden gefühlt», schrieb ein späterer Kriegsverbrecher in sein Tagebuch, «als bei meinen Hochtouren und später beim Fliegen. Und niemand hat das so tief verstanden wie meine Mutter. Sie wußte ... was mich immer wieder dahin trieb, wo das Herz noch gewogen wurde. Sie wußte, daß mir der Kampf in den Bergen das Leben war. Sie hat in allen Phasen der Planung und Vorbereitung mitgelebt ... Kein ‹Sei vorsichtig›, kein ‹Komm gesund wieder›, sondern ein ‹Viel Vergnügen› oder ‹Mach's gut› ...»[198]

Die Mörder von Broadmoor wurden als psychotisch eingestuft, denn ihr Morden war unmittelbar von Mordlust bestimmt. Das Morden derer jedoch, die sonst ein «normales» und angepaßtes Verhalten zeigen, erkennen wir nicht als psychotisch, denn sie scheinen geistig gesund, sie morden ja aus ideologischen Gründen. Ihr Denken kommt uns logisch vor, und ihr Gefühlsausdruck paßt zu den Bildern, die wir mit normalen menschlichen Gefühlen verbinden. Daß diese Menschen nicht intakt sind, werden wir erst erkennen, wenn wir, wie bei Dr. Münch, ihre Freundlichkeit und ihr korrektes Benehmen als gekonntes Posieren entlarven. Das aber ist schwierig, weil wir so sehr auf das Rollenspiel geprägt sind. Es fällt selbst dann nicht leicht, wenn das Posieren und das Rollenspiel plötzlich auseinanderfallen. Dies geschah, als Münch von seiner Frau gebeten wurde, das Interview zu beenden. In diesem Moment brach das Tödlichgesinnte aus ihm heraus. Bruno Schirra, der Interviewer, beschreibt es mit den Worten, daß Münch anfing, «seine eigene Legende niederzureißen», die Legende des wohltätigen und wohlwollenden KZ-Arztes. In diesem Augenblick trat das Monster hervor und zeigte seine Unmenschlichkeit und das Roboterwesen, das sich hinter der Maske eines Menschen verbarg, der vorgab, ganz normale Gefühle zu haben.

Hier kommt der Wahnsinn eines Menschen zum Ausdruck, der, in Cleckleys Worten, eine menschliche Persönlichkeit nachahmt, aber im Grunde nur aus Haß und Gewalttätigkeit besteht. Dies zeigte Münch, als er die Sterbenden in der Gaskammer imitierte. Da war er eins mit den Elementen, die in seinem Inneren herrschen. Da offenbarte sich der Wahnsinn eines Menschen ohne wirkliche Identität, der in seiner Tiefe nur durch Haß gesteuert ist. Denn die Nicht-Identität entsteht aus dem Haß gegen das eigene Lebendige, jenem Haß, der weitergegeben wird, indem man andere Opfer sucht.

Es geht darum, daß wir uns nicht vom Anschein einer gesunden und vernünftigen Persönlichkeit, also von der Pose des Intaktseins, irreführen lassen – von der Kopie eines «vollkommenen und normalen Menschen», wie Cleckley es bezeichnete. Gerade da liegt das Problem, daß so viele Menschen von Kindheit an auf die Pose als Wirklichkeit geprägt sind. Aus diesem Grund ist es ja so schwierig, den Wahnsinn zu erkennen, der sich hinter der Pose von Normalität, Güte, Wohlwollen, Erfolg und Leistung derer verbirgt, die in Wahrheit dem Tod ergeben sind.

Der Schizophrene leidet, weil er sich gegen die heuchlerische Liebe seiner Eltern und der Gesellschaft wehrt, indem er seine

Persönlichkeitsstrukturen abbaut, das heißt, indem er sich depersonalisiert, um nicht von diesem Widerspruch zwischen Pose und Wirklichkeit eingenommen zu werden.[199] Die dem Tod Ergebenen dagegen leiden überhaupt nicht.

P. Greenacre weist darauf hin, daß solche Menschen nicht leiden können, da sie sich nie zu Menschen entwickelten und deshalb keinen inneren Verlust erleben wie der Schizophrene, wenn er depersonalisiert (sich abbaut). Das bestätigen auch die Ergebnisse der Rorschach-Studie von F. R. Miale und M. Selzer mit Nazi-Führern, die beim Nürnberger Kriegsverbrecherprozeß vor Gericht standen.[200] Alle Angeklagten – Frank, Fritzsche, Funck, Göring, Heß, Kaltenbrunner, Rosenberg, Sauckel, Schacht, von Schirach, Seyß-Inquart, Speer – erwiesen sich als Charaktere, denen, wie Cleckley es ausdrückte, die Fähigkeit fehlte, zu erkennen, was Leben für andere Menschen bedeutet. Ihre Rohrschach-Protokolle kennzeichneten sie als «flach, leer, ausgetrocknet und insubstantiell». Die Testergebnisse spiegelten wider, daß sie niemandem trauten und selbst nicht vertrauenswürdig waren. Ihre Lebensimpulse waren bestimmt durch opportunistische Ambitionen, Gewalt und willkürliche, sinnlose Aggressionsausbrüche, die unter einer Oberfläche aus künstlicher Angepaßtheit, Formalismus und scheinbarer Echtheit verborgen waren.[201] P. Greenacre schreibt über den Psychopathen: «Der Schein hat einen höheren Wert als das Sein. Gemeinsam mit einer grundlegenden emotionalen Verarmung führt dieses Charakteristikum zu einer sehr dünnen Kulissen-Vorstellung von Realität, in welcher der Fassade zu jedem Zeitpunkt die zentrale Aufmerksamkeit zukommt.»[202] Solche Menschen entwickelten schon als Kinder sehr früh «Charme und Takt, was ihnen den Anschein von Verantwortlichkeit und Rücksichtnahme verleiht, die jedoch künstlich sind, ... und die Grundlage bilden für ihre spätere Gewandtheit darin, andere durch heuchlerische Erpressung zu manipulieren».[203] Die Pose wird zur einzigen Wirklichkeit solcher Menschen, und sie werden stets darauf bestehen, daß die Pose die einzige Wirklichkeit ist. Ihre Mitmenschen spielen das Spiel mit, da die Pose sie vor der Wirklichkeit ihres eigenen Schmerzes und Opferseins rettet. Das ist die Verknüpfung, die Volk und Herrscher miteinander verbindet und beide dazu bringt, sich gegenseitig zu unterstützen.

Ein Charakter ohne eigene Identitätsentwicklung kann in seinem Innern keine menschlichen Gefühle empfinden, produziert sich äußerlich aber dennoch voller Enthusiasmus. Die Nazi-Epoche ist nicht Ausdruck einer Psychopathologie im üblichen psychiatrisch-diagnostischen Sinne, sondern vielmehr Ausdruck für die Entgleisung einer Entwicklung, die, wäre sie nicht fehlgeleitet worden, zu einer eigenständigen Identität hätte führen können. Was Menschen wie Hitler, Gebhardt und Münch möglich machte – und noch immer möglich macht –, ist eine Entwicklung, die auf Identifikationen mit Aggressoren beruht, eine Entwicklung, in der erfahrener Schmerz sowie das Bedürfnis nach wirklicher Wärme verleugnet werden mußten. Den Schmerz anderer erleben solche Menschen «entweder als nicht existent, als günstige Gelegenheit für manipulative Ausbeutung oder als Aufforderung zu gewalttätiger und brutaler Zurückweisung ... Die emotionalen Bedürfnisse (solcher Menschen) bleiben von ihren frühen Lebensanfängen an unbefriedigt; deshalb sind sie unfähig, auf die emotionalen Bedürfnisse ihrer Mitmenschen zu reagieren.»[204]

Albert Speer schrieb über seine Beobachtungen an Hitler gegen Ende des Krieges: «Er wirkte geradezu wesenlos. Vielleicht war er jedoch darin immer der gleiche geblieben. Zurückblickend frage ich mich mitunter, ob diese Ungreifbarkeit, diese Wesenlosigkeit ihn nicht von früher Jugend bis zu seinem gewaltsamen Tod gekennzeichnet hat. Um so heftiger konnte, so scheint mir dann, die Gewalttätigkeit von ihm Besitz ergreifen; denn keine menschliche Regung wirkte ihr entgegen. Niemand konnte es gelingen, seinem Wesen nahezukommen, eben weil er tot, weil er leer war.»[205]

Speer, selbst ohne Inneres, jedoch mit intelligenter Beobachtungsgabe, beschreibt die Leblosigkeit von Menschen ohne Identität. Da sie keinen Schmerz ertragen können, fühlen sie sich einerseits leer und leblos, andererseits müssen sie das Leben selbst zerstören, um die Leere zu füllen. Gewalt (ob die eines KZ-Wärters, Wissenschaftlers oder Eroberers) tritt an die Stelle einer dem Leben zugewandten Lebendigkeit. Sie wird zum Gefühl des Lebendigseins und so zum Anliegen des Seins selbst.

Der Wahnsinn solcher Menschen kann nicht durch die herkömmlichen diagnostischen Kriterien erfaßt werden, da diese auch zu leicht die Pose mit der Wirklichkeit des Seins verwechseln. Wer gut posieren kann, sei es in der Politik, in der Wirtschaft oder in der Wissenschaft, fällt durch das Raster dieser Kriterien und kann nicht als «verrückt» erfaßt werden. Dennoch sind diese Menschen so weit dem Menschsein entrückt, daß nur Haß und Destruktivität sie motivieren. Dieser Wahnsinn läßt sich nur bewältigen, wenn man eine zweigleisige Entwicklung von Identität in Betracht zieht. Es muß berücksichtigt werden, daß es zwei Arten der Identitätsentwicklung gibt: zum einen eine Entwicklung, in deren Verlauf sich Identität als Reaktion auf die dem Kind eigenen Bedürfnisse und Wahrnehmungen herausbildet, und zum andern eine Entwicklung, in der Identität durch Identifikation mit dem Willen von Autoritätspersonen zustande kommt. Im letzteren Fall werden Haß und Destruktivität gefördert, weil das Eigene zum Fremden gemacht wird. Diesen Gedanken werde ich im nächsten Kapitel weiterentwickeln.

Die Nicht-Identität und ihre gesellschaftlichen Konsequenzen

Die bereits erwähnte Studie von Henry Dicks mit eintausend deutschen Kriegsgefangenen im Zweiten Weltkrieg (1950) liefert in Hinblick auf meine Überlegungen zum Thema Nicht-Identität wohl die aufschlußreichsten Ergebnisse. Sie entstand zur gleichen Zeit, in der Th. W. Adorno, E. Frenkel-Brunswick, D. J. Levinson und R. N. Sanford ihre Studie «The Authoritarian Personality» publizierten[206], war jedoch unabhängig davon. Dicks' Untersuchung macht deutlich, daß Identifikation mit bestrafender Autorität zu einer Situation führt, in der das eigene Selbst «aufgegeben wird», in der es nicht möglich ist, eigene Stärke zu entwickeln, weil Stärke und das Bedürfnis nach Wärme verworfen werden mußten. Er zeigte, daß solche Menschen sich leer fühlen, diese Leere jedoch mit Pflichterfüllung und dem gehorsamen Entsprechen von Leistungserwartungen füllen. Zugleich wird die unterdrückte Aggression gegen sich selbst auf andere, schwächere, projiziert. Ich habe einige von Dicks' Resultaten bereits aufgeführt (s. oben S. 120ff.) und möchte sie an dieser Stelle nochmals detaillierter anhand ihrer grafischen Darstellung diskutieren.

Dicks erhob mit Hilfe von 138 Tiefeninterviews Daten über Persönlichkeitsvariablen und politische Einstellungen. Seine statistischen Tests zeigen, daß die Problematik der Identifikation mit autoritären Elternfiguren und die Möglichkeit oder Unmöglichkeit, eine eigene Identität zu erarbeiten, zu höchst signifikanten Auswirkungen im gesellschaftlich-politischen Verhalten führt.[207]

Hinsichtlich ihrer politischen Haltung ließen sich die eintausend befragten Kriegsgefangenen in folgende Kategorien einteilen: 11 Prozent waren überzeugte Hard-core-Nazis, 25 Prozent waren (in ethischer Hinsicht) gläubige Nazis, die jedoch Vorbehalte in bezug auf die Effizienz des politischen Systems hatten. 40 Prozent der Befragten ließen sich als unpolitisch klassifizieren, sie akzeptierten jedoch passiv die sozialen und politi-

Verteilung der politischen Einstellungen von einer Stichprobe von 1000 deutschen Kriegsgefangenen (1942–1944) in England. (Aus: Henry V. Dicks, «Personality Traits and National Socialist Ideology; A war-time study of German Prisoners of War», Human Relations, Vol. III, 1950, S. 120, 135 f.)

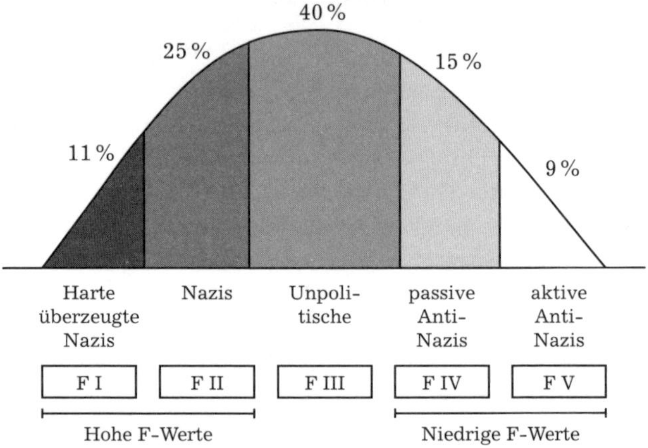

Chi-Quadrat-Test zur Prüfung der Signifikanz eines Zusammenhangs zwischen politischer Einstellung und Persönlichkeitsmerkmalen (auf Basis einer Stichprobenerhebung von 138 Fällen)

	High F Nazis (36 %)	Low F (F IV & F V) Anti-Nazis (24 %)	Signifikanz
1. Identifikation mit Vater und mit anti-Vater (s. Diskussion)	53 %	47 %	nein
2. Mutter-Identifikation	17 %	83 %	0,00137
3. Mutter-Kathexis überführt			
a. auf andere Frauen	34 %	66 %	0,001
b. auf Führer oder Staat	78 %	22 %	0,001
4. Zärtlichkeitstabu fehlt	37 %	63 %	0,00964
5. Sadismus			
a. anti-sozial	62 %	38 %	0,001
b. sozial	32 %	68 %	0,001
6. Angst			
symptomatisch	53 %	47 %	0,04042
normal	35 %	65 %	0,04042

schen Aktivitäten des Regimes. 15 Prozent hatten ein ambivalentes Verhältnis zu den Nazis, sie erlebten Konflikte, da sie sich eigentlich als Patrioten einstuften und nicht wußten, wo sie standen. Neun Prozent waren aktive Anti-Nazis, die sich in ihrem Denken, manchmal auch in Taten, gegen das Regime stellten. Für die statistische Signifikanzprüfung mit dem Chi-Quadrat-Test wurden die ersten beiden Gruppen zusammengefaßt und als Nazis mit hohem F-Wert klassifiziert (zusammen 36 Prozent der Befragten). Die letzten beiden Gruppen, die 15 Prozent passiven und die neun Prozent aktiven Anti-Nazis, alle mit niedrigem F-Wert, bildeten zusammen 24 Prozent der Befragten.

Von den Persönlichkeitsvariablen, die Dicks ermittelte, nenne ich nur die, die für unsere Fragestellung relevant sind. Dies waren:

1. Identifikation mit dem Vater, und zwar sowohl als erwachsene Entscheidung (das heißt, infantile Beziehungen wurden durch erwachsene ersetzt) als auch infolge infantiler Schwäche, Abhängigkeit und Angst. Diese Kategorie wird in der statistischen Analyse als Vater-Kathexis (Vater-Besetzung) bezeichnet.
2. Identifikation mit der Mutter als primäre Basis der Identifikation mit den Eltern (Mutter-Kathexis).
3. Übertragung der Mutter-Kathexis:
   3a. Die Besetzung der Mutter als Liebesobjekt wird im Erwachsenenalter auf andere weibliche Partner übertragen.
   3b. Die Besetzung der Mutter wird auf den Führer oder den Staat übertragen. In diesem Fall wird erwartet, daß Bedürfnisse nach Bemutterung durch einen Führer oder eine staatlichen Institution, das heißt durch eine «idealisierte» abstrakte Figur, befriedigt werden können.
4. Zärtlichkeitstabu als Verbot von Zärtlichkeit in der Familie. Weichsein wird hier mit Impotenz, Femininität und Ergebenheit gleichgesetzt, männliche Potenz und Unnachgiebigkeit gelten als Stärke.
5. Sadismus:
   5a. Sadismus als Identifikation mit einer kastrierenden Autorität. Solche Gefangenen empfanden ein offen sadistisches Vergnügen ohne Schuldgefühle; sie waren

der Meinung, daß noch härter zugeschlagen werden muß, wenn sich unterdrückte Opfer nicht fügen.

5b. Aggression als normale, selbstbewußte selbstschützende Reaktion, wobei Sadismus verurteilt wurde.

6. Angst: Hier wurden neurotische, psychosomatische Beschwerden sowie phobische oder zwangsneurotische Symptome als Indiz für einen normalen oder krankhaften Umgang mit Angst gewertet.

Aus der Tabelle wird ersichtlich, daß in der Gruppe derer, die sich stark mit dem Vater identifizierten, die Nazis und Anti-Nazis gleich verteilt waren. Dies läßt auf den ersten Blick vermuten, daß die Identifikation mit dem Vater keinen Einfluß auf die polititische Haltung ausübt. Das Ergebnis kam jedoch dadurch zustande, daß bei der statistischen Auswertung (aus unerklärlichen Gründen!) die infantile Identifikation und die differenzierte erwachsene Identifikation mit dem Vater in einer Kategorie zusammengefaßt wurden als Vater-Identifikation. In Dicks' anschließender Diskussion der Resultate wird jedoch sehr klar, was diese statistische Behandlung vertuscht, nämlich daß sich die Vater-Identifikation der Nazis von der Vater-Identifikation der Anti-Nazis deutlich unterschied. Hier schreibt er auch, daß die Identifikation der Nazis auf Angst und Unterwerfung basierte, mit der Konsequenz, daß Zugehörige zu dieser Gruppe den Vater idealisierten, sich ihm gegenüber minderwertig fühlten, zugleich aber auch von Omnipotenz-Phantasien besessen waren. Sie hatten ihr eigenes Selbst (Ego) aufgegeben und empfanden keine Schuldgefühle, da ihr Überich externalisiert war, das heißt, sie entsprachen den Regeln und Pflichten, die ihnen von der Autorität auferlegt wurden. Diese «Defizienz» des Ego verursacht (so Dicks) in solchen Menschen ein Gefühl der Schwäche und der Leere. Sie sind voller Aggressionen gegen alle, die sie als schwach einschätzen, gegenüber Kindern und Personen, die als untergeordnet eingestuft werden. Sie fühlen sich als Opfer anderer und deshalb berechtigt, rachsüchtig gegen diese vorzugehen.

Unter den Befragten, die eine Identifizierung mit der Mutter zeigten, waren 17 Prozent aus der Nazi-Gruppe, dagegen 83 Prozent aus der Gruppe der Anti-Nazis. Noch deutlicher werden die Auswirkungen dieser Identifikation, wenn man die Übertragung der Libidobesetzung der Mutter betrachtet. Unter den Nazis zeigten 34 Prozent die Fähigkeit, die Libidobesetzung von der

Mutter auf einen erwachsenen weiblichen Partner zu übertragen. Die restlichen 66 Prozent der Befragten, die diese Fähigkeit aufwiesen, gehörten zur Gruppe der Anti-Nazis. Dagegen waren 78 Prozent der Befragten, die ihre infantile libidinöse Mutter-Besetzung auf einen Führer oder eine autoritäre Institution übertrugen, in der Nazi-Gruppe zu finden. Dies weist darauf hin, daß die negative Bewertung der Mutter eine Ablösung wie auch ein Herauswachsen aus der infantilen Abhängigkeit von der Mutter unmöglich macht.

Die 63 Prozent derjenigen, die eine Tabuisierung von Zärtlichkeit in der Familie erlebt hatten, stammten aus der Nazigruppe, 37 Prozent waren Anti-Nazis (Dicks' Statistik drückt das Verhältnis umgekehrt aus, nämlich daß 63 Prozent der Anti-Nazis keine Tabuisierung von Zärtlichkeit erlebten und 37 Prozent der Nazis davon betroffen waren). Ein Fehlen des Zärtlichkeitstabus weist auf eine Kindheit hin, die mehr von Liebe als von Angst geprägt war. Dies ist die Voraussetzung für die Entwicklung einer eigenen Identität sowie einer in politischer Hinsicht demokratischen Gesinnung.

Sadismus weist ähnliche Zusammenhänge mit der politischen Haltung auf. Unter den Befragten, die als sadistisch klassifiziert wurden, waren 62 Prozent Nazis und 38 Prozent Anti-Nazis. In der Gruppe derer, die einen gesellschaftlich normalen Umgang mit Aggression hatten, zeigten 32 Prozent eine nazistische und 68 Prozent eine anti-nazistische Gesinnung.

Aufschluß über das Unbehagen, das in Menschen ohne eigene Identität unterschwellig wirkt, geben die statistischen Daten über Angst. Diese zeigen, daß eine Person ohne eigene Identität einen viel größeren inneren Aufruhr durchlebt als Menschen, denen eine wirkliche Identität die Möglichkeit gibt, mit eigenen Ängsten verantwortlich umzugehen. Diejenigen, deren Identität auf Identifikation basiert, können ihre Ängste offensichtlich nur in einer projektiven Weise handhaben, indem sie psychosomatische, zwangsneurotische oder phobische Symptome entwickeln, um mit Angst umzugehen. Das heißt, man projiziert das eigene Unbehagen, das Ergebnis des Hasses auf das Eigene ist, indem man es von sich weist. Dies ist die Wiederkehr des Fremden, abgeschnitten vom Eigenen. Dicks' Statistik zeigt, daß die Anti-Nazis zu 65 Prozent normal mit Angst umgingen, unter den Nazis waren es nur 35 Prozent. Der Chi-Quadrat-Test ergab in allen

Fällen die hohe Signifikanz von 99,99 Prozent (mit Ausnahme der Kategorie Angst, wo die Signifikanz bei 99,95 lag). Das belegt die Wahrscheinlichkeit, daß die ermittelten Unterschiede in den Häufigkeitsverteilungen zu nur 0,01 Prozent zufällig waren und deshalb wirkliche Unterschiede widerspiegeln.

Dicks' Daten zeigen deutlich eine Verbindung zwischen politischen Einstellungen und jenen Faktoren der kindlichen Entwicklung, die Nicht-Identität verursachen. Die Häufigkeitsverteilung der politischen Einstellung, wie sie in der Grafik dargestellt ist, kommt der Gauß'schen Normalverteilung sehr nahe, sie ist fast identisch mit ihr. Ich habe bereits in «Der Verlust des Mitgefühls»[208] darauf hingewiesen, daß es mehrere empirische Untersuchungen gibt, die ähnliche Resultate aufzeigen und die Rückschlüsse darauf zulassen, wie verbreitet ein Mangel an Liebe von Eltern für ihr Kind in unserer Bevölkerung ist. Nicht-Liebe bildet die Basis der Entfremdung vom Eigenen, und deshalb bestimmt sie, wie viele Menschen ohne eigene Identität es gibt.

In Erich Fromms «Empirischen Untersuchungen zum Gesellschaftscharakter»[209] erwiesen sich etwa 16 Prozent der Versuchspersonen als autoritär, ausbeuterisch und destruktiv. Es handelte sich um Menschen, die Feindbilder für die Aufrechterhaltung ihrer Persönlichkeitsstrukturen brauchten. Die Erfahrungen mit sogenannten posttraumatischen Erkrankungen bei Vietnamveteranen zeigten ein ähnliches Bild. Soldaten, die keine solchen Symptome entwickelten, wiesen Identitätsstrukturen auf, die auf empathischem Erleben basierten und nicht auf Identifikation mit autoritären Männlichkeitssymbolen.[210] Sie brauchten ihre Männlichkeit nicht zu beweisen, fühlten sich verantwortlich für das, was sie getan hatten, widersetzten sich gelegentlich Befehlen und akzeptierten sowohl ihre eigenen als auch die Ängste anderer. Ihre Kindheitserlebnisse waren geprägt von Zuwendung und Einfühlsamkeit. Rund zehn Prozent der Vietnamveteranen gehörten zu dieser Kategorie, die der Gruppe der aktiven Anti-Nazis in der Studie von Dicks entspricht. Auffallend ist in all diesen Studien die große Anzahl der emotional «Unbeteiligten». Diese machten 40 Prozent bei Dicks aus (die Unpolitischen), und es waren zwei Drittel der Vietnamveteranen, die bei Greueltaten mitmachten oder zusahen, ohne etwas dagegen zu tun, die im nachhinein jedoch Streßsymptome entwickelten.

All dies legt den Schluß nahe, daß die Kräfte, die in unserer Kultur das Eigene eines Menschen zum Fremden machen und damit eine eigene Identitätsentwicklung verhindern und ihn schließlich dazu bringen, das eigene Opfer in anderen zu bestrafen, sehr präsent sind. Mir scheint, daß sie jenen 50 Prozent der Bevölkerung entsprechen, von denen Winnicott aufgrund seiner klinischen Erfahrungen als Pädiater und später Psychoanalytiker annimmt, daß sie nicht-demokratische Tendenzen haben. Es handelt sich um «nicht ganze Personen», die in ihrer Persönlichkeitsstruktur nach außen verlagert sind und die andere Menschen im Griff haben müssen anstatt sich selbst.[211] Diese 50 Prozent entsprechen dem 36-Prozent-Anteil der Nazis in der von Dicks untersuchten Gruppe.

Diese Menschen lassen sich besonders stark von paranoiden Ängsten anstecken, und das vor allem in Zeiten der Unsicherheit, weil sie sich von gesellschaftlichen Veränderungen in ihrem Sein bedroht fühlen. Hinter den paranoiden Ängsten verbirgt sich das Fremde, das sie von sich streifen müssen. Hier liegt die Gefahr für demokratische Gesellschaften. Deshalb ist es wichtig, was auch Winnicott betont, die Rolle der Identitätslosigkeit bei gesellschaftlichem Zerfall und der Entstehung von Diktatur zu erkennen. Das Gegenmittel zum gesellschaftlichen Verfall ist die Förderung von liebenden und entgegenkommenden Erfahrungen in der Entwicklung der Kinder. Unsere Zivilisation muß es sich zum Anliegen machen, für Kinder Bedingungen zu schaffen, in denen sie wahre Liebe, Anerkennung und Mitgefühl erleben können. Liebe ist der Nährboden für unsere Geschichte, die individuelle genauso wie die gesellschaftliche. Wenn dieser Nährboden geschädigt ist, kommt es zu einer Fehlentwicklung des Menschlichen. Schon Erik H. Erikson mahnte: «Diejenigen, die unsere Geschichte studieren, ignorieren ständig die Tatsache, daß alle Individuen von Müttern geboren werden; daß jeder mal ein Kind war; daß Menschen und Völker im Kinderzimmer ihren Anfang nehmen; und daß eine Gesellschaft aus Einzelnen, im Prozeß der Entwicklung vom Kind zu Eltern, besteht.»[212]

Ich möchte jetzt anhand weiterer Biographien untermauern, wie verhängnisvoll der Zusammenhang zwischen Kindheit und Identitätsentwicklung ist und wie dabei das Tödliche, das Menschen ohne eigene Identität eigen ist, erzeugt wird.

Der reduzierte Mensch

Hermann Göring

Hermann Görings Vater war ein Mann von einiger Wichtigkeit. 1885 wurde er Resident-Minister für Südwest-Afrika, damals deutsche Kolonie. Einige Jahre später kam er als Konsul nach Haiti. Als seine Frau mit ihrem vierten Kind schwanger wurde, reiste sie zurück nach Deutschland, um es dort zur Welt zu bringen. Der Junge, Hermann Göring, wurde am 12. Januar 1893 geboren. Schon ein paar Wochen nach der Niederkunft reiste die Mutter zurück zu ihrem Gatten. Das Kind Hermann blieb zurück, es wurde Gräfin von Fuerth, einer Freundin der Familie, überlassen. Hermann sah seine Mutter erst wieder, als er drei Jahre alt war. Dieses Zusammentreffen war seine erste Erinnerung: Die Mutter beugte sich zu ihrem Sohn herunter, und dieser schlug ihr mit beiden Fäusten ins Gesicht.[213]

Aus Untersuchungen wie zum Beispiel der von C. M. Heinikke und I. J. Westheimer (1965) ist bekannt, daß frühe Trennungen von der Mutter für Kinder eine tiefe Verletzung bedeuten und daß diese – mit Recht – sehr aggressiv auf ihr Wiederauftauchen reagieren. Trennung ruft inneren Terror und das Erlebnis schwerer Minderwertigkeitsgefühle hervor, denn das Kleinkind empfindet ein solches Trauma als tiefe Verletzung seines werdenden Ichs. Ein Kind plaziert den Grund für sein Verlassenwerden in sich selbst. Für ein Kind bedeutet Verlassenwerden, daß mit ihm selbst etwas nicht stimmt, denn sonst würde die Mutter es ja nicht verlassen. Monika Nienstedt und Armin Westermann haben solche traumatischen Erlebnisse eingehend und sehr bewegend in ihrem Buch «Pflegekinder: Psychologische Beiträge zur Sozialisation von Kindern in Ersatzfamilien» (1999) beschrieben.

In Afrika hatte sich Görings Vater mit Dr. Ritter von Epenstein angefreundet, einem reichen jüdischen Apostaten. Als Hermann Göring acht Jahre alt war und sein Vater mit einer relativ kleinen Pension in den Ruhestand ging, kaufte von Epenstein in der Nähe von Nürnberg eine ansehnliche Burg, die er den Görings als Domizil anbot. Frau Göring, die wesentlich jünger als ihr Mann war und eine Liebesbeziehung mit von Epenstein hatte, akzeptierte das Angebot. So zog die Familie nach Burg Veldenstein. Der Vater hatte ein bescheidenes Schlafzimmer im Erdgeschoß, das Betreten der oberen Räume war ihm untersagt, da diese seiner Frau und ihrem Geliebten vorbehalten waren. Hin und wieder besuchten die Görings von Epenstein auch auf seinem Schloß in Österreich. Der Vater wurde dann in einem kleinen Haus abseits des Schlosses einquartiert, während die Mutter zu von Epenstein zog. Es ist nicht verwunderlich, daß diese Ereignisse tiefe Spuren in dem kleinen Hermann hinterließen. Das Bild, das Gilbert von dem Kind zeichnet[214], ist das eines rastlosen Jungen, den militärische Uniformen und kriegerische Taten faszinierten und der rücksichtslos, verwegen und herausfordernd brutal war.

Historiker erkennen nur selten die Bedeutung solcher Kindheitsentwicklungen. So schreibt Joachim Fest über Göring: «Seine Herkunft aus gutem Hause ... machte ihn frei von den Minderwertigkeitsgefühlen einer verstörten Kleinbürgerlichkeit ...»[215] Wenn man ein «gutes Haus» mit emotionaler Wärme gleichsetzt, kann nicht verstanden werden, daß ein Kind seine Kränkungen und terrorisierenden Erlebnisse, die es zutiefst mit sich selbst in Zweifel bringen, durch grandiose Anmaßungen kompensiert, die überhaupt nichts mit einem guten Selbstwert zu tun haben. Daraus folgt eine völlig verzerrte Sicht auf die Ursachen von Görings Verhalten, dessen Pathologie so gar nicht gesehen werden kann. Es ist eine durch klinische und menschliche Erfahrungen gestützte Tatsache, daß die Ablehnung eines Kindes durch die Mutter einen Schmerz hervorruft, den das Kind nur durch Abkapseln, Von-sich-Weisen oder Verneinen bewältigen kann. Das aber bedeutet, daß es abgeschnitten von seinem Schmerz lebt und ihn unentwegt außerhalb seiner selbst suchen muß. Genau in dieser Situation befanden sich Hitler, die Mörder von Braoadmoor und alle anderen Identitätslosen, die ich geschildert habe. Schmerz beginnt im Leben dieser Menschen eine entscheidende Rolle zu spielen, indem sie von der Notwendigkeit bestimmt sind, den verlorenen Schmerz wiederzufinden. Das bedeutet leider auch, daß sie anderen immer wieder Schmerz zufügen, um auf diese Weise, jenseits der eigenen erlittenen Erlebnisse, Rache zu üben gegen das Opfer, das sie einst selbst waren. Deshalb muß dem anderen Schmerz zugefügt werden, den man selbst erlitt, aber nicht erleiden durfte und konnte, so wie die Patientin, die ich beschrieben habe. Schmerz war Schwäche und machte die Mutter wütend. Schmerz hieß, anderen unterlegen zu sein, und mußte deshalb von sich gewiesen werden.

Ich möchte diesen Prozeß, in dem Rache gegen das Menschliche zu einem permanenten Drang wird, an einem Beispiel aus meiner Praxis verdeutlichen. Der Patient, ein sechsundvierzigjähriger Geschäftsmann, berichtete von einer neuen Beziehung, die er mit einer sehr attraktiven Frau eingegangen war: «Ich hatte eine riesige Wut in mir an diesem Wochenende, lauter Haß. Andere wollen mich nur unterdrücken, und ich muß mich anpassen. Wie kamen wir eigentlich das letzte Mal dazu, darüber zu sprechen, daß ich etwas Schmerzhaftes erlebt habe? O ja! Meine Eltern ...! Ich kann es nicht fassen, daß sie mich auslachten ...» Dann: «Meine Freundin und ich wanderten den ganzen Samstag. Wir waren danach beide müde, ich wollte Liebe machen, aber sie war müde. Sie schmuste dann aber doch mit mir und kam mir entgegen. Da zog ich mich zurück. Ich verweigerte mich.» Ich fragte: «Sie meinen, Sie lehnten sie ab?» Er: «So habe ich es nicht erlebt. Als sie Lust bekam, zog ich mich zurück. Ich hatte das Gefühl: Du kannst nicht, wenn sie kann. Ich unterwerfe mich, verkaufe mich.» Ich: «Sie meinen, Sie unterwerfen sich, wenn Sie auf Ihre Freundin reagieren?» Er: «Ich habe eine Wut in mir, wenn sie reagiert.» Ich frage nach: «Sie meinen, Sie rächten sich, als Ihre Freundin auf Sie zukam?» Er: «Ja, es ist pervers. Es geht für mich um Leben und Tod. Ich habe Angst, sie zu verlieren. Gleichzeitig fühle ich, daß ich unmöglich bin.» Ich: «Die Frau reagierte auf Sie, mir scheint, Sie negieren, daß Sie das Gefühl haben, sich zum Sklaven zu machen, wenn Sie darauf reagieren.» Er: «Ja, das ist verrückt. Ich erreichte ja, was ich wollte.» Ich: «Es kommt mir vor wie eine alte Rache, die jetzt in der Gegenwart in Ihnen aufsteigt.» Er: «Wogegen?» Ich: «Vielleicht eine alte, tiefe Kränkung.» Er: «Ich fühle mich vernachlässigt.»

Hier kam das ganz natürliche, wenn auch der jetzigen Situation nicht angemessene Gefühl eines sehr kleinen Kindes zutage, das nicht geliebt wurde. «Ich muß Frauen verführen, um mir Nähe zu sichern. Ich will beweisen, daß ich ein guter Mann bin», sagte er. «Ja, und dann?» wollte ich wissen. Er: «Es ist wie ein Eigentor. Ich wollte mich beweisen, sie kriegt Lust, und ich ziehe mich zurück, weil ich mein Ziel nicht erreicht habe.» Ich: «Aber Sie sagten doch, daß Sie Ihr Ziel erreichten?» Er: «Ich verstehe, was Sie sagen, aber ich fühle es nicht so.» Ich: «Was passierte in Ihnen?» Er: «Die Bestätigung. Ich kriege nur Liebe, wenn ich etwas tue, wenn ich mich wahnsinnig anstrenge, mich aufopfere, sonst gehe ich leer aus. Ich mache bei solch einem Theater nicht mehr mit.»

Wir sehen hier eine völlige Umkehr im Erleben der Motivation des anderen. Sie wird als negativ empfunden, obwohl sie doch positiv war. Die Frau kam ihm entgegen, und dies muß umgekehrt werden. «Ich soll immer auf Knien um Zuneigung betteln. Wenn sich mir jemand zuwendet, dann ist das eine Gnade. Man läßt mich hängen.» An dieser Stelle schluchzte der Patient laut auf. «‹Was ist schon dabei, wenn der Kleine weint.› So reden die Eltern. ‹Wir machen die Tür einfach zu und hören ihn nicht mehr.›» – «Ja», sagte ich, «das war Ihre Kränkung.» Diese transformierte er hier aber in Selbstmitleid. Dadurch vermied er den wahren Schmerz seiner ursprünglichen Kränkung durch die Eltern, als diese ihn «aus Liebe» schreien ließen. «Wo ist der Zusammenhang?» fragte er irritiert. Ich: «Sie konnten es Ihren Eltern nie recht machen, gerade, wenn Sie es versuchten. Alles war eine Heuchelei.» Er: «Ich fühle mich wie der ungläubige Thomas, ich glaube es einfach nicht.» Nach einer Pause: «Sie meinen, daß ich Lisa ablehne, wenn sie es ehrlich meint?»

Die Frage ist, ob er die Erkenntnis zulassen kann, daß er von seinen Eltern wirklich tief gekränkt wurde, oder ob er weiter beweisen muß, daß die Zuneigung, die ihm heute zuteil wird, Heuchelei ist, daß wirkliche Nähe nicht möglich ist und er mit seinem täglichen Rachefeldzug gegen Zuwendung weitermachen kann. Indem er die Quelle seines Schmerzes nicht zuläßt, weil dieser Schmerz überwältigend war, hält er an dem Glauben fest, daß die Liebe seiner Eltern echt und keine Lüge war. Dadurch fühlt er sich berechtigt, gegen wirkliche Liebe, die ihm entgegengebracht wird, seine Rache auszuagieren.

An diesem Punkt bietet das Verhalten meines Patienten Einsicht in das, was auch Göring bewegte. Auch dieser wurde von seiner Mutter tief gekränkt, als sie ihn verließ. Auch Göring erlebte bei seiner Mutter die Heuchelei einer liebenden Pose, die er dann mit Faustschlägen quittierte. Aber den Schmerz konnte er nicht zulassen, genauso wenig wie mein Patient. So war ihm die Forderung nach Menschlichkeit immer «ein Dorn im Auge», wie es Gilbert ausdrückte.[216] Nach seiner Sichtweise waren alle Menschen nur durch Macht und Machtbedürfnisse motiviert. Friedfertigkeit und Respekt galten ihm als heuchlerische Maskerade, hinter der sich Krieg und Mordgelüste verbargen. Für ihn waren dies die einzigen Anzeichen von Größe. Nur so konnte er, wie mein Patient, die wirklichen Schmerzen, die er erlitten hatte, auf Dauer fernhalten.

In Hermann Görings Kinderspielen ging es ständig um Krieg. Er führte seine Spielkameraden in Kämpfe gegen imaginäre Feinde. Wenn irgend jemand Zweifel an seiner Führerrolle hatte, «haute er ihre Köpfe zusammen, um sie wissen zu lassen, wer der Boß war».[218] Er schien aufregende Situationen zu genießen, und es fehlte ihm das Gefühl für Gefahren. Vor dem Nürnberger Gerichtspsychologen Gilbert brüstete er sich: «Schon mit 12 oder 14 hatte ich keine Angst vor dem Tode.» Als er einmal in den österreichischen Alpen war, ging eine Lawine ab. Die anderen suchten in Panik Deckung, er jedoch stand da und bewunderte das furchterregende Spektakel der auf ihn niederprasselnden Schnee-, Eis- und Gesteinsbrocken. Als er sich einmal mit anderen Jungen in einem Ruderboot unkontrolliert einem Wasserfall am Ende eines Sees näherte, waren alle in großem Aufruhr. Er sagte nur: «Hört auf zu faseln! Wenn wir rübergehen, sterben wir, da ist nichts, was wir tun können, also was soll die Aufregung?» Er glaubte, schreibt Gilbert, daß ihm nichts passieren könne. Sein Phantasieleben schützte ihn vor der Angst, die eine gefahrvolle Realität normalerweise auslöst. In seinen Phantasien übte er, ein furchtloser Held zu sein, der jede Gefahr verachtete.

Zugleich zeigte er seinen Schwestern gegenüber aggressive, sadistische Verhaltensweisen. Weder Vater noch Mutter bekamen ihn unter Kontrolle, so wurde er zur Schule nach Fürth geschickt. Als Vergeltung für die Zurückweisungen, die er durch Eltern, Lehrer und andere erfuhr, spielte er einen Monat lang krank. Seine aggressiven, sadistischen Ausbrüche führten zu einem Kreislauf aus Ablehnung, Vergeltung und immer mehr Aggression. Schließlich schickte ihn sein Vater auf eine militärische Schule in Karlsruhe. Das schien ihn zu beruhigen. Seine Mutter sagte einmal: «Hermann wird entweder ein großer Mann oder ein großer Krimineller werden.»[218] Diese Einstellung ist typisch für Mütter von Kindern mit einer solchen Entwicklung. Sie bewundern ihren Jungen, lassen im Grunde alles zu, genauso wie Ase, Peer Gynts Mutter in Ibsens Bühnenschauspiel. Diese Bewunderung bewirkt, daß der Sohn von geschichtlicher «Größe» und nicht durch Menschlichkeit bewegt wird. Bezeichnenderweise zeigte sich Göring gehorsam gegenüber den militärischen Lehrern. Er war jedoch verächtlich, pöbelhaft und gewalttätig, wenn die Lehrer Zivilisten waren.

Als Jugendlicher schien er unempfindlich für körperliche Gefahren. Als zügelloser Leutnant im Ersten Weltkrieg war er voller Heldendrang, und er vollbrachte einige verwegene Taten. Kurz danach erlitt er jedoch einen rheumatischen Anfall, der ihn vor einer Rückkehr in die Schützengräben bewahrte. Er wurde Pilot und zog sich eine schwere Hüftverletzung zu. Nach seiner Genesung machte er sich als Jagdflieger einen Namen und erhielt vom Kaiser den Orden Pour le Mérite.

Angstlosigkeit, heldenhaftes Gebaren und psychosomatische Reaktionen (Rheuma) existierten nebeneinander. Herrmann Dahlmann, ehemaliger General der Luftwaffe, äußerte im Gespräch mit Heinrich Fraenkel[219], daß er größte Zweifel sowohl an Görings fliegerischem Können als auch an seiner Fähigkeit als Offizier habe. Er kannte Göring bereits seit 1914 und behauptete, daß Göring den Orden durch Beziehungen bekommen und weder vorher noch nachher die erforderlichen fünfundzwanzig feindlichen Flugzeuge abgeschossen habe. Als Göring das Geschwader von Richthofen übernahm, habe er auch große Schwierigkeiten gehabt, die Disziplin aufrechtzuerhalten. Er sei aufgrund seiner Arroganz nicht sehr beliebt bei seinen Männern gewesen.[220]

Es blieben die Helden- und Größenphantasien, die sein Leben bewegten. Sie waren die kompensierende Stärke für einen angeschlagenen Selbstwert, den niemand erkennen wollte. Macht und Gewalt wurden so zur Motivation für alle seine Handlungen. Gleichzeitig wurde die Lüge Bestandteil seines Charakters, da er sie brauchte, um die heldenhaften Phantasien aufrechtzuerhalten. Diese waren so intensiv, daß er einmal, als er als Achtjähriger von der Burg Veldenstein ins Tal schaute, eine sich nähernde Lokomotive in die Vorstellung einer völlig unwirklichen Szenerie verwandelte: Er sah römische Triumphwagen mit behelmten und gefiederten Kriegern das Gelände erstürmen, während Menschenmassen ihnen zujubelten. «Es war so real», erzählte er Gilbert. «Ich dachte, es war alles so wie in den Geschichten darüber. Ich weiß nicht, wie lange diese Vision andauerte. Ich lief zu meiner Mutter, um ihr und meiner Schwester davon zu erzählen. Die lachten nur. Ich ging ein paarmal dahin zurück, aber diese spezifische Vision kam nie zurück.»[221]

Sein Vater, Ururenkel eines Beraters von Friedrich dem Großen und ein strenger Preuße, war unter Bismarck Kavallerie-Offizier gewesen. Hermanns Identifikationen waren gespalten. Einerseits identifizierte er sich mit der strengen Rolle des autoritären Vaters, andererseits liebte er die Pracht und den mittelalterlichen Glanz der Schlösser von Ritter von Epenstein, dessen Geliebte die Mutter war und auf dessen Burgen die Familie lebte. Epenstein verkörperte für ihn Macht und Reichtum, während der Vater in den wirklichen Machtverhältnissen zu einer Null verkommen war.[222] Gleichzeitig mußte der Sohn den Schmerz über die wahre Situation des Vaters, dessen würdelose Unterwerfung sowie den Liebesverrat der Mutter an ihm und dem Vater verleugnen.

Besonders auffallend in den Protokollen von Görings Rohrschachtests, denen alle Angeklagten im Nürnberger Prozeß unterzogen wurden, war seine extreme Unfähigkeit, in Hinblick auf menschliche Beziehungen auf Gefühle einzugehen. Ihm fehlte die Sensitivität für menschliches Entgegenkommen; Wärme und Mütterlichkeit konnte er weder geben noch annehmen. In bezug auf seine Sexualität zeigte er eine schwache männliche Identifikation. Autorität wurde von ihm als lächerlich erlebt, als unzuverlässig und sadistisch. Seine Antworten auf Nachfragen zu seinen Reaktionen auf die Rohrschachbilder ließen auf tiefe Verletzungen hinter seinem herablassenden und verachtenden Verhalten schließen. Autoritätsfiguren wurden dann zu Ärzten. Von Epenstein war Arzt. Die Testergebnisse deuteten auf die schwere Kränkung hin, die Göring erlitten hatte, aber nie zugeben konnte. Sie ließen außerdem erkennen, daß er sich in der verwirrenden Situation seiner Kindheit zerrissen und zerschnitten gefühlt hatte.[223]

Der Rohrschachtest offenbarte nicht nur Aggressivität, sondern auch eine schwere Depression, die er durch Gewalt zu überbrücken versuchte. Dies gelang ihm auch. Seine Verachtung für Gefahr und seine Neigung, sich dauernd gefährlichen Situationen auszusetzen, läßt sich also auch als inhärente suizidale Tendenz deuten. Für Menschen, die in ihrer intimsten zwischenmenschlichen Erfahrung, der Beziehung zu Mutter und Vater, Verletzungen erlebt haben, ist es charakteristisch, daß sie dem Schmerz ausweichen, indem sie Gewalt und Gefahr suchen. Angst wird verdrängt. Ich berichtete zum Beispiel bereits von einem Patienten, der kurz vor dem Ertrinken war, aber keine Angst verspürte. Diese Tendenz charakterisierte Görings waghalsiges Verhalten sein ganzes Leben hindurch und summierte sich zu einer Nicht-Achtung des Lebens selbst.

Seine furchtlose Haltung existierte parallel zu seiner sklavischen Unterwerfung, mit der er Autoritätsfiguren wie Hitler zu beschwichtigen versuchte. Hier war er wie der Vater und nicht wie Epenstein. «Nicht ich lebe, sondern Hitler lebt in mir ... Wer nur irgend die Verhältnisse bei uns kennt, weiß, daß jeder von uns genauso viel Macht besitzt, als der Führer ihm zu geben wünscht. Und nur mit dem Führer und hinter ihm stehend ist man tatsächlich mächtig und hält die starken Machtmittel des Staates in der Hand. Aber gegen seinen Willen, ja auch nur ohne seinen Wunsch, wäre man im gleichen Augenblick vollständig machtlos. Ein Wort des Führers, und jeder stürzt, den er beseitigt zu sehen wünscht. Sein Ansehen, seine Autorität ist grenzenlos ...»[224] In diesen Worten klingt die panische Angst vor dem Machthabenden an. Zu Hjalmar Schacht sagte Göring über sein Verhältnis zu Hitler: «Jedesmal, wenn ich ihm gegenüberstehe, fällt mir das Herz in die Hosen.» Nach Auseinandersetzungen im Führerhauptquartier, bei denen er sich Hitler stets völlig unterwarf, brauchte Göring oft Stunden, um sich zu beruhigen. «Dieses Verhältnis», sagte er, «ist für mich geradezu seelische Prostitution gewesen.»[225]

Dieser Mann, der in seinen Prahlereien schier grenzenlos war, hatte sich Hitlers Posenspiel sofort völlig unterworfen, als er ihn 1922 zum ersten Mal reden hörte. Das ist typisch für Menschen, deren Identität auf Identifikation mit autoritären Figuren basiert. Einerseits verachten sie alles Menschliche, andererseits unterwerfen sie sich der Pose von Macht und Entschlossenheit, in Görings Fall dem Vater und gleichzeitig dem Geliebten der Mutter. Ohne diese Unterwerfung können solche Menschen nicht existieren. Sie füllt die grundsätzliche Leere eines Inneren ohne eigene Identität aus. Ihre einzige Alternative zur Unterwerfung ist, sich ständig sich in Gefahren zu begeben, die gewalttätig und/oder selbstmörderisch sind. Es war Hitlers Pose, die zum Mittelpunkt in Görings Leben wurde. Wie ich bereits ausgeführt habe, werden solche Menschen darauf geprägt, sich die Pose des idealisierten Unterdrückers als echte Stärke zu eigen zu machen, um sich so auf eine halluzinatorische Weise selbst stark fühlen zu können. Macht und Stärke werden dabei als gleichbedeutend erlebt. Das Ergebnis ist eine freiwillige Knechtschaft, die Weiterführung einer Umkehr der eigenen Unterdrückung und zugleich die Verleugnung der eigenen Verletzung und des eigenen Schmerzes.

Hitler hatte Göring und seine Familie verhaften lassen, und es drohte ihnen der Tod. Als sich Hitler dann selbst das Leben nahm, war Göring der Verzweiflung nahe. Wie seine Frau berichtete, sagte er: «Nun werde ich ihm nie sagen können, daß ich ihm bis zum Ende treu geblieben bin!»[226] So sehr Göring Hitler auch ergeben war, seine Rachsucht gegen alles Menschliche kannte keine Grenzen. Im Schießerlaß nach der «Notverordnung zum Schutz von Volk und Staat» vom 28. Februar 1933 befahl er Polizei, SA, SS und Stahlhelm, rücksichtslos von der Waffe Gebrauch zu machen: «Jede Kugel, die jetzt aus dem Laufe einer Polizeipistole geht, ist meine Kugel. Wenn man das Mord nennt, dann habe ich gemordet, das alles habe ich befohlen, ich decke das, ich trage die Verantwortung dafür und habe mich nicht zu scheuen.» – «Meine Maßnahmen werden nicht angekränkelt sein durch irgendwelche juristischen Bedenken. Meine Maßnahmen werden nicht angekränkelt sein durch irgendeine Bürokratie. Hier habe ich keine Gerechtigkeit zu üben, hier habe ich nur zu vernichten und auszurotten, weiter nichts!» Und am 11. März 1933: «Lieber schieße ich ein paarmal zu kurz oder zu weit, aber ich schieße wenigstens.»[227]

Als Göring sich zur Zeit des Judenpogroms im November 1938 die Versicherungssummen der jüdischen Geschäfte aneignete, sagte er zu Heydrich, es wäre besser gewesen, zweihundert Juden umzubringen, als so viele wertvolle Sachgüter zu zerstören.[228] Hinter seiner grenzenlosen Rage stand die Unfähigkeit, den eigenen Schmerz auszuhalten. Damit meine ich vor allem seelischen Schmerz. Miale und Selzer berichten, daß Göring beim

Rohrschachtest Emotionen nicht einfach unterdrückte, er eliminierte sie regelrecht, wies sie von sich und schnitt dadurch ab, was sie verursacht hatte. So ging er auch mit Schmerz um: Er negierte ihn. Als Ersatz für diese echten Empfindungen entwikkelte er ein kunstvolles Gerüst aus Statusgefühlen. Diese traten an die Stelle der Individualität eines eigenständigen Selbst.[229] Göring ist das typische Beispiel für einen Menschen ohne Inneres, weil dieses Innere zu schmerzhaft war und durch Autoritätspersonen verachtet und abgelehnt worden war.

Interessanterweise wollte Göring nach der Urteilsverkündung in Nürnberg von dem Gerichtspsychologen Gilbert wissen, was der Rohrschachtest über seinen Charakter aussage. Gilbert antwortete ihm: «Offen gesagt, Sie haben gezeigt, daß Sie trotz Ihres aktiven, aggressiven Charakters nicht den Mut zu wirklicher Verantwortung haben. Bei diesem Klecks-Test (Rohrschach) haben Sie sich selber mit einer kleinen Geste verraten.» Göring starrte ihn irritiert an. «Erinnern Sie sich an die Karte mit dem roten Fleck? ... (viele) zögern bei dieser Karte und sagen, es sei Blut drauf. Sie zögerten auch, Sie nannten es aber nicht Blut. Sie versuchten, es mit den Fingern wegzuschnippen, als glaubten Sie, daß Sie Blut mit einer kleinen Bewegung wegwischen könnten. Dasselbe haben Sie während des gesamten Prozesses gemacht. Sie haben den Kopfhörer im Gerichtssaal abgenommen, wenn die Beweise für Ihre Schuld unerträglich wurden. Und genauso machten Sie es auch im Krieg, indem Sie die Greueltaten mit Drogen aus Ihrem Bewußtsein zu verbannen suchten. Sie hatten nicht den Mut, ihnen ins Auge zu sehen. Darin besteht Ihre Schuld. Ich bin Speers Ansicht: Sie sind ein moralischer Feigling!»[230]

In seiner Drogenabhängigkeit zeigte sich, daß er seelischen Schmerz nicht verdauen konnte. Er hatte am Tag des Hitlerputsches im November 1923 nach seiner Verwundung mit der Einnahme von Drogen begonnen. Schon im Sommer 1924 war er morphinsüchtig. Zu dieser Zeit war er in Schweden. Dort wurde er in die Irrenanstalt Lanbro in die Station für Gewalttätige eingeliefert. 1925 konstatierte sein schwedischer Arzt, «daß er ein schwacher Charakter sei, ein Mann, der gern prahlte, um so seinen tief verwurzelten Mangel an sittlichem Mut zu bemänteln». Er wurde als Hysteriker diagnostiziert, unbeständig in seinen Persönlichkeitswerten, empfindsam und dennoch dickhäutig, ein gewalttätiger Mensch, der von Ängsten beherrscht werde. Die Schlußfolgerung des Berichtes: «Wie bei vielen Menschen, die Taten von größtem körperlichen Mut ausführen können und dabei oft nur von Verzweiflung getrieben werden, fehlte ihm auch eine höhere Art des Mutes in seiner ganzen Lebensführung.»[231] Gilbert schreibt, es sei deutlich, daß Göring seit der Kindheit ein verstärktes Bedürfnis nach körperlicher Stimulation und eine Unfähigkeit, Bestrafung und Frustration zu tolerieren, zeigte.[232] Sein Leben lang suchte er Zuflucht in Drogen und anderen Mitteln, um Angst auslösenden Situationen zu entkommen. Der amerikanische Gefängniskommandant von Mondorf sagte über den Häftling Göring: «Als er ankam, war er eine alberne Sau mit zwei Koffern voller Paracodeine-Pillen. Ich dachte, er sei ein Pharma-Vertreter. Aber wir entwöhnten ihn von seinen Drogen und machten einen Mann aus ihm.»[233]

Übrigens führte Görings Bedürfnis nach Identifikation mit dem Aggressor bereits vor Hitlers Selbstmord zu einer Identifikation mit den Amerikanern, die sich als neue Sieger abzeichneten. An Hitlers letztem Geburtstag befanden sich alle im engen Bunkerraum. Göring stand am Tisch gegenüber von Hitler. Speer beschrieb die Situation: «Er, der auf äußeren Schein stets großen Wert legte, hatte seine Uniformierung in den letzten Tagen bemerkenswert verändert. Der silbergraue Stoff seiner Uniform war zu unserer Überraschung durch das braungraue Tuch der amerikanischen Uniform ersetzt worden. Gleichzeitig waren seine bis dahin fünf Zentimeter breiten, goldgeflochtenen Achselstücke durch einfache Stoffachselstücke ersetzt, auf die schlicht sein Rangabzeichen, der goldene Reichsmarschall-Adler, geheftet war ... Wie ein amerikanischer General ...»[234] Offenbar war Göring das völlig unbewußt. Auch Hitler schien seine Veränderung nicht zu bemerken. Der schwedische Psychiater hatte ihn zutreffend als Menschen ohne Inneres beschrieben. Das ist das Kennzeichen aller Menschen, die ihren Schmerz, ihr eigenes Leid, als fremd von sich weisen mußten.

Wenn ein Mensch, wie bereits beschrieben, den Zugang zu seinem Schmerz verloren hat, sucht er diesen weiter, indem er gewalttätig wird. « ... die Verneinung des Schmerzes führt zu Mordimpulsen, zu Gewalttätigkeit ...», schrieb mir Mechtilde Kütemeyer, Chefärztin für Psychosomatische Medizin am St.

Agathe-Krankenhaus in Köln, in einer persönlichen Mitteilung. Wenn Menschen dagegen noch nicht völlig mit ihrem Unterdrücker identifiziert sind, richten sie ihre Gewalttätigkeit gegen sich selbst, gegen die eigene Person. Kütemeyer: «Sie schneiden sich, verbrühen sich, erzeugen Unfälle mit Frakturen und anderen Verletzungen ... um einen letzten Zipfel von Leben zu spüren.» Es scheint, als ob durch die Verneinung des Schmerzes das Grundgefühl des Lebendigseins verloren geht. In seinem Buch «Selbstverletzendes Verhalten» (1999) beschreibt Ulrich Sachsse ähnliches. Bei seiner Arbeit mit betroffenen Patienten kam er zu dem Schluß, daß Menschen, die kein Bewußtsein für ihren Schmerz haben, diesen in der Selbstverletzung suchen. Das Paradoxe dabei ist, daß man, wenn man sich selber verletzt, den Schmerz auf diese Weise zu erleben sucht; indem aber anderen Schmerz zugefügt wird, muß man ihn nicht mehr als seinen eigenen spüren! Dieser eigene Schmerz jedoch ist der wahre Schmerz, der nicht mehr gespürt wird, indem er weitergegeben wird. Zum Täter zu werden bedeutet dann, die Dissoziation in Gang zu halten. Deshalb muß ständig Schmerz gesucht und erzeugt werden, um dem eigenen zu entkommen. Für das Kind Göring war es unmöglich, den eigenen Schmerz über seine lieblose Situation und den Verrat von Vater und Mutter zu tolerieren. Zugleich führte seine Identifikation mit den Unterdrückenden zu einer völligen Umkehr der Gefühlslage, in welcher der Aggressor idealisiert anstatt gehaßt wurde. In einer solchen Situation wird der Haß auf das Eigene völlig auf andere Opfer projiziert. Deshalb die rabiate Gewalttätigkeit solcher Menschen.

Rudolf Heß

Rudolf Heß war 1941 nach England geflogen, um die Briten auf eigene Faust dazu zu bewegen, Deutschland für seine Lebensraumpolitik innerhalb Europas freie Hand zu lassen. Er wollte ihnen dafür seitens Deutschland den unversehrten Bestand des britischen Weltreiches garantieren. Natürlich wurde er nach seiner Landung in Haft genommen.[235] Zu dieser Eskapade hatte ihn veranlaßt, daß Professor Haushofer, der Geopolitiker, davon geträumt hatte, daß Heß über den Ozean fliegen werde.[236] Während seiner Gefangenschaft bis 1946 wurde er von einem Team von Psychiatern und Psychologen untersucht.[237]

Rudolf Heß wurde 1896 in Alexandria in Ägypten geboren. Sein Vater, ein Großkaufmann, war sehr streng und jagte seinen Kindern Angst ein. Rudolf, sein Bruder und die beiden Schwestern wagten nur, ausgelassen zu spielen, wenn der Vater aus dem Haus war. Während seiner Gefangenschaft sprach er davon, sich nur einmal als Kind gegen seinen Vater aufgelehnt zu haben. Sonst war er immer ein braver Junge, der die Wünsche seines Vaters gehorsam befolgte. Mit zwölf Jahren kam er auf ein Internat des Evangelischen Paedagogicums in Godesberg am Rhein. Dort verbrachte er drei Jahre. Seine Lehrer schilderten ihn als sehr patriotisch. Nach der Schule hätte er gern Naturwissenschaften und Mathematik studiert, doch sein Vater wollte, daß er Kaufmann wurde. So schickte man ihn mit fünfzehn auf die Ecole Supérieure de Commerce nach Neuchâtel in der Schweiz. Ein Jahr später, 1912, ging er nach Hamburg, um seine Lehre als Handelskaufmann zu beginnen. Als 1914 der Erste Weltkrieg ausbrach, meldete er sich mit großer Begeisterung zum Militärdienst. Er war froh, von seiner kommerziellen Arbeit wegzukommen. Er diente im Bayerischen Infanterieregiment und wurde zweimal verwundet. Danach wurde er zum Leutnant ernannt und 1918 zur Luftwaffe versetzt.

Nach Ende des Krieges trat Heß in München einer nationalistischen und antisemitischen Gruppe bei und beteiligte sich an politischen Straßenkämpfen. Dabei wurde er 1919 erneut verwundet. Er hatte auch ein Studium an der Universität München aufgenommen und kam so unter den Einfluß von Karl Haushofer, Professer für Geopolitik. Das englische Psychiater-Team hob in der Analyse seiner Persönlichkeitsentwicklung hervor, daß Heß stets einen Vater-Ersatz suchte, Männer, mit denen er sich identifizierte, um von ihnen beeinflußt zu werden. Bereits sein Geschichtslehrer in Godesberg erfüllte diese Rolle, später waren es Haushofer und schließlich Hitler. Das englische Team brachte dieses Bedürfnis nach Identifizierung mit einer großen inneren Leere in Zusammenhang. Seine tiefe Abhängigkeit und Passivität kompensierte er, indem er wie ein Asket zu leben versuchte, sich außerordentliche Aufgaben der Selbstkontrolle auferlegte, sich durch Überforderung stark und männlich gab und absolut intolerant gegenüber Schwäche war. Er zeigte eine krankhafte Angst, daß man ihn als moralisch schlecht und minderwertig empfinden könnte. Dies drückte sich auch in seinem

Verhältnis zu seinem Körper aus. Einen nächtlichen Samenerguß, den er im Spital in Maindiff hatte, schrieb er sofort einem Ei zu, das er am Tag zuvor gegessen hatte. Er schwor sich daraufhin, niemals mehr ein Ei zu essen.[238]

1920 begegnete er Hitler. Dies führte zu einer «nahezu magischen» Bindung, wie es Heß' Frau ausdrückte.[239] Sie beschreibt, daß er nach der Veranstaltung, auf der Hitler gesprochen hatte, wie «entrückt» wirkte. «‹Der Mann, der Mann›, stieß er aus ... Er war wie ausgewechselt, lebendig, strahlend, nicht mehr düster, nicht vergrämt.»[240] Er hatte den Teil von sich gefunden, den er ausgestoßen hatte, weil er ihn mit seinem Vater nicht sein durfte. Durch die Identifikation mit einer idealisierten Figur konnte er ihn sich zu eigen machen und leben.

Was für ein Bild hatte Heß von einer solchen Figur? In einem Aufsatz kurz nach dieser ersten Begegnung mit Hitler beschrieb er, wie sie beschaffen sein sollte: «Tiefes Wissen auf allen Gebieten ... Der Glaube an die Reinheit der eigenen Sache und an den endlichen Sieg, eine unbändige Willenskraft geben ihm die Macht der hinreißenden Rede, die die Massen ihm zujubeln läßt ... Das Volk lechzt nach einem wirklichen Führer, frei von allem Parteigefeilsche, nach einem reinen Führer mit innerer Wahrhaftigkeit ... Bei jeder Gelegenheit beweist der Führer seinen Mut. Das gibt der organisierten Macht blindvertrauende Ergebenheit; durch sie erringt er die Diktatur. Wenn die Not es gebietet, scheut er auch nicht davor zurück, Blut zu vergießen ... Er hat einzig und allein vor Augen, sein Ziel zu erreichen, stampft er auch dabei über seine nächsten Freunde hinweg ... So haben wir das Bild des Diktators ... erbarmungslos hart und wieder weich in der Liebe zu seinem Volk ... mit stählerner Faust, in samtenem Handschuh, fähig, zuletzt sich selbst zu besiegen.»[241]

Diese Sätze spiegeln die schreckliche Wahrheit eines Ich ohne eigenes Selbst wider, eines Menschen, der keine eigene Identität entwickeln konnte und deshalb jemanden sucht, dem er sich bedingungslos unterwerfen kann. Es ist der idealisierte Vater, nach dem er sich sehnt. Indem er sich diesem ergibt, kann er den wirklichen Vater von sich stoßen. Bestehen bleibt jedoch die Prägung auf eine Fiktion, auf ein Ideal, das die Eltern von sich selbst entwarfen, das aber nichts mit ihrer Wirklichkeit zu tun hatte. Die daraus resultierende freiwillige Knechtschaft hat zwei Funktionen in einem: Sie ist eine Flucht vor der Verantwortung für sich selbst, und sie ist Rache am idealisierten Unterdrücker, wobei diesem – Vater, Mutter oder beiden – eine Absage erteilt wird. Dies geschieht in verschleierter Weise, nämlich mit dem Argument, einer Autorität die Treue zu halten. Ein solcher Mensch ist völlig gefangen und völlig beherrscht von dem Diktat des Gehorsams, der ihm auferlegt wurde. Heß konnte dieses völlige Sich-einem-anderen-Ergeben auch ganz klar formulieren: «Einer bleibt von aller Kritik ausgeschlossen, das ist der Führer. Das kommt daher, daß jeder fühlt und weiß: Er hat immer recht, und er wird immer recht haben. In der kritiklosen Treue, in der Hingabe an den Führer, die nach dem Warum im Einzelfalle nicht fragt, in der stillschweigenden Ausführung seiner Befehle liegt unser aller Nationalismus verankert. Wir glauben daran, daß der Führer einer höheren Berufung zur Gestaltung deutschen Schicksals folgt. An diesem Glauben gibt es keine Kritik.»[242]

Dies ist ein Mensch, der kein Inneres hat, der auf der Suche nach etwas Mächtigem ist, um seine innere Leere zu füllen, der nicht wirklich weiß, was Gefühle von Liebe und Entgegenkommen bedeuten. Im Gegenteil: Er wertet diese Gefühle als Schwäche ab, haßt und zerstört sie. Oft sagt man von einem solchen Menschen, daß er doch so lieb zu seiner Frau, seinem Sohn, seiner Sekretärin sei. Das liegt daran, daß wir nicht merken, daß diese Verhaltensweisen nicht auf einer Empathie für andere beruhen, sondern nur ein Rollenspiel sind, in dem sich der Betreffende «korrekt» verhält. Da solche Menschen sich den Anschein des Menschlichen geben, können sie so entwaffnend sein und andere übergehen. Denn sie selbst erkennen in sich nicht das Tödliche, das sie mit dem idealisierten Bild eines Über-Menschen verbindet und das gegen das Lebendige gerichtet ist. Sie hassen die Liebe, die ihnen verweigert wurde, und wollen alles, was sie an ihre eigene Not und ihre eigenen Bedürfnisse nach Wärme erinnert, vernichten. Deshalb überhöhen sie die stilisierte «kritiklose Treue» zu dem, der sie zerstören wird. Sie suchen eine Figur, die mit «unbändiger Willenskraft» bereit ist, Blut – auch ihr eigenes – zu vergießen. Hitler, der die Pose dieser Stärke und Willenskraft bestens beherrschte und den selbstzerstörerischen Träumen jeglichen Folterers perfekt entsprach (Hitler sprach immer von der «Liebe zu meinem Volk»), gab ihnen die «Erlösung» für das Nicht-Sein, das sie ja suchten. Hierin liegt die Tragödie von Heß und dem deutschen Volk sowie auch deren Opfer. Im Namen der Liebe wurde das Leben zerstört.

Der Verlauf von Heß' Werdegang ist wahrscheinlich hinreichend bekannt. Ich möchte noch seine Gedächtnisverluste während der Gefangenschaft in England und während des Nürnberger Prozesses erwähnen, denn sie sind Zeugnis seiner Probleme, vor dem Hintergrund seiner Idealisierungen mit der Wirklichkeit klarzukommen. Er selbst sagte während des Prozesses zu Gilbert, daß er vom Nachdenken über das, was vor sich geht, so müde sei, daß er schlafen müsse.[243] Das führte wohl auch zu seiner Amnesie. Gilbert beobachtete auch hier einen interessanten Zusammenhang. Je ausgeprägter seine Amnesie war, um so weniger wurde er von Gedanken über vergiftetes Essen verfolgt. Die psychologische Diagnose der Autoren: «Die paranoiden Züge seiner Persönlichkeit traten klar zutage in seiner Egozentrik, die auf einem tiefen Unsicherheitsgefühl beruhte, der Furcht, verletzt oder angegriffen zu werden. Dahinter steckte wohl die äußerste Unsicherheit dieses Patienten und sein Konflikt über seinen eigenen Wert und seine Akzeptanz durch die Gesellschaft. Er hat offenbar kein großes Vertrauen in die Güte anderer Menschen, und während er sich einerseits in sein Selbst zurückzieht, sucht er doch ständig außerhalb seiner selbst nach einer idealisierten Person, die er lieben und der er vertrauen kann, um seine innere Einsamkeit zu mildern.» *Die Autoren gehen hier von einer «Liebe» aus, die nichts mit herkömmlicher Liebe zu tun hat, sondern mit dem Gefühl, das Söhne in autoritären Familien entwickeln, wenn die Strenge und Härte des Vaters in Liebe umgedeutet wird.*[244] «In diesem Fall war die idealisierte Person natürlich Hitler. Innerhalb der beschränkten Lebensbedingungen seiner Gefangenschaft traten jedoch auch andere Gestalten auf. Einen nach dem anderen fand er mit Mängeln behaftet, und er identifizierte sie dann mit den bösen Mächten, die gegen ihn arbeiteten. Seltsamerweise spielten der tapfere Duke of Hamilton und der ritterliche König von England als idealisierte Objekte seiner Verehrung fast die gleiche Rolle wie Hitler. Vielleicht hatte Heß auch große Angst, daß das für ihn so wichtige Ideal in die Brüche gehen könnte, wenn er den realen Hitler als skrupellos und destruktiv erkannte ...»[245]

Dieses Festhalten am Rollenspiel des Idealisierten entspricht der Stärke der kindlichen Prägung im Prozeß der Idealisierung des Aggressors. Es erklärt nicht nur Hitlers Erfolg – er verkörperte den männlichen Mythos von Kraft und Willen perfekt –, es macht auch das Pathologische deutlich, das diesem Vorgang inhärent ist. Einmal auf diesen Weg festgelegt und des Eigenen beraubt, bleibt der Betroffene an Image und Rollenspielen «hängen», wodurch die Wirklichkeit wahrer Gefühle beiseite geschoben wird. Albert Speer zum Beispiel hatte sich am 22. April 1945 in Berlin von Hitler verabschiedet und in Hamburg eine Rede auf Schallplatte aufgezeichnet, in der er zum Widerstand gegen Hitlers Zerstörungsbefehl aufrief. Trotzdem fühlte er sich veranlaßt, Hitler noch einmal aufzusuchen, wohl wissend, daß dieser ihn verhaften und ermorden lassen könnte. In seinem Buch «Erinnerungen» schreibt er, Hitler habe ihn wie ein Magnet angezogen (S. 479). Er behauptet, er wollte richtig Abschied nehmen. Wie soll man das verstehen, wo ihm doch die Ermordung drohte? Ich glaube, daß Speer hier beschreibt, welche Macht die Identifikation mit dem Aggressor auf einen Menschen ausübt, der nichts Eigenes hat. Die innere Leere, von der ich immer wieder spreche, ist etwas sehr Reales. Um sie auszufüllen, bleibt dem Betroffenen nur die Identifikation mit dem Aggressor. Das einzige Gegenmittel besteht in dem Mut, die durch das eigene frühe Opfersein verursachten Schmerzen und Depressionen auf sich zukommen zu lassen. Dazu braucht ein Mensch viel Kraft, die er vielleicht nur dadurch bekommen kann, daß er es wagt, einem anderen Menschen, der ihm zur Seite steht, seinen Schmerz anzuvertrauen. Dieser Andere muß lieben können, das heißt, er sollte nicht eingreifen, sondern dem anderen Begleiter in der Not sein. Denn darum geht es: die eigene Not wieder spüren zu können mit und durch einen anderen mit Herz. Diese Not erlebten auch die Mörder von Broadmoor, als sie anfingen, den Schmerz ihrer Opfer nachzuempfinden. Doch wie viele sind zu diesem Prozeß in der Lage?

In seinem Buch «Die Gabe des Schmerzes» (1997) beschreibt Andrew Miller das Leben eines Chirurgen, der keinen Schmerz spürt, kein menschliches Entgegenkommen kennt. Dies ist die Folge des unmöglich zu ertragenden Schmerzes einer Ablehnung, die bereits mit seiner Zeugung begann. Als er durch das

Erleben einer Liebe zu seinem ursprünglichen, verstoßenen Schmerz zurückgeführt wird, läßt Miller den Leser spüren, wie schrecklich dieses Zurückgehen zu dem ist, was uns Leben gibt: «Und er findet ein Wort für das Brennen. Ein Wort, das von den Lippen springt, noch während es gesprochen wird; das gesprochen wird, als zische man es zwischen zusammengebissenen Zähnen hervor: Schmerz. Es führt gerade Luft genug mit sich, um eine Kerzenflamme zum Flackern zu bringen, nicht aber, um sie auszulöschen, jedenfalls nicht gleich, nicht, sofern die Flamme nicht schwach und die Kerze noch nicht ganz heruntergebrannt ist» (S. 304).

Die Leere, die aus der Verleugnung des Schmerzes aufsteigt, ist eine furchtbare Wirklichkeit, die schwer zu erkennen ist. Wir lassen sie nicht aufkommen aus Angst, dem alten Terror wieder zu begegnen. Ein Skinhead, der einen ihm völlig unbekannten, harmlosen Menschen grausam zu Tode getrampelt hatte, sagte 1999 in einem Gespräch mit Professor Dr. Christian Eggers, Direktor der Psychiatrischen Universitätsklinik für Kinder und Jugendliche in Essen: «Ärger, Frust, Schmerz, Trauer, die dringen nicht in mein Inneres vor ... Einfach verdrängen, das ist am besten, oder aber *in eisigen Haß umwandeln.»* Es ist *unser* Dilemma, wenn wir nicht glauben, daß eine solche Leere tatsächlich existiert, weil wir nicht in der Lage sind zu erkennen, daß es Menschen ohne Identität wirklich gibt. Wir können nur etwas für sie und für uns tun, wenn wir akzeptieren, daß solche Fehlentwicklungen vorkommen und daß sie sogar ausgesprochen häufig sind. Die heute so stark verbreitete Fixierung auf Image und Rollenspiel als Wirklichkeit ist im Grunde ein Indiz dafür, wie viele Menschen ohne eigene Identität es gibt und daß unsere Kultur deren Existenz fördert.

Dieses Zusammenspiel zwischen Nicht-Identität und der damit einhergehenden Notwendigkeit, in der Imagepflege die Erlösung von der eigenen Unzulänglichkeit zu suchen (die ja Ergebnis der Nicht-Identität ist), machte Hitler möglich. Das erkannte auch Freud in seiner Schrift «Massenpsychologie und Ich-Analyse» aus dem Jahr 1921. Dabei muß man im Auge behalten, daß die Ich-Eigenschaften, von denen Freud spricht, dem männlichen Mythos von Kraft und Willensstärke entsprechen und gerade die Nicht-Ich-Fixierungen auf elterliches Image und Rollenspiel sind, auf die solche Menschen geprägt sind. «Die

Wahl des Führers wird durch dieses Verhältnis sehr erleichtert. Er braucht oft nur die typischen Eigenschaften dieser Individuen in besonders scharfer und reiner Ausprägung zu besitzen und den Eindruck größerer Kraft und libidinöser Freiheit zu machen, so kommt ihm das Bedürfnis nach einem starken Oberhaupt entgegen und bekleidet ihn mit der Übermacht, auf die er sonst vielleicht keinen Anspruch hätte.»[246] Genau dasselbe tun wir in allen Lebensbereichen noch immer, und es wird von unserer Kultur gefördert, so daß der Schein den Platz des wirklichen Seins einnimmt.

Manager

Daniel Goeudevert, ehemaliges Mitglied des Konzernvorstandes von VW, schreibt in seinem Buch «Wie ein Vogel im Aquarium»: «Der Mächtige weiß oft genug nichts von der schweren Goldkrone, die er trägt, und die Beziehungen zu seinen Lakaien scheinen ungetrübt – solange er auf dem Thron sitzt. Er bekommt alles, was er will. Er umgibt sich mit einer Entourage nach seinem Geschmack und empfängt Menschen aus aller Welt, die den Kontakt zu ihm suchen. Im Glauben, daß das alles mit seiner eigenen Person zu tun habe, entfernt er sich weiter und weiter von der Realität des menschlichen Lebens. Sein Schatten wird übergroß, bis dahinter alles verschwindet: die Wirklichkeit, die anderen und auch er selbst – bis er im wahrsten Sinne des Wortes ein Schatten seiner selbst wird.»[247] Das trifft natürlich nur die eine Seite des Problems. Ein Mensch, der – genauso wie Hitler – ein Image lebt, interpretiert seine Vergötterung als Bestätigung für sein projiziertes Image, und er glaubt selbst, sie sei die Wirklichkeit seiner imaginierten Identität. Der ganze Prozeß wird jedoch in Gang gesetzt, weil beide, die Mächtigen und die Untertanen, an das Rollenspiel glauben. Es ist genauso, wie es bereits C. Wright Mills beschrieben hat – solche Menschen können ihre Position nur erreichen und halten, indem sie sich in die Pose der «tatkräftigen Persönlichkeit» werfen. «Man gibt sich charmant, lächelt oft, zeigt sich als guter Zuhörer, unterhält sich über die Interessen des andern und bringt ihn dazu, sich wichtig zu fühlen. Und all dies wird mit großer Aufrichtigkeit getan.»[248] Persönliche Beziehungen werden so zur Werbung, alles nur um des Erfolges willen. «Man muß dauernd andere –

und auch sich selbst – davon überzeugen, daß man das Gegenteil dessen ist, was man wirklich ist.» Deshalb schlußfolgert Goeudevert ganz richtig, wenn er sagt: «Das Problem des ausscheidenden Managers ist deshalb weniger ein Imageverlust als vielmehr ein Identitätsverlust.»[249] Er scheint jedoch nicht erkannt zu haben, daß diesem «Identitätsverlust» bereits die Verwechslung von Image mit einer wirklichen Identität zugrunde liegt. Eine wirkliche Identität würde durch Statusverluste nicht verlorengehen. Das Problem besteht ja darin, daß wir uns jenen äußeren Bildern anpassen, von denen wir glauben, daß sie den Idealen des Aggressors entsprechen, mit dem wir uns identifiziert haben. Wenn uns diese Anpassung gelingt, halten wir uns für «normal und gesund». Deshalb fürchten wir uns auch vor dem, was wir wirklich sind und in uns haben – das Fremde, das wir zurückweisen mußten. Henry Miller faßte diesen Umstand einmal so zusammen: «Wir sind so ‹gesund›, daß, würden wir uns selbst auf der Straße begegnen, wir uns nicht erkennen würden, weil uns ein Selbst gegenübersteht, das uns Angst macht.»[250]

Goeudevert belegt eine Entwicklungsart im Leben der Manager, die zu Größenphantasien und Überschreitungen der Grenzen anderer führt. Solches Verhalten wiederum verdeckt Aktivitäten jenseits der Legalität wie im Fall des Vorstandsvorsitzenden der Bremer Vulkan AG, der Ende 1995 für seine kriminellen Manipulationen verhaftet wurde. Goeudevert schreibt: «Das Leben des Managers ist total fremdbestimmt – es zwingt geradezu zur Aufgabe eines eignen Ich ... Und wohin», fragt er, «wollen wir (mit unserer Eile) gelangen? ... Wir laufen auf höchsten Touren und Gefahr, vor lauter Beschleunigung das Tempo mit dem Ziel zu verwechseln.»[251] Wir brauchen uns hier nur an Hitlers Äußerung zu erinnern, daß er schnell an die Macht kommen müsse, um schnell einen Krieg durch Eroberungen anzuzetteln: «Ich muß in Kürze an die Macht kommen ... Ich muß! Ich muß!»[252] Am 5. November 1937 erklärte er in einer geheimen Rede (Niederschrift vom 10. 11. 1937 von Oberst Friedrich Hoßbach, Hitlers Adjutant), daß die «deutsche Frage» nur mit Gewalt gelöst werden könne. Es blieben nur die Fragen «wann» und «wie».[253] Das heißt: so schnell wie möglich.

Eine Untersuchung, die Michael Maccoby mit amerikanischen Managern durchführte, macht den nach außen verlagerten Sinn der Identität dieser Männer deutlich.[254] Maccoby, selbst dem Erfolg und der Größe verfallen, stuft deren auf Imagespiele ausgerichtetes Sein allerdings als gesundheitlich «normal» ein. Das zeigt, daß auch ein Psychologe und Psychoanalytiker trotz Psychologiestudium, wenn von Erfolg und Größe benebelt, der Nicht-Identität erlegen sein kann. «Es war eine total männliche Gesellschaft», schreibt Maccoby über ein Sommercamp bei San Francisco, wo sich regelmäßig US-Kabinettsmitglieder, Firmenchefs, Senatoren, Generäle, Universitätspräsidenten und Schauspieler zum gemeinsamen Erholungsprogramm trafen. «(Sogar die Mahlzeiten wurden von Männern serviert) und die jugendliche Machoqualität wurde dadurch betont, daß man ermutigt wurde, gegen den nächsten Redwood-Baum zu urinieren. Jedes Jahr wurde ein Schauspiel inszeniert, in dem Männer die Rollen von Frauen übernahmen. Das Theaterstück, das ich sah, war voller frauenfeindlicher Seitenhiebe und einem Humor, der die Entfremdung der Darsteller von ihrem Heim und ihrer Familie ausdrückte. Ein Beispiel: In dem Stück ruft der Präsident der ‹Vereinigten Konsolidierten› seinen Sohn zu sich, der als Vizepräsident einer PR-Firma versagt hat. Der Vater sagt ihm, daß er nichts tauge: ‹Ich bin froh, daß deine Mutter nicht mehr am Leben ist und deshalb dein Versagen nicht miterleben muß.› Darauf der Sohn: ‹Aber Vater, sie lebt doch noch, ich habe sie heute morgen gesehen.› ‹Ach ja›, sagt der Vater. ‹Nun, man kann nicht von mir erwarten, daß ich bei jeder kleinen Sache weiß, was vor sich geht.› Lautes Lachen.»[255]

Trotzdem schreibt Maccoby: «Die Manager, die wir untersuchten, sind nicht Opfer dieses Systems, sondern seine Nutznießer, sie sind die meist bewunderten innerhalb der besten Organisationen und Vorbild für kleinere Firmen. Indem wir die effektivsten und kreativsten Manager befragten, konnten wir die optimale menschliche Entwicklung entdecken, die diese Systeme erlauben ... wir studierten gesunde Menschen» (!). Maccoby erkennt nicht, daß die machohafte Idealisierung von Erfolg und die damit verbundene Verachtung des Weiblichen einer Nicht-Identität entspricht, wie sie auch für die Hitlerzeit typisch war. Wie sehr der Geltungsdrang dieser Manager den Minderwertigkeitsgefühlen von Hitler und seinem Gefolge gleichkommt, machen die Interviews deutlich, die Maccoby allerdings als Beweis für die «Stärke» dieser Leute vorlegt. So beschrieb sich der Vizepräsident einer Gesellschaft mit den Worten: «Ich habe ein starkes Bedürfnis, erfolgreich zu sein. Und ich habe ein sehr starkes Bedürfnis, von ANDERN akzeptiert zu werden. Ich empfinde Unsicherheit und Selbstzweifel darüber, wie kompetent ich bin. Ich möchte das Spiel nur spielen, wenn ich gewinnen und mir Respekt verschaffen kann. Wenn nicht, gibt es keinen Grund, das Spiel zu spielen. Man spielt lieber Spiele, die man gewinnen kann ... Gewinnen bedeutet, den Respekt Ebenbürtiger zu bekommen.» Als Kind hatte dieser Mann Alpträume, in denen er von Brücken fiel, gejagt und von Versagen und Konkurrenz verfolgt wurde. In letzter Zeit träumte er öfter von einem wirbelnden Kreisel. Er wollte wissen, was das bedeutet, und man sagte ihm, er fühle sich wohl wie ein Kreisel, der dauernd in Bewegung sein muß; daß er fürchte umzufallen, wenn er sich entspannt und aufhört, sich zu drehen. Er stimmte dem zu und sagte: «Ich kann noch nicht mal Ferien nehmen.» Dieser Mann war stolz darauf, unter Streß «cool» zu bleiben. Für ihn zählte das Image, seine Wirkung auf andere, und nicht das, was er wirklich war.[256]

Maccoby berichtet auch von einer Sekretärin, die in einer dieser riesigen Organisationen arbeitete. Sie sah ihre Aufgabe darin, «solche Männer zu verwöhnen, ihnen ihr Leben einfacher zu machen». In dieser künstlichen Identität glaubte sie zudem, keine wirklichen Gefühle haben zu dürfen und für die Stimmung im Büro verantwortlich zu sein. «Als meine Verlobung auseinanderbrach, nahm ich mir einen Tag frei, denn ich wollte nicht, daß andere deprimiert wurden, weil ich nicht lächeln konnte.» Sie meinte außerdem, sie habe «einen großen emotionalen Einfluß auf die Menschen hier, da sie mir wichtig sind». Darin drückt sich ein doppelter Selbstbetrug aus. Sie machte sich nicht nur vor, daß sie aus «Rücksicht» keine eigenen Gefühle haben und zeigen durfte, sie glaubte auch noch, daß ein Interesse an anderen Menschen der Grund dafür sei. In Wahrheit geht es um die Illusion von Macht, die auch von ihrem Chef unterstützt wurde. Dieser sagte ihr zum Beispiel, daß es ganz an ihr liege, die anderen im Büro glücklich oder unglücklich zu machen. Indem er ihr das Gefühl gab, Macht zu haben, konnte er sie manipulieren und gefügig machen. In einem solchen Gruppenklima, das von Rollen- und Imagespielen geprägt ist, besteht immer ein Druck, mitzumachen. Wer nicht mitmacht, wird zum

Verräter am gemeinsamen «Sein» abgestempelt. Dieser Vorgang des Mitmachens unterscheidet sich im Grunde nicht von der so hoch gepriesenen «Kameradschaft» der Nazis in der SA, SS und der Armee. Es ist ein andauerndes Werben für sich selbst, indem man beweist, daß man den Normen der Gruppe entspricht, nicht andersdenkend ist. Das gibt «Sicherheit».

In der modernen Managerwelt geht es zwar nicht um primitiven Mord. Der Mord an der Seele, der hier begangen wird, ist jedoch derselbe wie in der Nazizeit. Das meint Carl Amery, wenn er Hitler als Vorläufer unserer Zeit beschreibt. Er will davor warnen, daß der heutige Idealmensch dem idealisierten Unmenschlichen entspricht, wo nur Erfolg und Anpassung zählen und sich der «Börsianer oder Medien-Yuppie ... an die Stoßstange seines Porsche Boxter den Sticker ‹Eure Armut kotzt mich an› klebt.»[257] Der Ehrgeiz dieser Menschen ist der gleiche wie der von Speer, Göring, Frank oder Schneider/Schwerte.

Doch Hitler war nicht der eigentliche Vorläufer. Er trieb Imagepflege und den männlichen Mythos von Stärke und Entschlossenheit nur auf einen neuen Gipfel. Das Abgetrennte, Tödliche scheint vielmehr Beweggrund aller «großen» Zivilisationen zu sein. Hans Jakob von Grimmelshausen beschreibt es schon in «Der abenteuerliche Simplicissimus Teutsch», erschienen im Jahr 1668. Menschen kaufen und verkaufen «nicht nur um ihre Bedürfnisse zu befriedigen, sondern auch um des Gewinns willen, der sich einstellt, wenn der Wert der Ware durch menschliche Arbeit gesteigert wird.» Die Kunst ist es, sich dem Ehrgeiz zu ergeben und nicht zu merken, daß es schmerzt. Der ganze «Simplicissimus» ist wohl ein Versuch, durch Galgenhumor mit dem Tödlichen der Mitmenschen zurechtzukommen.

Die Verachtung des Menschen

Hitler unterstellte dem deutschen Volk die Unfähigkeit, für sich selbst zu denken, und das Bedürfnis, die Führung einem starken Mann zu überlassen. Diese Geringschätzung derjenigen, die er zu lieben vorgab, wurde von all seinen Kumpanen und selbst von dem Volk geteilt. Das ist das Eigenartige, daß sich die Menschen für jene begeisterten, von denen sie im Grunde verachtet wurden. Sie fühlten sich von denen geliebt, die nichts von ihnen hielten. Das galt sowohl für Männer als auch für Frauen. In einem Gespräch mit Gilbert sagte Göring: «Nun natürlich, das Volk will keinen Krieg. Warum sollte irgendein armer Landarbeiter im Krieg sein Leben aufs Spiel setzen wollen, wenn das Beste ist, was er dabei herausholen kann, daß er mit heilen Knochen zurückkommt ... Aber schließlich sind es die Führer eines Landes, die die Politik bestimmen, und es ist immer leicht, das Volk zum Mitmachen zu bringen ... Man braucht nichts zu tun, als dem Volk zu sagen, es würde angegriffen, und den Pazifisten ihren Mangel an Patriotismus vorzuwerfen und zu behaupten, sie brächten das Land in Gefahr.»[258] Fast im selben Atemzug: «Mein Volk ist schon früher gedemütigt worden. Treue und Haß werden es wieder einigen.»[259] Also belügt er sich und seine Zuhörer. Die aber wollen, wie bei Hitler, die Wahrheit gar nicht wissen, weil sie so sehr darauf aus sind, ihre Unterdrücker zu idealisieren und von ihnen Erlösung zu erhoffen.

Für Hitler waren Frauen minderwertig, er betrachtete sie nur als Erzeugerinnen von «Kanonenfutter». «Wenn man sagt, die Welt des Mannes ist der Staat, die Welt des Mannes ist sein Ringen, seine Einsatzbereitschaft für die Gemeinschaft, so könnte man vielleicht sagen, daß die Welt der Frau eine kleinere sei, denn ihre Welt ist der Mann, ihre Familie, ihre Kinder und ihr Haus.»[260] Trotz dieser Mißachtung ihres Geschlechts wurde gerade Hitler von den Frauen besonders geliebt. «Ich hätte noch viel zu schreiben, für heute genug. Wenn Sie, mein Führer, am 20.4. Ihren Geburtstag feiern, will ich Ihrer gedenken. Wenn ich früh aufstehe, möchte ich Ihnen durch die Luft freundliche Grüße übermitteln, will an diesem Tage mir ein schönes Kleid anziehen, und wenn an diesem Tage die Sonne scheint, will ich mich freuen wie ein Kind ...»[261] Eine andere Frau schreibt am 29.3.1943: « ... Von der ersten Stunde an, wo ich von Adolf Hitler hörte, war er mir Sendung eines neuen Glaubens, der Stärke, der Kraft, der Liebe. Er ist mir Vorbild im Leben bis ich die Augen schließe für immer, so will ich aber auch streiten und ringen für ihn bis an mein Ende.» Aus einem weiteren Brief vom 15.9.1942: « ... Ich habe ja nichts als meine Liebe zu Dir. Wenn Du die jetzt noch willst, dann, lieber Führer, nimm sie Dir. Sonst habe ich ja nichts, was ich Dir zum Opfer bringen könnte, als nur diese Liebe.»[262]

Die Verachtung für das Leben anderer entsteht durch einen Gehorsam, der uns lehrt, daß das Eigene schwach und ungenügend ist und daß die Not, die man erlebt, nur eine Bestätigung für diese verachtenswerte Schwäche ist. So schützt Verachtung vor der Angst, die aus einem Erkennen der eigenen Situation erwachsen könnte. Man muß verachten, um nicht von der eigenen Not und der des anderen angesteckt zu werden. Das steckt auch hinter der grausamen Belustigung, die Reck-Maleczewen von jungen deutschen Soldaten beschrieb, die sich darum drängten, das «Spektakel» des Massakers in einer russischen Stadt mitzuerleben, bei dem 30000 Juden mit Maschinengewehren und Flammenwerfern abgeschlachtet wurden. Ausgerechnet diese Menschen, die die Verachtung des Lebens in sich tragen, werden zum Wunschobjekt, von denen Männer und Frauen geliebt werden wollen.

Das kann nur bedeuten: Hitler wurde deshalb für seine Pose geliebt, weil man sich dadurch nicht mit der eigenen Minderwertigkeit und Identitätslosigkeit konfrontieren mußte. Bei Männern schaltet diese Fixierung zusätzlich die Frau aus. Denn der Gehorsam gegenüber dem Vater und dessen späteren Stellvertretern ermöglicht es, die Not und die Angst, die ein Kind durch eine nicht liebende Mutter erfahren hat, zu verleugnen, indem man sich die Verachtung des Vaters für die Mutter zu eigen macht. Durch den Prozeß des Gehorsams wird so Verachtung zum Klebstoff, der das Leben scheinbar zusammenhält.

Dadurch entsteht eine Welt, in der Beziehungen beziehungslos werden, in der Menschen mit sich und anderen so umgehen, als müßten sie ständig Bestätigung für «richtiges» Verhalten bekommen, in der das eigene Selbst und seine Bedürfnisse nicht wahrgenommen werden dürfen und in der es immer um Unter- oder Überlegenheit geht. Ebenbürtigkeit gibt es nicht in dieser Beziehungswelt. Und da das Eigene Angst macht, wird die Freiheit, man selbst zu sein, verschenkt. Das läßt einen Menschen verächtlich werden. Grimmelshausen hielt diesen Ursprung der Verachtung mit folgenden Worten fest: «... denn daß die meisten Menschen verdampt werden, ist die Ursache, daß sie nicht gewußt haben, was sie gewesen und was sie werden können oder werden müssen.»

Die Ursache wird nicht erkannt, weil die terrorisierenden Erlebnisse der Kindheit bewirkten, daß man sie weder wissen durfte noch wissen konnte. Werfen wir noch einmal einen Blick auf die Umstände der frühen Kindheit, in denen die Ursprünge für selbstzerstörerisches Verhalten zu suchen sind. Ausschlaggebend ist eine Erziehungssituation, die von unserer Kultur gefördert wird. Der Vater übernimmt in der Regel den strengen Part, weil er weitergibt, was ihm selbst angetan wurde. Er kann sich in dem ihm auferlegten Selbstwert nur bestätigt fühlen, wenn seine Kinder so sind, wie er selbst sein mußte. Die Mutter, die ihr Eigenes auch nicht erkennt, darf in dieser sie unterdrükkenden Beziehungsstruktur ihre berechtigte Aggression nicht direkt, sondern nur indirekt oder unbewußt ausdrücken: indem sie den Vater insgeheim verachtet und sich selbst und den Kindern (vor allem Söhnen) gegenüber eine verwöhnende Haltung einnimmt.

Genauso wie in Ibsens «Peer Gynt» und Eugene O'Neills Drama «Alle Reichtümer der Welt» wird der Sohn dazu verführt, die ihm zugeschriebene Rolle in den großartigen Phantasien der Mutter zu übernehmen. Doch da diese Phantasien keine wirkliche Berührung zulassen, kann das Kind kein wirkliches Gefühl für einen inneren Wert entwickeln. Die Mutter verwöhnt ihren Sohn, erspart ihm jedes Schuldgefühl. Der Sohn reagiert auf dieses Machtspiel mit entsprechenden Forderungen. Wenn eine Mutter diesen entspricht, glaubt sie, daß sie ihn nur aus Liebe verwöhnt. So entstehen Beziehungen, die im Grunde nur auf Gehabe beruhen. Die Eltern geben sich den Anschein von Wohlwollen und Liebe, was jedoch nicht der Wirklichkeit und ihren wahren Gefühlen entspricht. Auch das Kind spielt etwas vor, was es eigentlich nicht empfindet. Es «bedient» seine Eltern mit

Posen, die diese von ihm erwarten, um sich in ihrem falschen Selbstverständnis als liebende Eltern bestätigt zu fühlen. So wird Liebe zu etwas Verräterischem. Anstatt ihren Mitmenschen liebevoll und einfühlsam zu begegnen, lernen Kinder, heuchlerisch und manipulativ mit anderen umzugehen. Verwöhnung und die Pose der Besorgnis nehmen den Platz wahrer Zuneigung ein. Das «brave» Kind wird zum Vorzeigeobjekt, das das Image der «guten» Eltern spiegeln soll. Greenacre (1952) glaubt, daß Kinder dadurch der Möglichkeit zu einer wirklichen Realitätsbezogenheit beraubt werden. Sie meint damit die Fähigkeit zu wahrer Intimität. Statt dessen entwickeln solche Kinder Verhaltensweisen, die darauf abzielen, «richtig» auszusehen und zu wirken. Nicht das Man-selber-Sein wird eingeübt, sondern das Image-Sein. Solche Kinder zeigen im Umgang mit anderen oft schon früh viel Charme und Takt, wodurch sie den Anschein von Rücksichtnahme und Entgegenkommen erwecken. Wie Cleckley (1964) gezeigt hat, läßt sich dieses Verhalten als oberflächlich entlarven. Es ist nur die Basis für eine geschickte Manipulation anderer Menschen.

Die Verachtung anderer wird so zur Basis einer Identität, der das Eigene fehlt, die haßt, was sie hätte sein können, und die deshalb das Fremde braucht, um dort das eigene «Fremde» bestrafen zu können. Ein Teufelskreis, der unsere Geschichte bestimmt und der nicht durch Vernunft zu durchbrechen ist. Gleichzeitig steckt hinter der Verachtung ein Werben für sich selbst als liebenswürdige Person, um so die wirklichen Beweggründe zu verleugnen. Das Tragische ist, daß wir solch lügnerisches Gehabe als «echt» abkaufen und darauf beharren, von denen, die lügen, erlöst und geheilt zu werden. Die Menschen jedoch, die wirklich echt sind in ihren Gefühlen, machen uns Angst, denn sie bringen uns in Gefahr vor den Göttern, denen wir uns aus Angst und Terror verschrieben haben.

Kameradschaft

Kameradschaft dient der Untermauerung des Unmenschlichen. Für einen Menschen ohne eigene Identität ist nichts wichtiger als eine ständige Bestätigung, daß er oder sie ein «guter Kerl» ist. Alles dreht sich um die Vergewisserung dieses Guter-Kerl-Images, das man glaubhaft spielen muß, um die Bestätigung zu erhalten. Die Kameradschaft wird so zu einem Zwang, von dem man sich nicht lösen kann, denn sie ist der Beweis dafür, daß man jemand ist. Daß Soldaten sich in Schlachten stürzen, hat wohl weniger mit heldenhaften Bedürfnissen zu tun als mit der Macht dieses Zwanges, von den anderen nicht als Feigling angesehen zu werden. Der israelische Militärpsychologe Ben Shalit fragte Soldaten gleich nach dem Kampfeinsatz danach, was ihnen am meisten Angst mache. Fast alle fürchteten sich besonders davor, daß ihre Kameraden von ihnen enttäuscht sein könnten.[263] Die Angst, die Erwartungen der anderen nicht erfüllen zu können, lastete besonders schwer auf dem Gemüt der Soldaten.

Was in uns herangezüchtet wird, ist das Bedürfnis nach Konformität, ein Bestreben, stets das zu sagen, was in der Gruppe anerkannt wird. Dabei gibt derjenige, dem man sich unterworfen hat, vor, was akzeptabel ist. Auf diese Weise werden Mitgefühl und Miterleben getötet. Das Hamburger Polizeibataillon beteiligte sich nicht nur an den Greueltaten, um die kameradschaftlichen Bindungen (!) aufrechtzuerhalten. Ihr Mitmachen bekräftigte auch ihre kollektiven «Männlichkeitswerte».[264] Denn die zentrale Bedeutung von Kameradschaft liegt in dem Werben für sich selbst als «akzeptabler» Mann. Es ist, als ob durch die Bestätigung der «Kameradschaft» die eigene Identität ratifiziert wird. Diese Identität ist natürlich gar nicht die eigene, sondern vielmehr die Rolle des «ehrenhaften Kumpans», die man zu spielen gelernt hat. Hinter der Kameradschaft verbirgt sich die Angst vor der schrecklichen Scham, in den Augen der anderen erniedrigt zu werden. Alles ist ein Spiel mit aufgesetzten Regeln der Ehrenhaftigkeit, in deren Licht man sich eine «Identität» aufgebaut hat durch Identifikation mit idealisierten Bildern von Aggressoren, die alles andere als ehrenhaft sind oder waren. Das Schlimme darin ist, daß bei dieser Identifikation einzig zählt, was andere über einen denken. Das führt dazu, daß am Ende nur noch der Anschein, die Pose, von Bedeutung ist. Es entwickelt sich geradezu eine Sucht, in der man nur noch für das eigene Image lebt, das man zu verkörpern trachtet. Notfalls muß man diese Halluzination auch mit Gewalt aufrechterhalten.

Es ist deshalb nicht verwunderlich, daß in Gesellschaften, die sich besonders stark an äußerlichen Männlichkeitsidealen wie Ehre, Pflicht und Treue orientieren, die Rate für Mord und Totschlag sehr hoch ist. Das ist zum Beispiel in den Südstaaten der USA der Fall. Die alten Sklavenstaaten nehmen in den USA die oberen Ränge hinsichtlich ihrer Mordziffer ein, allen voran Louisiana, das 1996 statistisch 17,5 Morde auf 100 000 Einwohner zählte. Ganz am Ende der Skala rangieren dagegen Staaten in New England sowie der nördliche Mittelwesten. Süddakota hatte mit 1,2 Morden pro 100 000 Einwohner die geringste Mordrate. Die meisten Vorfahren der Südstaatenbewohner kamen aus Ländern, in denen die Ehre als Männlichkeitsideal hochgehalten wurde. Bertram Wyatt-Brown, Geschichtsprofessor an der Universität von Florida, beschreibt, daß diese Vorstellungen von Ehre durch die Sklaverei noch verstärkt wurden. Sklaverei nimmt einer Gruppe von Menschen die Ehre und überläßt sie dafür einer anderen. Dies bestätigte die Weißen zunehmend in ihrem Dünkel, ein Volk der Ehre und der Überlegenheit zu sein. Da sich die Sklaverei nur mit brutaler Gewalt aufrechterhalten ließ, reagierten die weißen Machthaber äußerst empfindlich auf jede Herausforderung, die ihre vermeintliche Überlegenheit in Frage stellte. Louisiana galt als der Sklavenstaat mit den brutalsten Bedingungen.[265] «Ehre» und «Treue» waren auch die Markenzeichen der deutschen Nationalisten, die sich gleich nach dem Ersten Weltkrieg in wahren Orgien von Fememorden ergingen. Die Forschungen von Dicks haben sehr deutlich gezeigt, daß die Menschen, die am stärksten mit abstrakten Werten und autoritären Vätern identifiziert sind, auch diejenigen sind, deren Identitätsstruktur kein eigenes Wesen aufzeigt. Für diese Menschen sind Mord, Verachtung und Haß auf das Leben der einzige Weg, die eigene innere Leere auszuhalten und sich dadurch «aufrechtzuhalten».

Natürlich handelt es sich nicht um ein Phänomen, das nur für Deutschland gilt. Was im Dritten Reich auf so hochorganisierter

Ebene vor sich ging, war wohl eher auf Strukturen zurückzuführen, die ganz auf Gehorsam dem Staat gegenüber zugeschnitten waren. Die beschriebenen Auswirkungen sind überall dort möglich, wo dem Menschen sein Eigenes genommen und durch einen fremden Willen ersetzt wird. Das Ergebnis ist, daß das Eigene zum Fremden und die eigene Opfererfahrung weitergegeben wird, indem andere Opfer für das eigene Opfersein, das verleugnet wird, bestraft werden.

Es stellt sich die Frage, ob wir etwas tun können, damit die Menschen zu ihren eigenen wahren Bedürfnissen zurückfinden. Die Frage mit Nein zu beantworten hieße, sich dem einzigen Bedürfnis auszuliefern, das Menschen mit einer solchen Entwicklung noch spüren können – dem Haß. Wenn wir dieser Tatsache nicht ins Gesicht schauen können, werden wir die Auswirkungen denen überlassen, die den Haß gezielt für ihre Manipulationen und Machtzwecke ausnutzen. Der Haß ist eine Realität. Wenn wir das nicht erkennen und berücksichtigen, liefern wir uns den faschistisch Gesinnten aus. Das gilt auch heute noch. Es ist ein tödlicher Fehler, wenn demokratisch denkende Menschen diese Tatsache verleugnen, weil sie nicht wahrhaben möchten, daß unsere Sozialisation diesen Haß möglich macht.

Die Frage, was wir tun können, ist damit schon zu einem Teil beantwortet: Wir müssen uns selbst unseren Ursprüngen stellen und erkennen, wo auch wir Terror und Unterdrückung durch vermeintliche Liebe erlitten haben. Es ist schwer, sich dem eigenen Terror zu stellen, sich die Defizite in der Liebe unserer Eltern einzugestehen und den eigenen Schmerz und die eigenen Verletzungen (wieder) zu durchleben. Aber es ist der einzige Weg zu einer wirklichen Befreiung von der Knechtschaft. Konfuzius sagte: «Wer sein Leiden leidet, wird frei vom Leiden.» Franz Kafka drückte es so aus: «Von außen her kann man die Welt siegreich eindrücken, aber nur von innen her sie lebendig (das heißt: warm) erleben.» Damit sagte er auch etwas darüber aus, wohin die Fehlentwicklung führt und was es bewirken kann, sich dem Schmerz zu stellen.

Doch der Schmerz ist so überwältigend, daß wir alle versuchen, ihn zu verleugnen. Es ist diese Verleugnung, die uns im Wege steht. Doch wenn wir Schmerz verleugnen, kann der, der ihn noch schlimmer erlebt hat als wir, ihn nicht wahrhaben. Zur

Verdeutlichung möchte ich an dieser Stelle nochmals am Beispiel eines Patienten aufzeigen, wie tief der Terror ist. Mehr noch: daß das Erlebnis, von den Eltern nicht im eigenen Wesen *erkannt* zu werden, einem Todesstoß gleich kommt. Unsere Kultur verleugnet, wie lebensbedrohend diese Nicht-Anerkennung ist. Wir glauben nicht, daß das, was Kindern sehr früh angetan wird, leidvoll für sie ist und nachhaltig in ihnen wirkt. Bis vor kurzem wurden sogar Herzoperationen bei Säuglingen ohne Narkose durchgeführt. Die Mediziner glaubten, der Schmerz sei nur vorübergehend und werde vergessen.

Die Verleugnung unseres Wesens ist allgegenwärtig und durchdringt jede Phase unseres Seins: Ein Patient berichtet von einem Traum, in dem er inmitten einer Gruppe von Kollegen und Kolleginnen auf dem Boden herumkriecht. Er weiß, daß einer von ihnen ein Mörder ist und daß er umgebracht wird, wenn er es jemandem sagt. Er erzählt den Traum im Zusammenhang mit seiner Schwierigkeit, etwas Negatives über seine Eltern zu sagen. Er hatte davon gesprochen, daß seine Mutter ihn dauernd klein machte. Zum Beispiel mit den Worten: «Mach dich nicht so interessant!» Es ging auch um einen Brief, in dem der Vater an die Mutter geschrieben hatte, der Sohn solle verrecken, wenn er in der Schule nicht richtig arbeitet. Und so kriecht er in seinem Traum. In der Sitzung schreit er: «Ich sollte nicht mehr in die Therapie kommen. Sie werden dann einfach Ihr Buch schließen und sagen: ‹Er hat es nicht geschafft.›» Gleich danach stellt er die Frage: «Konnte man die Mutter wirklich berühren?» Dann: «Macht es jemandem etwas aus, ob ich bleibe?» Ich kommentiere, berührt von seinem Elend: «Wie konnten Sie damit leben, daß sich Ihre Mutter nicht berühren ließ?» Er: «Sie machen einfach Ihr Buch zu.» Ich: «Ja, so war Ihre Mutter.» Er: «Mir wird schwindlig.» Nach einer Pause: «Ja, wenn ich Sie interessiere, dann nur, weil Sie über meinen Vater schreiben können.» Ich: «Ja, für Ihre Mutter waren Sie nur ein Zweck.» Er: «Woher wissen Sie das?» Ich: «Ich erlebe es mit Ihnen.» Er: «Wir Kinder gaben ihr die Rolle der Mutter zu spielen. Das war der Zweck, dem wir dienten. Die Mutter, die dem Führer seine Soldaten gab.» Nach einer Pause: «Nichts ist wahr. Das Mitgefühl, das Vater völlig fehlte. Ich kann nicht nachempfinden, daß er diesen Jungen umgebracht hat.» Der Vater war SS-Oberst gewesen. Dann: «Was heißt es, zu sehen, daß der Vater kein Mitgefühl hat und mordet?» Ich: «Ich glaube, daß Sie *Ihren Terror* nicht an sich herankommen lassen, daß Sie das Mörderische in seinen Augen in bezug auf sich selbst erlebt haben.» (Wir waren schon öfter an diesem Punkt angelangt, aber der Patient hatte es noch nie so klar ausdrücken können). Er: «Sie wissen nicht, was Sie sagen, er ermordete mich doch nicht!» Ich: «Ich rede vom seelischen Mord, den er zum Beispiel beging, als er Ihrer Mutter schrieb, daß Sie verrecken mögen.» Nach einer kurzen Atempause sagte er: «Ich rettete mich, indem ich mir sagte, es ginge nicht um mich. Seine Augen, das war das Schlimme, und dieses süßliche feiste Lächeln dabei. Es geht wirklich ums Morden. Ich bin so froh, daß er nach dem Krieg als Kriegsverbrecher angeklagt wurde.»

Wir sehen hier das Ausmaß einer solchen Verletzung. «Wissen, daß es jemandem was ausmacht», daß das eigene Sein eine Bedeutung für die Mutter hat, das ist eine lebenswichtige Erfahrung. Ohne sie kann man sich nicht eins mit sich selbst fühlen. Für Göring war es eine außerordentliche Verletzung, als seine Mutter ihn nach der Geburt verließ und bis zu seinem dritten Lebensjahr nicht wiederkam. Um mit dem Unmöglichen zurechtzukommen, mußte der Patient verneinen, daß das Mörderische seines Vaters sich auch gegen ihn gerichtet hatte.

Dieser Problematik begegnen wir bei allen Gewalttätigen; es ist ihnen fast unmöglich, den alten Terror wieder zu erleben und so wirklich darüber hinwegzukommen. Der Schmerz, der ertragen werden muß, ist enorm. Doch erst wenn wir ihn erkennen, werden wir den Tätern wirklich begegnen können, um unserer Gesellschaft zu helfen.

Der Schmerz und die Sehnsucht nach Liebe

Wie kann man Schmerz ertragen? Wie läßt sich die Sehnsucht nach Liebe am Leben erhalten, so daß der Haß gegen das Leben nicht zum Inhalt des Lebens selbst wird? Was wird, wenn die Jugend ihre Verzweiflung, ihren Schmerz nicht wahrnehmen darf? Heute ist Coolness angesagt, oder besser: Durch eine übertriebene Körperhaltung werden coole Reaktionen vorgegeben. Zu leiden ist nicht «in». Die Kinder haben sich die Lektionen ihrer Eltern einverleibt, wonach derjenige Bedeutung – also ein Selbst – hat, der Dinge kaufen und konsumieren kann. Die aktuelle Musik verstärkt diese Attitüde. Hip-Hop verkündet Selbstwert, wenn man sich dem Leiden entgegenstellt, so tut, als ob einem nichts etwas anhaben kann, indem man sich zum Kriminellen stilisiert. Lauryn Hill sang in dem Musical «Superstar» folgenden Text, der der Slangsprache entstammt und sinngemäß ungefähr so lautet: «Komm doch Baby, zünde mein Feuer; alles was Du tust ist so mühsam; Musik sollte doch anregen; warum werden wir nicht angetan?» Lisa Williamsons Antwort, alias Sister Souljah: «Um eine politische Bewegung zu schaffen, muß man Erziehung und Bewußtsein haben. Es ist schwierig, dies mit Kapitalismus zu mischen. Die meisten Menschen, wenn mit einer Wahl konfrontiert, werden lieber dem Geld nachgehen als etwas anderem.» Wie die Rap-Gruppe «The Coup» es in «Busterismology» ausdrückt: «Wenn du nicht über das Ende von Ausbeutung sprichst, dann bist du einfach nur ein Sambo (Lakai), der mitmacht, der ermutigende Worte ausspricht, aber nie für Gerechtigkeit kämpft, und während wir von Sklavenlohnwürger erdrückt werden, willst du nur dasselbe tun, willst, daß wir dir ein Geschäft aufbauen, so wirst du neben der herrschenden Klasse im Graben liegen, denn wenn wir die Revolution anfangen, wirst du uns nur verraten.»[266]

Was bleibt, ist ein aggressives Verhalten, eine Auflehnung gegen eine widersprüchliche, restriktive Gesellschaft, deren Idealisierung nur die eigene Entfremdung verdeckt und vertuscht. Und es bleibt die Mißachtung und Zerstörung allen Leids, um sich von dem auferlegten Schuldigsein zu befreien.

Die Sehnsucht nach Zärtlichkeit bleibt dabei bei vielen auf der Strecke, weil man sich als Kind der Lüge einer aufrichtigen Liebe verschreiben mußte. Trotzdem gibt es immer wieder Menschen, die sich aus diesem Morast befreien können, weil die Sehnsucht nach Zärtlichkeit da ist, eine Sehnsucht, die letztlich immer wieder von einer Mutter entzündet wird, die selbst in diesem Morast gefangen war.

Die Biographie von Gottfried Wagner (1997), einem Urenkel Richard Wagners, bezeugt, daß sich ein Mensch gegen die ihm auferlegte Entfremdung wehren und trotz Schmerz und Leid zu sich selbst stehen kann. Hier ging es darum, sich der Autorität eines strafenden und ablehnenden Vaters, der auf absoluten Gehorsam pochte, zu widersetzen, sich dabei nicht nur dem Terror der Einsamkeit und Verlassenheit auszusetzen, sondern auch gegen vorprogrammierten Erfolg und Status zu opponieren. Etwas in dem Sohn konnte das Lügenhafte im Verhalten des Vaters, des Bayreuther Festpiel-Intendanten Wolfgang Wagner, nicht akzeptieren. Gottfried konnte den Widerspruch zwischen den Worten des Vaters und dem, was er selbst erlebte, nicht verleugnen. Eine innere Stimme hielt ihn dazu an, immer Ausschau nach etwas Echtem im Leben zu halten. Das brachte ihm viel Schmerz, dazu gehörte auch das empathische Wahrnehmen der Leiden seiner Mutter, obwohl diese ihr leidvolles Verhältnis zum Vater nicht wahrhaben wollte. Doch der Sohn hatte die Stärke, bei seinem Schmerz zu bleiben und so ein Leben für sich zu gestalten. Die Wärme einer ihn liebenden Frau half ihm dabei, seine eigene zu entfalten und diese an seinen adoptierten Sohn weiterzugeben.

Was also gibt manchen Menschen die Kraft, Schmerz auszuhalten? Menschen wie Hitler oder Göring, die als Helden gefeiert wurden, hatten jedenfalls nicht die Stärke, seelische Schmerzen zu ertragen. Hitlers Wunsch war es, eine Generation junger Deutscher heranzuzüchten, die keinen Schmerz fühlen würden. Damit verdeckte er die Angst davor und stilisierte sie zur Tugend. Wenn Leid nicht wahrgenommen werden darf, weil es verpönt ist, dann kann der Zugang zum Schmerz tatsächlich für immer unterbunden werden. Paul MacLean, Forscher an der Rockefeller-Universität, untersuchte die neuronalen Verbindungen im Gehirn, die mit Empathie in Zusammenhang stehen. Er stellte fest, daß eine fehlende Stimulation von Empathie in der Kindheit dazu führt, daß diese als Merkmal des Menschen verlorengeht.[267] Es ist aber auch bekannt, daß selbst abgebrühte Menschen ihre empathischen Fähigkeiten, das heißt: ihr seelisches Schmerzempfinden, wiederfinden können, wenn die kulturellen Beschränkungen, die unsere Wahrnehmung in bezug auf Empathie ausblenden, wegfallen.[268]

Das würde bedeuten, daß jeder, der auch nur einmal den Kern einer empathischen Zuwendung durch die Mutter (sogar als Embryo) erfahren hat, zu seinem mitfühlenden Selbst und daher zum Schmerz zurückfinden kann. Wichtig ist nur, daß die empathische Möglichkeit Nahrung erhält. Die Sehnsucht nach Zuwendung spielt hier, solange sie aufrechterhalten wird, eine wichtige Rolle bei der Entwicklung und Bewahrung unserer Menschlichkeit. Solange wir noch Sehnsucht nach Liebe und Zuwendung spüren, ist nicht alles verloren. Gedichte haben in diesem Prozeß eine unermeßlich große Funktion. Sie eröffnen selbst Menschen, die sonst in ihrem Umgang mit anderen kalt, verschlossen und berechnend sind, den Zugang zu einer inneren Welt, die einmal in ihnen pulsierte und die sie wieder beleben können. Mewlana Dschelaladdin Rumi, 1207 in Afghanistan geboren und 1273 in der Türkei gestorben, schrieb dieses Gedicht bereits vor vielen hundert Jahren (Übersetzung: Friedrich Rückert):

«Wohl endet Tod des Lebens Not,
    doch schauert Leben vor dem Tod.
Das Leben sieht die dunkle Hand,
    den hellen Kelch nicht, den sie bot.
So schauert vor der Lieb' ein Herz,
    als wie von Untergang bedroht.
Denn wo die Lieb' erwachet, stirbt
    das Ich, der dunkele Despot.
Du laß ihn sterben in der Nacht
    und atme frei im Morgenrot.»

Dieser Dichter erweckt nicht nur unsere eigene Sehnsucht nach einem Verschmelzen mit einem geliebten Menschen. Er drückt auch die tiefe Angst aus, die mit der Liebe einhergeht. Denn wenn Verschmelzen nicht auf einem freien Sich-Geben beruht, sondern an die Forderungen der Eltern erinnert, die ihr Kind besitzen und umklammern wollten, dann werden Liebe und Nähe als eine tödliche Bedrohung erlebt. Dennoch bleibt in unserer Welt, die der Verleugnung dieser Tatsachen ergeben ist, die Sehnsucht nach Liebe bestehen, wenn auch nur in Phantasiegebilden. Wirkliche Liebe, das heißt ebenbürtige Liebe, macht Angst, denn man kann darin verlorengehen. Die erste Erfahrung mit der «Liebe» einer Mutter, die weder ihre eigenen Grenzen noch die des Kindes kennt, löst Panik und Schrecken aus. Kinder erleben eine tiefe existentielle Angst, verlorenzugehen, weil der andere sie auffrißt, verschlingt, mit ihnen eins wird. So bleiben wir trotz Sehnsucht nach Liebe einander fern. Doch wir wissen es oft nicht. Statt dessen denken wir, im Besitz des anderen die Liebe zu finden. Wir glauben, daß es Liebe ist, wenn wir einem Menschen nachjagen, der selbst keine wirkliche Liebe und Wärme geben kann. Die Täuschungen, denen wir erliegen, sind vielfältig, denn das Bedürfnis nach Liebe ist unermeßlich.

Donald Winnicott hat beschrieben, wie die Angst, die mit einer symbiotischen Mutter erlebt wird, viele Kinder in die Arme des autoritären Vaters treibt. Da die Angst in unserer Kultur jedoch verneint wird, kommt es zu einer verstärkten Idealisierung des unterdrückenden Vaters. Dieses Beziehungsmuster bleibt oft ein Leben lang erhalten und prägt unser Liebesverhalten. Wir laufen denen hinterher, die uns wenig zu geben haben, denn solche «Beziehungen» geben uns das Gefühl von Sicherheit und nehmen uns die Angst vor wahrer Verschmelzung. Viele glauben, diese beim Sex zu erleben, und so wird der Orgasmus ohne Zärtlichkeit und Liebe zur Signatur des Lebens hochstilisiert.

Ein Patient berichtet mir: «Vor einem halben Jahr erlebte ich einen Liebesakt mit meiner Frau als so schön und stark wie nie zuvor. Seitdem habe ich Angst vor Nähe mit ihr. Wir haben nie wieder miteinander geschlafen. Früher war es viel distanzierter gewesen, aber ich konnte ihre Schönheit bewundern, konnte sie *nehmen* und genießen. Danach war ihr Körper nicht mehr begehrenswert. Schönheit muß jung und attraktiv sein. Sie hatte ihre Attraktivität für mich verloren. Aber dieses eine Erlebnis vor einem halben Jahr war anders. Ich war nicht von ihrer Attraktivität angezogen, aber der Sex war intensiver denn je, und schön. Aber es war keine Begierde auf ihren Körper als Frau. Das machte mir Angst.» Dann: «Es fällt mir schwer, mich der Liebe hinzugeben, das passierte mir ja. Ich kann dann nicht dominieren. Ich muß aktiv und nehmend sein, das begeistert mich. *Gemeinsam Liebe machen*, na ja, das ist schön, aber ich scheue mich davor; die Nähe ist unangenehm. Ich habe auch ein schlechtes Gewissen, daß ich ihr nicht auf gemeinsamer Ebene begegne. Dieser gemeinsame Sex, das ist zu viel. Ich kriege Angst und muß mich schützen. Es ist besser, wenn ich vom Körper angezogen bin und ihn genieße. Dieses Genießen erregt, das ist gut.» Ich will von ihm wissen, was den Sex beim letzten Mal so schön gemacht hat. Er: «Das Loslassen, daß ich einfach nur bin.» Ich: «Und das machte Angst?» Er: «Ja, ich nehme es ihr übel, daß sie dabei war ... ich meine: ich war ihr *ausgeliefert*.»

Solange dieser Mann beim Geschlechtsverkehr das Gefühl hatte, daß er seine Frau in ihrer Schönheit eroberte, fühlte er sich wohl. Eroberung war sein Ersatz für Nähe, das heißt: sie schützte vor Nähe. Deshalb fühlen sich viele Menschen dem anderen «nahe», wenn sie ihn zu besitzen glauben. Dann erleben sie orgiastische Begegnungen und glauben dabei, das Leben im Griff zu haben. Zärtlichkeit und Loslassen werden jedoch gefürchtet, weil sie ja zu einer wahren Verschmelzung führen würden. Das bedeutet: Eine solche Verschmelzung ist nur möglich, wenn sich ein Mensch in seinen eigenen Grenzen sicher fühlt, also eine Identität hat. Wenn das Eigene jedoch etwas Unbeständiges ist, weil es fremd gemacht wurde, dann fühlt man eine ständige Unsicherheit. Sex beruht dann auf Macht, Besitz und Beherrschen. Dieser Zustand wird als Nähe mißverstanden. Das erklärt auch, warum Schönheit in unserer Kultur so stark betont wird. Schönheit zu besitzen wird zum Ersatz von Nähe. Auf diese Weise kann ein Mensch jedoch nie erleben, daß wirkliche Schönheit erst aus der Liebe entsteht, also nicht Voraussetzung, sondern Folge von Liebe ist: Schönheit ist die Form, die Liebe gibt. Äußere Schönheit, ihr Besitz und ihre Eroberung haben bereits seit der griechischen Antike einen hohen Stellenwert in unserer Kultur. Das ist ein Indiz dafür, daß damals die Betonung des nach außen gelenkten Seins, also der Entfremdung des Selbst, begann.

Die Sehnsucht nach wirklicher Nähe bleibt jedoch erhalten und damit auch die Hoffnung auf ein liebevolles Entgegenkommen als Teil des Menschseins. Sie birgt in sich die Möglichkeit, sich wieder für den Schmerz zu öffnen. So bleiben wir in unserem Menschsein verankert und müssen den Schmerz nicht in anderen suchen und diese foltern und bestrafen.

Was können wir tun?

Wir müssen alles fördern, was Liebe gedeihen läßt. Dazu muß vor allem das Muttersein durch gesellschaftliche und wirtschaftliche Unterstützung erleichtert werden. Mütter müssen mehr Möglichkeiten haben, miteinander in Kontakt zu sein und so die Isolation des Mutterseins aufzuheben. Das heißt: mehr Unterstützung von Kindergärten und Kinderhorten. Es heißt auch, Kindern Gelegenheit zum Erleben ihrer inneren Welt und ihrer Phantasie zu geben, anstatt sie mit Fernsehen und Computern zu beschäftigen. Kinder sollten so früh wie möglich Erlebnisse mit Büchern, Erzählungen, Malerei, Pflanzen und Tieren sammeln. Die Kinderbuchautorin Joanne K. Rowling brachte es einmal auf den Punkt: «Ein Kinderbuch möbliert das Innere unseres Kopfes und bewirkt so, daß es interessanter ist, darin zu leben. Je später man mit dieser Inneneinrichtung anfängt, um so schwieriger wird es. Ein Kinderbuch bevölkert das Innere unseres Kopfes mit Dingen, die wir den Rest des Lebens mit uns herumtragen können.»[269] Damit sagt sie im Grunde, daß das Innere des Kindes angeregt werden muß, damit das Eigene des Menschen zum Kern seines Selbst wird, wodurch die Entwicklung einer wirklichen Identität unterstützt wird. Diese Förderung muß so früh wie möglich beginnen. Das kann schon im Uterus geschehen.

Es muß auch nicht hoffnungslos machen, wenn eine solche Entwicklung verhindert wird. Defizite können unter bestimmten Bedingungen aufgeholt werden. Darauf weisen die Arbeiten des brasilianischen Pädagogen Paulo Freire hin.[270] Wenn Hoffnung als legitimes Bedürfnis akzeptiert wird – indem man ihre Verleugnung demaskiert –, werden Liebe und legitime Wut befreit. Ich sage hier legitime Wut, weil unsere Kultur dazu neigt, die berechtigte Wut von Kindern zurückzuweisen. Das führt dazu, daß sie entfremdet wird. Wenn diese Aggression jedoch akzeptiert und dem Kind und/oder Erwachsenen zugänglich gemacht wird, kann sie zur Energie für konstruktives Handeln werden. Freire zeigte dies in seiner Arbeit mit den ärmsten der unterdrückten brasilianischen Landarbeiter. Indem er ihre Hoffnung, das heißt: ihre Sehnsucht nach Liebe, wieder zum Leben erweckte, konnte er sie tatsächlich dazu bringen, innerhalb einer Woche lesen und schreiben zu lernen und sich in Gedichten auszudrücken.[271] Sie wurden zu friedfertigen Revolutionären, die weder Haß noch Gewalt zeigten. «Menschen haben unterschiedliche Haltungen zu eingrenzenden Situationen. Manche betrachten solche Barrieren als Hindernis, das man nicht beseitigen kann. Für andere sind sie ein Hindernis, das sie nicht zu beseitigen wünschen. Wieder andere erkennen das Hindernis und entwickeln daraus das Bedürfnis, es durchbrechen zu können.»[272] Indem solche Menschen ihre begrenzte Lage als einzige Möglichkeit angesehen hatten, aber dann ein Bewußtsein für die Situation entwickeln konnten, waren sie in der Lage, sich von dieser falschen «Wahrheit» abzukoppeln. Dies ist der Weg, wie man sich aus der Identifikation mit dem Aggressor lösen kann. Indem man die Idealisierung reduziert, wird die Entwicklung eines eigenen Selbst und so auch von Menschlichkeit gefördert.

Was jedoch ist mit den Menschen, denen eine wahre Identität fehlt? Wie gehen wir mit ihnen um? Menschen, deren potentielles Selbst entfremdet wurde, sind auf äußere Regeln und feste Rahmenbedingungen angewiesen, die ihrem Selbst Sinn und Halt geben. Wenn dieser äußere Rahmen zu zerbrechen droht, weil zum Beispiel autoritäre Strukturen, die Beziehungen, Bräuche und Sitten regeln, nicht mehr halten, dann suchen solche Menschen dort Zuflucht und Sicherheit, wo sie Autorität zu finden glauben oder wo sie ihnen versprochen wird. In Zeiten der Erneuerung wird jede Veränderung der Beziehungs- (und Status-)strukturen als Bedrohung empfunden, selbst wenn sie mehr wirtschaftlichen Wohlstand und eine Verbesserung der Lebensbedingungen mit sich bringen. Das haben Tocqueville am Beispiel der Französischen Revolution, Fromm und DeMause für die Weimarer Republik und Schell für das heutige Amerika aufgezeigt. Auch die zunehmende Rechtsradikalität im Osten Deutschlands nach dem Zusammenbruch der Mauer weist in diese Richtung. Menschen ohne eigenes Selbst brauchen die Autorität, damit diese ihr Persönlichkeitsbild zusammenhält, und sie werden immer gezielt versuchen, diese mit Gewalt zurückzuholen.

Instabilität und Chaos können entstehen, weil die Identifikation mit autoritärer Macht die Entwicklung gesellschaftlicher Freiheiten nicht tolerieren kann. Fromm wies bereits 1941 auf diesen Zusammenhang hin.[273] So kann die Wiederherstellung autoritärer gesellschaftlicher Machtstrukturen zum Anliegen breiter Bevölkerungsschichten werden. DeMause ging davon aus, daß die Liberalisierungstendenzen und die Lockerung gesellschaftlicher Zwänge während der Weimarer Republik eine «Growth Panic», eine Angst vor Veränderung und Wachstum, hervorrief. Weite Teile der Bevölkerung reagierten mit Gewalt und Mord auf die Erweiterung der inneren und äußeren Lebensalternativen, was schließlich zur Machtübernahme durch Hitler führte.

Interessanterweise hat Alexis de Tocqueville – im Gegensatz zur damals wie heute gängigen Denkweise – schon 1865 darauf hingewiesen, daß die Revolution von 1789 nicht durch wirtschaftliche Not hervorgerufen wurde. Das alte Regime war sogar seit Jahren ein Ort des wirtschaftlichen Aufschwungs gewesen. «Man gelangt nicht immer nur dann zur Revolution, wenn eine schlimme Lage zur schlimmsten wird. Sehr oft geschieht es, daß ein Volk, das lange die drückendsten Gesetze ohne Klage und gleichsam als fühlte es sie nicht, ertragen hatte, diese gewaltsam beseitigt, sobald ihre Last sich vermindert. Die Regierung, die durch eine Revolution beseitigt wird, ist fast immer besser als die, die ihr unmittelbar vorausging.»[274]

Jonathan Schell (1999) faßt die Veränderungen während der letzten dreißig Jahre in den USA zusammen: Die gesetzliche Benachteiligung und Unterdrückung der schwarzen Bevölkerung wurde beseitigt; die sexuelle Revolution hob Tabus gegen Sex vor der Ehe auf; die feministische Revolution führte zur Aufhebung von Gesetzen der Unterdrückung von Frauen in der Ehe, sie eröffnete Frauen den Zugang zu beruflicher Karriere und öffentlichem Leben; die Schwulenbewegung sorgte für eine Enttabuisierung von Homosexualität. All diese Entwicklungen führten zu mehr menschlicher Freiheit, zu mehr individuellen Rechten und zum Zusammenbruch vieler Zwänge im gesellschaftlichen Leben. Schell zeigt nun auf, daß diese Jahrzehnte der Liberalisierung gleichzeitig durch eine zunehmend konservative Politik bestimmt waren. Diese führte im Extrem sogar dazu, daß der Mord an Ärzten, die Frauen einen Schwangerschaftsabbruch ermöglichten, eine gewisse gesellschaftliche Zustimmung fand. Auch wenn die Erscheinungsformen andere sind, hat sich hier wie in der Weimarer Republik eine Gewalt gegen mehr Freiheit entwickelt.

Wenn Identität auf Identifikation mit Autorität beruht, bringt Freiheit Angst. Solche Menschen müssen dann das Opfer in sich selbst durch Gewalt gegen andere verdecken.

Sowohl wirtschaftliche Not als auch Wohlstand können das Opfer in Menschen zum Leben erwecken. Dann wird das Selbstwertgefühl bedroht, und die Bereitschaft, Feinde und Opfer zu finden, wächst.

Ein solches Selbst kommt erst wieder zur Ruhe, wenn eine Autorität die soziale Ordnung wieder herzustellen verspricht. Der amerikanische Historiker John Bushnell (1985) hat solche Prozesse in bezug auf die Meutereien in der russischen Armee während der Jahre 1905 bis 1906 beschrieben. Ich bin darauf bereits weiter vorn eingegangen (s. oben S. 133 f.). Es geht darum, sich einer Autorität unterwerfen zu können. Wenn diese nicht vorhanden ist, droht ein auf Identifikation basierendes Selbst auseinanderzubrechen. Dies führt zu Gewalttätigkeit, denn das Autoritäre muß verteidigt werden, um dem alten Terror zu entkommen. Freiheit muß deshalb abgewehrt werden, indem das Eigene, das durch die Freiheit gefährdet ist, in äußeren Fremden gesucht und bekämpft wird. Dabei findet man das Eigene am ehesten bei Menschen, die einem ähnlich sind.

All das hat Konsequenzen für den Umgang mit solchen Menschen. Mit liebevoller Toleranz und verständnisvollem Entgegenkommen werden wir gewalttätige Rechtsradikale und Neo-Nazis nicht besänftigen können. Aus der Forschung mit geschändeten und mißhandelten Kindern ist bekannt, daß diese auf liebevolles Entgegenkommen mit Haß und Gewalt reagieren. Durch ihre Idealisierung derer, die Gewalt ausüben, werden Liebe und Wärme zu etwas, das inneren Terror auslöst. Die Verachtung des Liebevollen ist eine Abwehrreaktion. Diese Abwehr von Zärtlichkeit zeigte sich auch im Verhalten der Nazis, die Dicks untersucht hatte.

Liebe und Wärme werden mit Verachtung bestraft. Sozial engagierte Menschen, die Gewalttätigen und Rechtsradikalen «verständnisvoll» beizukommen versuchen, werden nicht nur enttäuscht. Sie müssen auch damit rechnen, zusammengeschlagen zu werden. Haß und Gewalt sind jedoch auch nicht die geeigneten Gegenmittel. Im Umgang mit haßerfüllten Menschen gilt es vor allem, konsequent zu sein. Das heißt: Grenzen setzen! Das ist die einzige Sprache, die Menschen ohne innere Identität verstehen. Wer ihnen helfen möchte, braucht eine innere Autorität. Er muß die Gewißheit haben, daß Gewalt und Haß menschenunwürdig sind. Die autoritäre Pose von Menschen wie Hitler beruht dagegen auf der Notwendigkeit, den Fremden in sich zum Unmenschen zu erklären, um ihn töten zu können.

Die innere Autorität, von der ich rede, basiert auf dem sicheren Bewußtsein einer Gemeinsamkeit im Menschsein. So akzeptieren wir den anderen, ohne jedoch sein Verhalten zu billigen. Nur so können wir ihm seine Grenzen klar zu verstehen geben! Das meinte Jakob Wassermann, als er schrieb, einem Wüterich, der sein Roß mißhandelt, müsse man erst die Peitsche aus der Hand reißen. Danach kann man dann untersuchen, wie es zu dem Verhalten kam, ob der Gaul tückisch oder der Fuhrmann voller Gewalttätigkeit war. Am Anfang muß das bedingungslose Nein zu der Gewalt stehen. Sobald wir uns auf Diskussionen einlassen, wird uns derjenige, der voller Haß und Gewalt ist, als Schwächling abtun und sich mit seinem Begehren im Recht fühlen. Als in der deutschen Gesetzgebung die Rechte für Asylanten eingeschränkt wurden, hatte das eine Zunahme von Anschlägen auf Asylanten zur Folge. Die Fremdenhasser sahen in dem neuen Gesetz eine Legitimierung für ihren Haß.

Konsequenz trägt zunächst zur Beruhigung derjenigen bei, die Autorität für ihr Persönlichkeitsgefüge brauchen. Bei Hitlers Putsch 1923 in München geschah das Gegenteil. Als die bayerische Regierung Hitler mit ein paar Schüssen Einhalt gebot, fiel dessen Bewegung zusammen. Erst als die gerichtlichen Instanzen ihm verständnisvoll als Menschen mit berechtigtem «Leid» entgegenkamen, verkehrte sich der Zusammenbruch in einen Neubeginn. Es ist bezeichnend, daß die jeweiligen staatlichen Autoritäten Gewalttätigkeit von Rechtsextremen immer verniedlichen und als «nachvollziehbar» abtun. Ihre Gewalt wird als «Schlägerei» verharmlost. Wenn sie «Fremde» malträtieren, neigt die Gesellschaft dazu, wegzuschauen. Verbrechen, die Ausländer begehen, werden in den Medien jedoch dauernd thematisiert. Auch die Gewalt von Linken wird als Gefahr eingestuft. Das zeigt die Begrenzung eines logischen Verstandes, der die Unterschiede in der Entwicklung dieser beiden Richtungen völlig verneint.

Im «Wahnsinn der Normalität» habe ich beschrieben, wie Rechtsextreme und Linke von der Liebe abgeschnitten sind und daß beide Ablehnung und Entbehrung erlebt haben. Aber ihre Reaktion darauf verlief unterschiedlich. Der linke Rebell sucht die Liebe, fürchtet sie aber. Deshalb verschließt er sich ihr, und obwohl er auf ideologischer Ebene die Verbindung zur Menschheit sucht, verneint er tatsächlich seine Verwandtschaft mit ihr. Er muß sich dauernd beweisen, daß er anders ist. Seine ständige Rebellion erspart ihm die Entdeckung seiner Verwandtschaft mit dem Menschsein, weil er die «Liebe» seiner Mutter fürchtet, sich aber danach sehnt. So bleibt er trotz seiner ideologischen Absichten von anderen abgesondert und isoliert. Die ganze Rebellion, schrieb Henry Miller 1964, soll nur Sand in die Augen streuen, um den Wunsch nach einer Verbindung mit der Mutter zu verbergen.

Der Konformist und Rechtsradikale dagegen haßt die Liebe, er verleugnet seine Sehnsucht danach, weil er sonst zugeben müßte, daß er sie benötigt. In seiner Identifikation mit dem Aggressor beharrt er jedoch darauf, daß die schlechte Liebe, die ihm zuteil wurde, eine gute gewesen ist. Genauso wie der Rebell verneint er, daß die Mutter als beides, gut und schlecht, erlebt wurde. Doch während der Rebell die gute Mutter weiter sucht, ohne zugeben zu können, daß er sie braucht, verwirft der Konformist die gute Mutter, weil er ja die schlechte für gut erklärt hat. So verleugnet er für immer den Gefühlsverlust. Um diesen Status aufrechtzuerhalten, muß er alles, was Erinnerung und Sehnsucht nach der guten Mutter erwecken würde, mit Gewalt bekämpfen. Das führt zu der scheinbar absurden Situation, daß er Gewalt, die sich gegen ihn richtet, als eine Beruhigung, sogar als Zuwendung empfindet. Deshalb wird er sich auch staatlichen Autoritäten fügen, wenn diese wirklich konsequent sind. Dies ist jedoch nicht möglich, solange sich Politiker und andere gesellschaftliche Kräfte vom Haß und der Gewalt beeindruckt zeigen. Auch sie sehen Gewalt als Stärke an, was etwas mit ihrer eigenen Autoritätsgläubigkeit zu tun hat. Dabei bemerken sie nicht, wie ihr eigenes Staatsgefüge zerbröckelt.

Bei linken Rebellen dagegen führt Konsequenz zu einer völlig anderen Reaktion. Sie müssen sich dann noch mehr gegen den «bösen Vater» wehren, um die «gute Mutter» – vermeintlich – zu beschützen. Bei ihnen bewirkt sture Autorität nur Gegenwehr und keine Identifikation.

Das innere Leben – Das innere Opfersein

Der Fremde in uns bleibt uns verborgen, gerade weil eine zunehmend nach außen orientierte Welt die innere Leere, die damit in Verbindung steht, überdeckt. Wir sind ausgefüllt mit Aktivitäten, die permanent unsere Sinnesorgane stimulieren. So verwechseln wir Bewegung mit Lebendigsein und schauen zu denen auf, die scheinbar mitten im Leben stehen, weil sie ständig in Aktion sind.

Einer meiner Patienten verliebte sich immer wieder in Frauen, die er als besonders lebendig empfand, weil sie laufend etwas Neues anfingen und ihm deshalb nicht «langweilig» vorkamen. Sie gingen auf Partys, reisten um die Welt, gestalteten ihre Wohnungen und Gärten um. Mit der Zeit fand der Patient jedoch heraus, daß er mit solchen Frauen die Welt nie einfach nur anschauen konnte, daß es nicht möglich war, mit ihnen bei einem Buch, in der Natur, in einem Gedanken, einem Gefühl wie Schmerz oder Ekstase zu verweilen. Das langweilte. Der Patient hatte einen Vater, der nie auf Träume und Phantasien des Sohnes eingegangen war, weil er diese für wertlos hielt. Er war jedoch immer aktiv, immer in Bewegung gewesen, sowohl in beruflicher Hinsicht, wo er ständig nach Erweiterung und Eroberung strebte, als auch in seiner Freizeit, die von Reisen, Theaterbesuchen, gesellschaftlichen Ereignissen ausgefüllt war. Der Sohn kam sich deshalb minderwertig vor, lehnte aber gleichzeitig den Vater in seiner zurückweisenden Haltung ab. Er war sehr erstaunt, als er eines Tages feststellte, daß er dessen «Lebendigkeit» immer wieder in Frauen suchte.

Diese Suche nach äußerer Stimulation führt zu einer Sucht, die nicht als solche erkannt wird. Wir werden nicht müde, unseren Besitz zu vergrößern, ständig müssen wir unsere Herrschaft über Dinge, Personen und wirtschaftliche und politische Systeme erweitern. Je mehr wir diesem Bestreben folgen, um so mehr geraten wir in eine Abhängigkeit von diesem Aktionismus. Zugleich sind die äußeren Dinge in ihrer Rückwirkung auf unser Selbst Grund dafür, daß unser Erlebnishunger nicht mehr zu stillen ist und die Abhängigkeit von äußerer Stimulation immer größer wird. Denn diese Art der Bewegung, die innere Prozesse wie unser Bedürfnis nach Zuwendung und Liebe nicht tangiert, verstärkt das künstlich geschaffene Verlangen nach dieser Art Bewegung, die den Anschein von Lebendigsein gibt. Das kreative Innere jedoch bleibt unberührt und deshalb leer.

Wenn das Äußere keinen Halt mehr gibt, bricht auch die Persönlichkeitsstruktur von Menschen immer mehr auseinander. Diese Gefahr besteht zum Beispiel, wenn das soziale Gefüge einer Gesellschaft zerfällt, weil die Verteilung von Status und Besitz zu immer größerer Ungleichheit führt, wenn Reiche immer reicher und Arme immer ärmer werden, wenn Menschen immer weniger Mitgefühl empfinden, weil der andere im Kampf um den sozialen Status als Bedrohung erlebt wird, denn sich mit ihm zusammenzutun könnte den eigenen Status herabsetzen. Dadurch wächst die Isolation des Einzelnen. Solche Vorgänge verstärken das Gefühl, Opfer zu sein. Der Haß, der damit einhergeht, muß immer mehr nach außen projiziert werden. Die Folgen sind Fremdenhaß, die Suche nach vermeintlichen Feinden, Pogrome, Genozide, überhaupt eine erhöhte Bereitschaft zur Gewalttätigkeit.

Menschen, die ihren Haß nicht nach außen verlagern können, verlieren unter solchen Bedingungen das Gefühl, ihr Leben im Griff zu haben. Sie fühlen sich ohnmächtig und hilflos, neigen zu Depressionen oder entwickeln Krankheiten. Auch das sind Folgen einer Sozialisation, in deren Verlauf sich entweder eine eigene Identität herausbildete oder es durch Verlust des Eigenen zu einer Nicht-Identität kam. Bei Menschen, die sich im Laufe dieser Entwicklung nicht völlig mit äußeren Autoritäten identifiziert haben, führt das Aufsteigen des eigenen Opferseins zu einer nach innen gelenkten Aggression. Je stärker solche Menschen noch in der Lage sind, Schmerz und Leid als Teil ihrer Selbstentwicklung zu erleben, desto mehr werden die nach innen gelenkten Aggressionen Depressionen hervorrufen. Bei denjenigen, die Schmerz und Leid weniger als eigene seelische Erfahrung zulassen können, wird es eher zu Auswirkungen auf der somatischen Ebene kommen. Die Kinderpsychiaterin Myriam Szejer hat in ihrer Arbeit mit Säuglingen gezeigt, daß solche Prozesse schon sehr früh ablaufen können.[275] Kinder, deren Gefühle und Wahrnehmungen von der Umgebung verneint und nicht widergespiegelt werden, können in solchen Momenten lebensbedrohliche Zustände entwickeln.

Neuere Studien haben gezeigt, daß das geschilderte Phänomen auch Auswirkungen im größeren gesellschaftlichen Rahmen hat. Die Lebenserwartung hat sich im 20. Jahrhundert weltweit erhöht, vor allem in den Industrienationen stieg das durchschnittlich erreichte Alter pro Dekade um zwei Jahre. Untersuchungen lassen vermuten, daß dies weniger mit medizinischem Fortschritt zu tun hat, sondern eher auf mehr Hygiene, bessere Ernährung, bessere Wasserqualität und bessere Wohnverhältnisse zurückzuführen ist.[276] Die Lebenserwartung ist jedoch nicht für alle Menschen gleich. Reiche haben eine deutlich höhrere Lebenserwartung als Arme. In sehr armen Gegenden von Washington, D. C., und in der Bronx von New York sterben Männer im Durchschnitt zehn bis fünfzehn Jahre früher als in wohlhabenden Bundesstaaten wie Virginia und Colorado. Trotzdem läßt sich nicht einfach ein linearer Zusammenhang zwischen Armut und Lebenserwartung herstellen. Das fand eine Gruppe von Epidemiologen bereits in den sechziger Jahren heraus.[277] Die Forscher entdeckten, daß frühes Sterben vielmehr etwas mit dem sozialen Status eines Menschen zu tun hat. Je niedriger seine Position in der Statushierarchie ist, desto größer ist sein Risiko, früh zu erkranken und jung zu sterben. Was Menschen krank zu machen scheint, ist das Gefühl, ihr Leben nicht im Griff zu haben, ein «lack of control», wie es im Englischen heißt. Sie fühlen sich hilflos und machtlos. Das bedeutet erhöhten Streß. Menschen wie die Nazis versuchten, die Sicherheit auf halluzinatorische Weise wieder herzustellen. Das tun auch diejenigen, die heute Fremde hassen, foltern, gewalttätig sind.

Wo solche «Auswege» nicht funktionieren, übernimmt das Soma die Last. Michael Marmot fand 1976 bei einer Studie mit Beamten in Whitehall, London, heraus, daß diejenigen, die einen niedrigen Beamtenstatus innehatten, viermal so oft einem Herzinfarkt erlagen wie ihre Chefs in den oberen Etagen.[278] Sie erlitten auch häufiger Schlaganfälle und bekamen öfter Magenkrankheiten und bestimmte Arten von Krebs. Erstaunlich an dem Ergebnis war, daß alle in der Hierarchie unter den Folgen ihres gesellschaftlichen Status litten. So hatten höhere Chefs, die mit mehr Entscheidungsbefugnissen ausgestattet waren, ein nur halb so großes Risiko, eine Herzattacke zu erleiden, wie die unteren Chefs, die Entscheidungen nur weitergaben. Für untergeordnete Büroangestellte, die nur Entscheidungen ausführten, war das Risiko einer tödlichen Herzattacke dreimal so groß wie für ihre Bosse. Allein aufgrund von Einkommen ließ sich der Gesundheitszustand der Beamten nicht vorhersagen. Warum sollte sich auch die Größe ihres Hauses oder ihres Autos auf ihre Gesundheit auswirken? Warum sollte es gesünder sein, vier anstatt drei Schlafzimmer zu haben? fragte sich Marmot.

Arm sein scheint heute etwas ganz anderes zu bedeuten als Armut im herkömmlichen Sinne. Menschen fühlen sich nicht arm, weil es ihnen an Geld für Ernährung und Wohnen mangelt. Sie fühlen sich arm, wenn sie keine großen Einladungen geben oder exklusiv essen gehen können, sich nicht ständig mit der neuesten Mode einkleiden und ihre Wohnung mit dem aktuellen Design einrichten können. Menschen leiden nicht unter Streß, weil sie von Kloaken umgeben sind oder in Slums leben, sondern weil sie sich ohne «äußere» Krücken unsicher und hilflos fühlen. Da sie nicht erkennen, daß ihre innere Leere und Identitätslosigkeit Ursache für diese Unsicherheit ist, versuchen sie, diese in den Griff zu bekommen, indem sie andere besitzen, beherrschen, demütigen oder demontieren. Wenn ihnen das nicht gelingt, fühlen sie sich verloren. Sie geraten in Streß, was zu hormonellen Veränderungen führt, die auf Dauer krank machen.

Robert Karasek unterscheidet zwischen Streß, der durch Überforderung, zu viel Arbeit und Zeitdruck zustande kommt, und Streß, der entsteht, wenn Menschen das Gefühl verlieren, Herr ihres Lebens zu sein.[279] In Marmots Arbeit geht es um letztere Art von Streß, bei dem der Status eine Rolle spielt und der mit einem größeren Risiko für Herzkrankheiten und höhere Fibrinogen-Werte im Blut einhergeht. Fibrinogen ist maßgeblich bei der Entstehung eines Herzinfarkts beteiligt. Jene Form von Streß, von der Marmot spricht, verringert sich, wenn Menschen ein Gefühl von Zusammengehörigkeit, Gemeinsinn und Lebenszweck entwickeln. Im Zweiten Weltkrieg stieg in England die durchschnittliche Lebenserwartung um sechs Jahre, und das, obwohl die Nahrung knapp wurde, der Lebensstandard sank, 30 000 Menschen in London bei Luftangriffen und viele tausend Soldaten im Krieg getötet worden waren. Zwar gab es noch immer einen Unterschied zwischen reich und arm. Die Menschen hielten jedoch zusammen und entwickelten eine Ethik der Zusammengehörigkeit und der Kooperation. Die Nation war von einem gemeinsamen Willen bestimmt. Das Leben der Menschen hatte einen Sinn, sie hatten einen Platz im gesellschaftlichen Gefüge und fühlten sich nicht hilflos.

Ein ähnliches Phänomen wurde in Roseta beobachtet, einer Siedlung in Pennsylvania, die Ende des 19. Jahrhunderts von süditalienischen Emigranten gegründet worden war. In den fünfziger Jahren entdeckte man, daß die Bewohner dieser Kleinstadt nur halb so oft an einem Herzinfarkt starben wie der Durchschnitt der US-Bürger. Das war auch deshalb verblüffend, weil die Rosetaer sich ziemlich fettreich ernährten, rauchten und auch gerne dem Alkohol zusprachen. Die Forscher Stewart Wolf und John G. Bruhn stellten fest[280], daß das Leben in der kleinen Stadt durch ein besonders starkes Gemeinschaftsgefühl geprägt war. Man kümmerte sich umeinander, verbrachte viel Zeit zusammen, gab sich Anerkennung und Schutz. Kriminalität und Arbeitslosigkeit waren unbekannt. Anfang der sechziger Jahre begannen sich die Verhältnisse zu verändern. Es kam zu Streitigkeiten zwischen Familien, Reiche bauten sich größere Häuser, befestigten ihre Gärten und grenzten sich von ihren Nachbarn ab. Der Umgangston wurde ein anderer, man lud sich nicht mehr gegenseitig ein und begegnete einander mit weniger Respekt. Bereits 1985 hatte die durchschnittliche Anzahl der Herzinfarkte den gleichen Stand wie in anderen Gebieten der USA erreicht, und das, obwohl sich die Bewohner jetzt «gesünder» ernährten und nicht mehr so viel rauchten oder tranken. Die Lebenserwartung verbesserte sich zwar wie überall in den USA. Wie die englischen Studien zeigten, waren solche Verbesserungen jedoch unterschiedlich je nach sozialem Status. In Roseta hatte das Statusdenken eine Bedeutung bekommen, deshalb waren die Menschen einsamer geworden. Wie ein Arbeitsloser es ausdrückte: «Die Menschen sind gleichgültig geworden.»

Zur Zeit der «Thatcherite Prosperity» zwischen 1980 und 1990 vergrößerte sich in Großbritannien die Kluft zwischen arm und reich erheblich. Das Einkommen in leitenden Positionen erhöhte sich um fünfzig Prozent, das der Arbeiter überhaupt nicht. Die Besteuerung der Reichen wurde herabgesetzt, doch die Steuern auf Bedarfsgüter von Benzin bis Seife stiegen, so daß die reale Kaufkraft der Einkommen um zehn Prozent fiel. Die Ungleichheit der Einkommensverteilung ging Hand in Hand mit tiefen institutionellen Veränderungen. Die Macht der Gewerkschaften ging unter Margaret Thatcher auf ein Minimum zurück, das Solidaritätsgefühl wurde zerstört. Arbeiter verloren ihr Identitätsgefühl, statt dessen machte sich ein Gefühl von Verlorenheit breit. Robert Putnam, Politikwissenschaftler der Harvard University, beschrieb ähnliches für die amerikanische Gesellschaft.[281] Er wies darauf hin, daß sich auch hier das Zusammengehörigkeitsgefühl verwässerte und durch eine zunehmende Atomisierung der Menschen ersetzt wurde.

Individuelle Nicht-Identität und der Zerfall gesellschaftlicher Strukturen stehen in einer Wechselwirkung zueinander. Gesellschaftliche Strukturen vermitteln Menschen ein Gefühl der Zugehörigkeit und geben denen eine Identität, die von sich aus keine oder nur wenig davon haben. Veränderungen der Strukturen gehen für solche Menschen mit existentiellen Verunsicherungen einher. Dies führt in der Regel dazu, daß Krankheits- und Mortalitätsraten steigen oder/und verstärkt Gewalttätigkeit und Haß ausbrechen. Es geht also nicht allein um die Diskrepanz von reich und arm. Entscheidend ist, was eine Identität festigt, die nicht von innen kommt.

Die Auswirkungen dieses Zusammenhangs auf das soziale Geschehen sind enorm. Dennoch wollen wir die Wahrheit nicht sehen. Zwar erkennen wir ein gesellschaftliches Problem, wir dringen jedoch nicht zu den wirklichen Quellen vor. Das aber bedeutet, die Gefahr einfach mit Pflastern zukleben zu wollen. Immer wieder sollen Gesetzesänderungen und Sozialmaßnahmen wie Arbeitslosenunterstützung oder Umschulung dafür sorgen, daß die Not gelindert wird, die aus der gesellschaftlichen Orientierung an Macht und Besitz resultiert. Zu den tieferen Ursachen, die dieser Orientierung zugrunde liegen, wird jedoch nicht vorgedrungen. Die nächste Krise kommt deshalb bestimmt, hervorgerufen durch den ständigen Drang nach neuer Größe, durch das ehrgeizige Streben profitgieriger Unternehmen, akademischer Institutionen und politischer Macht. Das alles geschieht im Namen des Fortschritts; die Nöte und Bedürfnisse der Menschen spielen nur eine untergeordnete Rolle. Die Dynamik dieses Prozesses steckt in der Nicht-Identität derjenigen, die diesen Kreislauf immer wieder in Gang setzen, weil nur Besitz und Macht ihnen das Gefühl geben, eine Identität zu haben.

Das Ergebnis ist ein Wettlauf zwischen denen, die immer «größer» werden müssen, und denen, die zwar auch von Größe geblendet sind, sich aber dennoch genügend Menschlichkeit, das heißt ihren Zugang zu Schmerz, bewahrt haben, um zu versuchen, menschlichem Elend entgegenzutreten. Letztere werden sich ständig bemühen, Strukturen aufzubauen, die bestenfalls die Insuffizienz der Nicht-Identität in Schach halten können. Die Alternative wäre die Machtübernahme derer, die durch einen Zerfall identitätstiftender Strukturen am stärksten betroffen sind, die Hitler-Persönlichkeiten also, die völlig von Haß und Gewalt gesteuert sind.

Die wirkliche Lösung bestünde jedoch in dem Bemühen, dem Drang nach Größe und Besitz Einhalt zu gebieten und Menschen statt dessen zu ihren wahren Möglichkeiten zurückzuführen, die mit Liebe, Zuwendung, Nähe und Zugang zum Schmerz in Zusammenhang stehen. Das ist weder ein einfaches noch ein schnell realisierbares Unterfangen. Es ist aber das einzige, das dem fatalen Kreislauf ein Ende bereiten und einen gesellschaftlichen Zusammenbruch verhindern kann. Nur so können wir die Spaltung unseres Seins, die zur Entfremdung und zur Jagd nach Opfern führt, aufheben. Im Prinzip gibt es nur zwei Welten – die des Lebens und die, die sich Zerstörung und Tod verschrieben hat.

Die Lösung besteht darin, den Schmerz zuzulassen. Eine meiner Patientinnen wunderte sich darüber, warum sie über das Schicksal von Prinzessin Diana so weinen konnte, nicht jedoch über das, was man ihr selbst angetan hatte. Sie erinnerte sich an eine Begebenheit, als sie vier Jahre alt war. Sie hatte zu ihrer Mutter gesagt, sie sei eine schlechte Mutter, deshalb werde sie sich eine andere suchen. Die Mutter antwortete: «Dann geh doch, tu es nur.» Die Mutter erkannte nicht die Verzweiflung, die hinter der Klage des Kindes steckte. So durfte die Patientin nie ihren eigenen Schmerz empfinden. Doch in Fernsehdramen und im unglücklichen Leben Dianas konnte sie ihn wiederfinden, ohne ihn, wie sie sagte, «mit meinen eigenen Augen zu schauen». Ihre eigenen Augen waren die, die einmal den eigenen Schmerz gesehen und empfunden hatten. Wir können nur geheilt werden, indem wir endlich den Schmerz als unseren eigenen empfinden dürfen und können.

Das Kind wird von seinem Inneren entfremdet durch die ihm

auferlegte Identifikation mit Menschen, die es nicht verstehen. Wenn diese zudem noch glauben, daß sie mit dem, was sie tun, für das Kind nur das Beste wollen, dann wird es dem Kind unmöglich gemacht, seine wahre Situation zu erkennen. Auch sein Schmerz über das, was ihm angetan wurde, muß verleugnet werden, um die lebensnotwendige Verbindung mit der bemutternden Person aufrechtzuerhalten. So kommt es, daß wir auch als Erwachsene unseren Schmerz verwerfen müssen. Ihn zu erkennen würde dazu führen, daß wir das ursprüngliche Opfer in uns selbst sehen, das aber nicht erkannt werden darf, da es denjenigen, der uns den Schmerz zugefügt hat, bloßstellen würde. Dies ist der Beginn jeder Destruktivität und Gewalttätigkeit. Wenn man seinen eigenen Schmerz nicht fühlt, muß man ihn in anderen finden. Wir bestrafen die anderen, unsere Brüder und Schwestern, die unser Ebenbild sind, für einen Schmerz, der unser eigener ist und den wir, seiner im anderen habhaft geworden, immer wieder verleugnen müssen, dieses Mal jedoch, indem wir das Opfer dafür verachten, daß es voll Schmerz ist.

Dieser Haß auf das eigene Opfer ist Basis jenes Zwanges, der Menschen dazu antreibt, andere und sich selbst auszulöschen, dem Leben selbst ein Ende zu bereiten, weil man sich dafür rächt, daß einem Liebe vorenthalten wurde und das, was dafür ausgegeben wurde, eine Lüge war. Da Menschen, die in diesen Kreislauf verstrickt sind, selbst einmal Opfer waren, kann die Lösung nicht einfach Bestrafung sein. Das heißt natürlich nicht, daß Mord und Verachtung toleriert werden dürfen. Wir müssen Stellung beziehen, NEIN sagen. Doch damit haben wir Probleme, weil Menschen den Haß als solchen oft gar nicht erkennen können oder erkennen wollen. Zuschauer, Behörden und Politiker tun ihn ab als jugendlichen Exzeß, als normale Schlägerei. So bleiben wir unfähig, den Haß, der eine Gefahr für die demokratische Gesellschaft ist, zu bekämpfen. Wir müssen den Haß beim Namen nennen, um die Scham in denen zu erwecken, die ihn zwar noch sehen, die aber die Scham nicht genügend fühlen. Solche Menschen gibt es genug. Die Beobachtungen von Oberst Grossman, General Marshall und anderen zeugen davon, daß es genügend Menschlichkeit gibt, auch wenn nicht alle eine eigene volle Identität entwickeln konnten. Im Grunde sind es nur die in den genannten Studien ermittelten rund zwanzig Prozent, die das Töten genießen.

Politiker müssen den Mut haben, den Haß zu erkennen und sich denen entgegenzustellen, die ihn schüren, um Macht zu bekommen. Wenn ihre Stellungnahme von wirklicher Überzeugung getragen ist, wird sie anderen Menschen Mut machen, sich gegen den Haß zu stellen. Eine Autorität, deren Überzeugungskraft auf Liebe zum Leben beruht, ist nicht zu vergleichen mit der autoritären Pose eines Hitler, der damit nur seine eigene innere Armut und Minderwertigkeit zu widerlegen versuchte. Die überzeugende Stimme der Menschlichkeit kann den Unentschlossenen und Wankelmütigen die Kraft geben, sich zum Leben zu bekennen und den Haß zu bekämpfen. Politiker wie Abraham Lincoln und Franklin Delano Roosevelt wußten das instinktiv.

Ein Bewußtwerden des Schmerzes ist der einzige Weg, den Teufelskreis der Selbstdestruktion zu durchbrechen, in dem sich so viele in unserer Gesellschaft befinden. Jedem von uns, der als Kind seinen Schmerz beiseite schieben, verdecken, verneinen mußte, weil er weder Anteilnahme noch ein Echo für sein Leiden erfuhr, wurde Schlimmes angetan. Diese Tatsache muß jedoch aus dem Bewußtsein verdrängt werden, weil kein Kind mit dem seelischen Schmerz leben kann, daß ihm keine Anerkennung und Liebe zuteil wird, daß es emotional verlassen wurde. Die Folgen sind Depressionen, Krankheit, nicht selten auch Tod. Das haben zahlreiche Autoren, darunter Dolto, Eliacheff, Gruen, Shaneen, Stork und Szejer eindringlich beschrieben.

Für Kinder geht es ums Überleben, weil Schmerz töten kann. Manche retten sich, indem sie «beweisen», daß keiner sie lieben kann. Diese extreme Art, sich gegen Erwachsene zu schützen, die sie sonst seelisch verschlingen, sich aneignen würden, führt zu einem Tod des Lebendigseins. Indem sich solche Menschen als nicht-liebenswert zeigen, scheinen sie sich vor einer falschen Liebe sicher zu glauben. Aber ihr Totsein im Leben spiegelt eine existentielle Wahrheit ihres Lebens wider[282], in der das Manselbst-Sein die Gefahr eines Verschlungenwerdens durch den anderen in sich birgt. Das existentielle Nicht-Sein ist deshalb der logische Schritt, um der Bedrohung aus dem Weg zu gehen. Solche Menschen unterscheiden sich in ihren selbstdestruktiven Tendenzen von denen, die ihrem Schmerz dadurch ausweichen, daß sie angreifen und zerstören. Hier wird Gewalt zum Ausweg, den erlebten Schmerz zu beseitigen. Diese Menschen verspotten die Liebe und das Leben, indem sie Liebe und Liebenswürdigkeit nur vortäuschen. Sie spielen mit den Hoffnungen, die sie in anderen erwecken. Und sie rächen sich, indem sie diese Hoffnungen zerstören.

Ich habe beschrieben, wie einer meiner Patienten dem Schmerz über den mörderischen Blick seines Vaters auswich: «Ich rettete mich (vor seinem mörderischen Blick), indem ich mir sagte, es geht nicht um mich.» Eine Patientin ging ganz anders mit ihrem Schmerz um. Sie hatte über mehrere Sitzungen hinweg die Meinung vertreten, daß alles, was ich zu ihr sagte, nur eine kritisierende, abwertende Wirkung auf sie habe. Sie erlebte mich wie ihre Mutter, die sie dauernd in ihrem Sein eingeschränkt hatte: «Ich durfte nicht protestieren ... Mein Verbrechen war, daß ich noch nicht ganz kaputt war.» Ich erinnerte die Patientin daran, daß sie bereits seit geraumer Zeit über Zahnschmerzen klagte. Die Ärzte konnten dafür keine organische Ursache finden. «Vielleicht hat dies etwas mit dem Schmerz zu tun, den Ihnen Ihre Mutter zugefügt hat», wollte ich wissen. Darauf sie: «Ich kann ihn nicht zulassen, diesen Schmerz, denn dann kann ich nicht mehr leben ... Ich kann ihn nicht ertragen, genauso wie ich Fridolin (einen kleinen Jungen, den sie betreute) in seinem Schmerz erlebe, wenn seine Eltern ihn in seiner Lebenslust und seiner Phantasie systematisch kaputt machen. Sein Schmerz ist fürchterlich für mich. Meine Mutter hat mir nie erlaubt, etwas Anspruchsvolles zu tun, wie zum Beispiel einem Chor beizutreten. Ich durfte es einfach nicht. Würde ich mich selbst ernst nehmen, könnte ich den Schmerz zulassen. Aber dann ist Mutter da, und Sie sagen mir, ich werde nicht sterben! Meine Mutter reagierte auf mich mit Liebesentzug. Dieses Gefühl habe ich überall, daß sie triumphiert, wenn jemand mich ablehnt. Ich darf mich einfach nicht wichtig nehmen, auch nicht fühlen, daß es mir schlecht ging. Als ich mit zwanzig Jahren zum ersten Mal in einem Spital zur Psychotherapie ging, konnte ich nicht reden, ich konnte nichts Schlechtes über meine Eltern sagen. Ich hatte Angst, daß sie fürchten, ich könnte etwas über sie sagen. Das wäre eine Erbsünde gewesen. Man erschrickt über sowas einfach. Ich habe das Gefühl, als ob ich nichts bin. Die Eltern aber haben Gott auf ihrer Seite. Mir hat man eingebläut, daß das

Schicksal anderer wichtiger ist als mein eigenes. In dem Moment, in dem Sie mich etwas fragen, schaltet es in mir auf ‹offiziell› um, und dann kann ich einfach nicht mehr frei sein, kann nicht mehr fühlen.»

Wenn wir nahe hinschauen, erkennen wir hier den Mechanismus, mit dem Schmerz weggeschoben wird. Es sind die kritischen Worte der Mutter, die ihre Reaktion auslösen, nicht die wirkliche Motivation der Mutter, die darin besteht, die Tochter einzuschränken, sie als Ding in Besitz zu nehmen, als ein unfähiges Mädchen, das die Mutter von sich und aus sich selbst verweisen muß. Dieses Mörderische in der Mutter kann nicht erkannt werden, denn es würde zu viel Angst und Schmerz auslösen. Deshalb fokussiert sich die Patientin auf die Semantik der Worte. Dadurch kann sie die Motivation der Person, mit der sie zu tun hat, nicht wahrnehmen. Sie konnte meine Worte nur wie die ihrer Mutter als einschränkende Kritik erleben, obwohl meine Absicht eine ganz andere als die ihrer Mutter war.

Dieses Phänomen ist sehr gut aus dem Verhalten Schizophrener bekannt, ein Konkretisieren, durch das Gedanken und Affekt getrennt werden. Dies geschieht, wenn Menschen nicht mit ihrem überwältigenden Schmerz leben können. Indem diese Patientin sich vor einer Wahrnehmung meiner Motivation, ihr zu helfen, verschloß, schützte sie sich davor, den durch die Ablehnung der Mutter verursachten unerträglichen Schmerz zu erkennen. Deshalb kann sie wirkliches Entgegenkommen auch nicht wahrnehmen. Natürlich gibt es da auch eine Angst vor Nähe, welche die Therapie kompliziert. Doch diese Angst ist eingebettet in die Erfahrung einer «Liebe», die sie erdrückt hatte. Jedoch versucht sie den Kern eines eigenen Selbst, wie sehr sie dieses auch vor sich selbst verheimlicht, aufrechtzuerhalten, «die Perle am Grunde des Sees» zu bergen.

Ohne Bewußtwerden seines Schmerzes kann ein Mensch nicht *zum Menschen* werden. Er kann höchstens einer effizienten Maschine gleichkommen, die das Menschsein imitiert. Diejenigen dagegen, die Schmerz spüren, bleiben bei ihrem Bemühen, ihre Individualität, ihre Vitalität und ihre Liebe zum Leben zu realisieren. Das haben die anderen mit ihrem der unterdrückenden Rache gewidmeten Leben aufgegeben.

Anmerkungen

1 S. Freud, 1918 (1947), S. 169.
2 «Das Ich ist die eigentliche Angststätte»; S. Freud, 1926 (1986), S. 176.
3 S. Freud, 1919 (1986), S. 262.
4 E. O'Neill, 1997, 3. Akt.
5 Zitiert bei S. Chamberlain, 1997, S. 95.
6 Zitiert bei S. Chamberlain, 1997, S. 95. Hervorhebung A. G.
7 A. Hitler, 1938, S. 280.
8 Zitiert bei S. Chamberlain, 1997, S. 105.
9 1995; deutsch: Reinheit und Exil.
10 V. Turner, 1967, S. 97.
11 H. Arendt, 1973, S. 300.
12 B. Stein, 1981, S. 62–71.
13 P. Celan, 1963 («Psalm»).
14 W. Heron, 1953; J. C. Lilli, 1956; H. U. Grunebaum, 1960.
15 R. E. Byrd, 1938.
16 E. Bone, 1957.
17 T. Des Pres, 1980.
18 Persönliche Mitteilung, 28. 12. 1997.
19 W. Soyinka, 1972, S. 99.
20 Vgl. S. Chamberlain, 1997, S. 95.
21 C. von Krockow, 1991, zitiert bei K. Meyer, S. 126.
22 Zitiert bei Leacock, 1981.
23 Siehe auch A. Gruen, 1997.
24 Persönliche Mitteilung von M. Welch über einen Vortrag von M. H. Klaus und J. H. Kennell auf der Annual Attachment Conference in Cleveland, Ohio, Oktober 1994. Vgl. auch M. H. Klaus und J. H. Kennell, 1970; 1976.
25 Vgl. S. Ferenczi, 1984.
26 Ebd.
27 E. Neumann, 1997, S. 5f.
28 Siehe auch S. Diamonds Diskussion über Geschichte, 1979, S. 79f.
29 S. Diamond, 1979, S. 15.
30 F. Dolto, 1988.
31 V. von Weizsäcker, 1956.
32 M. Cox, 1982.
33 D. W. Winnicott, 1958.
34 P. Niemelä, 1980; 1982a; 1982b; 1985; 1987; 1992.
35 A.Gruen, 1999.

36 A. Bessel, van der Kolk und Saporta, 1991.
37 L. DeMause, 1996.
38 J. C. Rheingold, 1964; 1967.
39 J. C. Rheingold, 1964, S. 38.
40 S. Ferenczi, 1992.
41 A. McF. Johnson, 1951.
42 P. Schilder und D. Wechsler, 1934.
43 Zitiert bei P. Diessen, 1911.
44 Vgl. I. Kershaw, 1998; R. Binion, 1973.
45 Vgl. Gruen, 1980.
46 R. Binion, 1973, S. 201.
47 Zitiert bei G. L. Weinberg, 1961, S. 75f.
48 B. F. Smith, 1973, S. 223.
49 Vgl. F. Jetzinger, 1956, S. 176.
50 C. Amery, 1998, S. 122.
51 Vgl. A. Miller, 1983.
52 I. Kershaw, 1998, S. 43.
53 Vgl. A. Hitler, 1938, S. 388.
54 Vgl. N. Bromberg und V. V. Small, 1983.
55 Vgl. auch H. Stierlin, 1975, S. 168.
56 A. Miller, 1980, S. 212.
57 I. Kershaw, 1998, S. 44.
58 J. C. Fest, 1978.
59 Vgl. G. Wagner, 1997.
60 Stierlin, 1976, S. 68.
61 P. Niemelä, 1992.
62 P. Niemelä, 1992, S. 281.
63 Vgl. F. Jetzinger, 1956.
64 H. Cleckley, 1964, S. 404–406.
65 A. Kubizek, 1953.
66 Vgl. auch A. Gruen, 1991.
67 C. W. Mills, 1956.
68 Vgl. G. Kren, 1974, S. 267.
69 I. Kershaw, 1998, S. 167.
70 Zitiert nach E. Deuerlein, 1959, bei I. Kershaw, 1998, S. 168.
71 Zitiert nach E. Deuerlein, 1959, bei I. Kershaw, 1998, S. 195.
72 Zitiert bei M. Domarus, 1962, Bd. I.
73 Vgl. G. Wagner, 1997.
74 Zitiert nach H. Hoffmann, 1974, bei I. Kershaw, 1998, S. 177.
75 S. Haffner, 1940, S. 19–23; und 1996.
76 A. Krebs, 1959, S. 7.
77 Zitiert bei I. Kershaw, 1998, S. 73.
78 Hitler, zitiert bei I. Kershaw, 1998, S. 344.
79 A. Hitler, 1938, S. 372.

80 A.Hitler, zitiert bei I. Kershaw, 1998, S. 370.
81 I. Kershaw, 1998, S. 370.
82 I. Kershaw, 1998, S. 394.
83 I. Kershaw, 1998, S. 558 f.
84 M. Domarus, 1963, S. 204–208.
85 I. Kershaw, 1998, S. 616.
86 M. Domarus, 1963, S. 421.
87 I. Kershaw, 1998, S. 686.
88 Nach S. Haffner, 1998.
89 Zitiert bei H. Heiber, 1962, S. 756.
90 S. Haffner, 1998, S. 139f.
91 A. Hitler im April 1945 zu A. Speer, zitiert bei H. Heiber, 1962, S. 756.
92 A. Speer, 1969, S. 411 f.
93 Siehe auch A. Gruen, 1987.
94 Vgl. J. Raban, 1990; siehe auch Gruen 1993 a.
95 I. Kershaw, 1998, S. 193.
96 M. Domarus, 1963, Bd. 2, S. 1909.
97 J. Toland, 1977, zitiert bei A. Miller,1983.
98 G. L. Waite, 1971, S. 238.
99 S. Freud, 1922 (1955), S. 272–274.
100 H. Heiber, 1962, S. 134.
101 M. Domarus, 1963, Bd. 2, S. 1058.
102 M. Domarus, 1963, Bd. 2, S. 1663 f.
103 M. Domarus, 1963, Bd. 2, S. 1920.
104 R. Rosenbaum, 1998.
105 H. C. Rheingold, 1964; 1967.
106 Zitiert bei R. Payne, 1962.
107 H. Heiber, 1962, S. 129.
108 H. Heiber, 1962, S. 620.
109 H. Heiber, 1962, S. 286.
110 H. Heiber, 1962, S. 717.
111 Rede in Nürnberg am 14. September 1936, in: M. Domarus, 1963, Band I, S. 24 und 646.
112 Vgl. E. Forster, 1922.
113 R. Binion, 1973.
114 R. Binion, 1973, S. 213; vgl. Binion, 1978.
115 13. 7. 1934, Domarus, 1963, Bd. I, S. 421.
116 F. von Papen, 1952.
117 Zitiert bei I. Kershaw, 1998, S. 740.
118 S. Frank, 1953.
119 I. Kershaw, 1998, S. 665; Hervorhebung A. G.
120 I. Kershaw, 1998, S. 669.
121 F. Wiedemann, 1964, S. 80.
122 I. Kershaw, 1998, S. 726.

123 M. Domarus, 1962, Bd. I, S. 243.
124 M. Domarus, 1962, Bd. I, S. 606.
125 J. Kramer, 1983.
126 Zitiert bei I. Kershaw, 1998, S. 738f.
127 Zitiert bei I. Kershaw, 1998, S. 331.
128 K. Lüdecke, 1938, zitiert bei I. Kershaw, 1998, S. 237.
129 Zitiert bei I. Kershaw, 1998, S. 399.
130 E. Fromm (1974), 1989.
131 W. Maser, 1971, S. 255.
132 Ebd.
133 M. Domarus, 1962, Bd. I, S. 464.
134 W. I. Lenin, 1973.
135 Aus einer Hitler-Rede vom 8.11.1934, M. Domarus, 1962, Bd. I, S. 457.
136 N. Frank, 1993, S. 14.
137 G. M. Gilbert, 1962, S. 269; vgl. A. Gruen, 1989, S. 44.
138 Siehe auch H. Fraenkel und R. Manvell, 1967, S. 127.
139 G. M. Gilbert, 1962, S. 87f.
140 G. M. Gilbert, 1962, S. 145.
141 Zitiert bei G. M. Gilbert, 1962, S. 145.
142 C. R. Browning, 1996, S. 241.
143 H. Jäger, 1982.
144 C. R. Browning, 1996, S. 172.
145 C. R. Browning, 1996, S. 226.
146 P. Zimbardo et al., 1983, S. 69–97.
147 T. Keane, zitiert bei J. Herman, 1993.
148 N. Breslau und G. Davis, 1987.
149 H. Hendin und A. P. Haas, 1984; M. Gibbs, 1989; S. S. Luther und E. Zigler, 1991; E. E. Werner, 1989.
150 C. R. Browning, 1998 (Nachwort).
151 J. L. Herman, 1993.
152 D. Grossman, 1995.
153 Zitiert bei D. Grossman, 1995, S. 29.
154 D. Grossman, 1995, S. 266.
155 D. Grossman, 1995, S. 310.
156 H. V. Dicks, 1972.
157 H. V. Dicks, 1950.
158 H. V. Dicks, 1950, S. 150.
159 D. W. Winnicott, 1950.
160 M. Gambaroff, 1984.
161 Zitiert nach N. Bromberg und V. V. Small, 1983, S. 287.
162 W. C. Langer, 1972, S. 172.
163 Der Bericht basiert auf einer Studie von Dr. W. C. Langer für die OSS im Jahr 1943.

164 OSS, 1943, S. 919.
165 F. Schaeffer, 1961.
166 T. C. Schneirla, 1950.
167 D. M. Levi, 1945; zitiert bei B. Schaffner, 1948.
168 G. Bateson, 1942 (unpubliziert), zitiert bei B. Schaffner, 1948, S. 35.
169 Zitiert bei B. Schaffner, 1948, S. 41.
170 J. Bushnell, 1985; siehe auch die Diskussion in: A. Gruen, 1987.
171 Vgl. L. Jäger, 1998.
172 Zitiert bei L. Jäger, 1998, S. 21.
173 Zitiert bei L. Jäger, 1998, S. 22.
174 Zitiert bei L. Jäger, 1998, S. 23.
175 Vgl. L. Jäger, 1998, S. 126.
176 Zitiert bei L. Jäger, 1998, S. 24 und 163.
177 Quellen zu diesem Kapitel: M. Lilla, 1997; H. Meier, 1994.
178 M. Lilla, 1997, S. 39.
179 H. Meier, 1994, S. 51.
180 Zitiert bei H. Meier, 1994, S. 76.
181 C. Schmitt, 1927, S. 17.
182 Vgl. H. Meier, 1994, S. 83.
183 H. Meier, Glossarium.
184 H. Meier, 1994, S. 217.
185 H. Meier, 1994, S. 83f.
186 H. Meier, 1994, S. 94.
187 H. Meier, 1994, S. 93.
188 C. Schmitt, 1927, S. 4.
189 M. Lilla, 1997.
190 A. Mitscherlich und F. Mielke, 1947.
191 A. Hitler, 1938, S. 243, 288, 480.
192 M. Domarus, 1963, Bd. I, S. 117.
193 A. Mitscherlich und F. Mielke, 1947, S. 172.
194 Zitiert bei C. Beradt, 1994.
195 B. Schirra, 1998.
196 W. Kütemeyer, 1982.
197 W. Nagel, 1985.
198 Persönliche Mitteilung.
199 Vgl. P. Greenacre, 1952, S. 165–187.
200 F. R. Miale und M. Selzer, 1975.
201 F. R. Miale und M. Selzer, 1975, S. 281.
202 P. Greenacre, 1952, S. 170.
203 P. Greenacre, 1952, S. 173.
204 F. R. Miale und M. Selzer, 1975, S. 277 f.
205 A. Speer, 1993, S. 474.
206 Gekürzte deutsche Fassung 1968.

207 Dicks benutzte den Chi-Quadrat-Test zur Messung der Signifikanz der Abhängigkeit bzw. Unabhängigkeit der Variablen.
208 A. Gruen, 1997, S. 175.
209 E. Fromm, 1989.
210 Siehe auch A. Gruen, 1997, und J. L. Hermann, 1993.
211 D. W. Winnicott, 1958, S. 183.
212 E. H. Erikson, 1946.
213 Biographische Daten über Göring aus: F. L. Miale und M. Selzer, 1975; G. M. Gilbert, 1950; D. M. Kelley, 1947; H. Fraenkel und R. Manvell, 1962 und 1967; J. C. Fest, 1993.
214 G. M. Gilbert, 1950, S. 85 ff.
215 J. C. Fest, 1993, S. 106.
216 G. M. Gilbert, 1962, S. 199.
217 G. M. Gilbert, 1950, S. 85.
218 G. M. Gilbert, 1962, S. 88.
219 H. Fraenkel und R. Manvell, 1964.
220 H. Fraenkel und R. Manvell, 1964, S. 369.
221 G. M. Gilbert, 1962, S. 86.
222 H. Fraenkel und R. Manvell, 1964, S. 16.
223 Vgl. F. R. Miale und M. Selzer, 1975, S. 96–98.
224 Zitiert bei J. C. Fest, 1993, S. 108f.
225 Zitiert bei J. C. Fest, 1993, S. 108.
226 Zitiert bei J. C. Fest, 1993, S. 117.
227 Zitiert bei J. C. Fest, 1993, S. 110 f.
228 H. Fraenkel und R. Manvell, 1964, S. 345.
229 F. R. Miale und M. Selzer, 1975, S. 86–88.
230 G. M. Gilbert, 1962, S. 429 f.
231 H. Fraenkel und R. Manvell, 1964, S. 52 f; E. Butler und G. Young, 1951.
232 G. M. Gilbert, 1950, S. 94 f.
233 Zitiert bei G. M. Gilbert, 1950, S. 107.
234 A. Speer, 1969, S. 477.
235 J. C. Fest, 1993, S. 12.
236 J. R. Rees, 1947, S. 13.
237 J. R. Rees, 1947. Meine Ausführungen zu Heß beruhen auf dieser Publikation sowie auf den Arbeiten von G. M. Gilbert (1950; 1962), F. R. Miale und M. Selzer (1975) und J. C. Fest (1993).
238 J. R. Rees, 1947, S. 205.
239 J. C. Fest, 1993, S. 261.
240 Ebd.
241 R. Heß, 1933, zitiert bei J. C. Fest, 1993, S. 261 f.
242 Rede am 30. Juni 1934, zitiert bei J. C. Fest, 1993, S. 260.
243 J. R. Rees, 1947, S. 179.
244 Vgl. auch J. R. Rees, 1947, S. 197.

245 J. R. Rees, 1947, S. 54.
246 S. Freud, 1921 (1993), S. 91.
247 D. Goeudevert, 1996, S. 12 f.
248 C. W. Mills, 1956.
249 D. Goeudevert, 1996, S. 15.
250 H. Miller, 1980.
251 D. Goeudevert, 1996, S. 181.
252 A. Krebs, 1959, S. 136 f.
253 M. Domarus, 1963, S. 747 f.
254 M. Maccoby, 1976; deutsch 1979.
255 M. Maccoby, 1976, S. 3 f.
256 M. Maccoby, 1976, S. 115.
257 C. Amery, 1998, S. 184.
258 G. M. Gilbert, 1962, S. 270.
259 G. M. Gilbert, 1962, S. 212.
260 Hitler vor der NS-Frauenschaft, 1934, zitiert bei A. Kuhn und V. Rothe, 1982.
261 Aus einem Brief an Hitler vom 10. 4. 1944, in: H. Ulshöfer, 1996.
262 Ebd.
263 B. Shalit, 1988.
264 C. R. Browning, 1996, S. 242.
265 B. Wyatt-Brown, zitiert bei Fox Butterfield, 1998.
266 Alle Zitate aus: A. Ards, 1999.
267 P. MacLean, 1967.
268 Vgl. die Diskussion in A. Gruen, 1999, und O. Sacks, 1985.
269 Zitiert bei Th. Bodmer, 1999.
270 P. Freire, 1970; 1971; 1994.
271 P. Freire, 1970.
272 P. Freire, 1994, S. 205 f.
273 E. Fromm, 1941.
274 A. de Tocqueville, 1978.
275 M. Szejer, Platz für Anne, Kunstmann: München 1998.
276 Vgl. H. Epstein, 1998.
277 P. Townsend und N. Davidson, 1982.
278 G. Rose und M. Marmot, 1981, S. 13–19.
279 R. Karasek und T. Theorell, 1999.
280 St. Wolf und J. G. Bruhn, 1999.
281 R. Putnam, 1995, S. 65–78.
282 Vgl. A. Gruen, 1968; 1993 b.

Literaturverzeichnis

Adorno, Th. W., Frenkel-Brunswik, E., Levinson, D. J. und Sanford, R. N.: The Authoritarian Personality, Harper: New York 1950

Adorno, Th. W.: Studien zum autoritären Charakter, Suhrkamp: Frankfurt 1995

Amery, C.: Hitler als Vorläufer. Auschwitz – der Beginn des 21. Jahrhunderts? Luchterhand: München 1998

Améry, J.: Jenseits von Schuld und Sühne, Szczesny: München 1966

Ards, A.: Organizing the Hip-Hop Generation, in: The Nation, 26.7. 1999

Arendt, H.: The Origins of Totalitarianism, Harcourt: New York 1973 (deutsch: Elemente und Ursprünge totaler Herrschaft, Piper: München)

Ascherson, N.: The «Bildung» of Barbie, in: The New York Review of Books, 24.11.1983

Bateson, G.: Hitlerjunge Quex, Institute for Intercultural Studies, American Museum of Natural History, New York City 1942 (unpubliziert)

Beradt, C.: Das Dritte Reich des Traums, Suhrkamp: Frankfurt 1994

Bessel, A., van der Kolk und Sporta: The Biological Response to Psychic Trauma: Mechanism and Treatment of Intrusion and Numbing, in: Anxiety Research, 4, 1991

Binion, R.: Hitler's Concept of Lebensraum: The Psychological Basis, in: History of Childhood Quarterly, 11, 2, 1973

Binion, R.: Daß ihr mich gefunden habt. Hitler und die Deutschen – eine Psychohistorie, Dengler: Stuttgart 1978

Bluvol, H.: Differences in Patterns of Autonomy in Achieving and Underachieving Adolescent Boys, Diss. The City University of New York 1972

Bodmer, T.: Interview mit Joanne K. Rowling, in: Das Magazin des Tagesanzeiger, No. 34, 28. 8. 1999

Bone, E.: Seven Years Solitary, Harcourt: New York 1957

Bormann, M.: Leben gegen Schatten, Bonifatius: Paderborn 1996

Breslau, N. und Davis, G.: Post-Traumatic Stress Disorder: The Etiologic Specificity of Wartime Stressors, in: American Journal of Psychiatry, 144, 1987

Bromberg, N. und Small, V. V.: Hitler's Psychopathology, International Universities Press: New York 1983

Browning, C. R.: Ganz normale Männer. Das Reserve-Polizeibataillon 101 und die «Endlösung» in Polen, Rowohlt: Reinbek 1996

Browning, C. R.: Ordinary MEN: Reserve Police Bataillon 101 and the Final Solution in Poland (Revised Edition), Harper: New York 1998
Bushnell, J.: Mutiny and Repression, Indiana University Press: Bloomington 1985
Butler, E. und Young, G.: Marshal without Glory, Hodder and Stoughton: London 1951
Byrd, R. E.: Alone, Putnam: New York 1938
Celan, P.: Die Niemandsrose, Fischer: Frankfurt 1963
Chamberlain, S.: Adolf Hitler, die deutsche Mutter und ihr erstes Kind, Psychosozial: Gießen 1997
Cleckley, H.: The Mask of Sanity, Mosby: St. Louis 1964
Coetzee, J. M.: Giving Offense: Essays on Censorship, Chicago University Press: Chicago 1996
Cohen, N.: Das Ringen um das Tausendjährige Reich. Revolutionärer Messianismus im Mittelalter und sein Fortleben in der modernen totalitären Bewegung, Francke: München 1961
Cox, M.: «I Took a Life because I Needed one»: Psychotherapeutic Possibilities with the Schizophrenic Offender-Patient, in: Psychotherapy and Psychosomatics, 37, 1982
DeMause, L.: Restaging Early Traumas in War and Social Violence, in: Journal of Psychohistory, 23, 4, 1996
DeMause, L.: The Psychogenic Theory of History, in: Journal of Psychohistory, 25, 2, 1997
Des Pres, T.: The Survivor: An Anatomy of Life in the Death Camps, Oxford: New York 1980
Deuerlein, E.: Hitlers Eintritt in die Politik und die Reichswehr, in: Vierteljahrshefte für Zeitgeschichte, 7, 1959
Diamond, S.: Kritik der Zivilisation, Campus: Frankfurt 1979
Dicks, H. V.: Personality Traits and National Socialist Ideology: A Wartime Study of German Prisoners of War, in: Human Relations, Bd. III, 1950
Dicks, H. V.: Licensed Mass Murder: A Socio-psychological Study of some SS Killers, Heinemann: London 1972
Diessen, P.: Jacob Böhme. Über sein Leben und seine Philosophie, Brockhaus: Leipzig 1911
Djilas, M.: Land ohne Gerechtigkeit, Kiepenheuer & Witsch: Köln 1958
Dolto, F.: Über das Begehren. Die Anfänge der menschlichen Kommunikation, Klett-Cotta: Stuttgart 1988
Domarus, M.: Hitler. Reden und Proklamationen 1932–1945, Bd. I und II, Würzburg 1963
Eggers, C.: Gutachten Paukstadt, 1999
Ehrenreich, B.: Blood Rites, Metropolitan Books: New York 1997
Eliacheff, C.: Das Kind, das eine Katze sein wollte. Psychoanalytische Arbeit mit Säuglingen und Kleinkindern, Kunstmann: München 1994

Epstein, H.: Life and Death on the Social Ladder, in: New York Review of Books, 16.7.1998
Erikson, E. H.: Ego Development and Historical Change, International Universities Press, 1946
Ferenczi, S.: Sprachverwirrungen zwischen den Erwachsenen und dem Kind (1932), in: Bausteine zur Psychoanalyse, Bd. 3, Ullstein: Berlin 1984
Ferenczi, S.: The Unwelcome Child and His Death-instinct, in: International Journal of Psychoanalysis, 10, 125, 1929
Fest, J. C.: Hitler, Ullstein: Berlin 1978
Fest, J. C.: Das Gesicht des Dritten Reiches, Piper: München 1993
Fischer, J.: Wider den moralisierenden Saubermann in der Kulturpolitik, in: Pflasterstrand, Nr. 139, 10.9.1982
Forster, E.: Lehrbuch der pathologischen Physiologie, hg. von Lüdke und Schlayer, Leipzig 1922
Fraenkel, H. und Manvell, R.: Hermann Göring, Verlag für Literatur und Zeitgeschichte: Hannover 1964
Fraenkel, H. und Manvell, R.: The Incomparable Crime, Heinemann: London 1967
Frank, N.: Der Vater, Goldmann: München 1993
Frank, S.: Im Angesicht des Galgens, Gräfelding: München 1953
Freire, P.: Cultural Action for Freedom, in: Harvard Educational Review, 40, 3, 1970
Freire, P.: Pädagogik der Unterdrückten. Bildung als Praxis der Freiheit, Kreuz: Stuttgart 1971
Freire, P.: Pedagogy of Hope: Reliving Pedagogy of the Oppressed, Continuum: New York 1994
Freud, S.: Das Tabu der Virginität (1918), Gesammelte Werke, Bd. XII, Fischer: Frankfurt 1947
Freud, S.: Das Unheimliche (1919), Gesammelte Werke, Bd. XII, Fischer: Frankfurt 1986
Freud, S.: Massenpsychologie und Ich-Analyse (1921), Fischer: Frankfurt 1993
Freud, S.: Medusa's head (Original 1922), Standard Edition, Hogarth: London 1955
Freud, S.: Hemmung, Symptom und Angst (1926), Gesammelte Werke, Bd. XIV, Fischer: Frankfurt 1986
Fromm, E.: Die Furcht vor der Freiheit, Steinberg: Zürich 1941
Fromm, E.: Adolf Hitler, ein klinischer Fall von Nekrophilie, in: Anatomie der menschlichen Destruktivität (1974), dtv-Gesamtausgabe: München 1989, Bd. VII
Fromm, E.: Empirische Untersuchungen zum Gesellschaftscharakter, dtv-Gesamtausgabe: München 1989, Bd. III
Gambaroff, M.: Utopie der Treue, Rowohlt: Reinbek 1984

Gibbs, M.: Factors in the Victim that mediate Disaster and Psychopathology, in: Journal of Traumatic Stress, 2, 1989
Gilbert, G. M.: The Psychology of Dictatorship, Ronald Press: New York 1950
Gilbert, G. M.: Nürnberger Tagebuch, Fischer: Frankfurt 1962
Goeudevert, D.: Wie ein Vogel im Aquarium, Rowohlt: Berlin 1996
Greenacre, P.: Conscience in the Psychopath, in: P. Greenacre: Trauma, Growth, and Personality, New York 1952, S. 165–187
von Grimmelshausen, H. J.: Der abenteuerliche Simplicissimus Teutsch (1668), Reclam: Stuttgart 1996
Grossman, D.: On Killing: Psychological Cost of Learning to Kill in War and Society, Little, Brown & Co.: New York 1995
Gruen, A.: Autonomy and Identification: The Paradox of their Opposition, in: International Journal of Psycho-Analysis, 49, 4, 1968
Gruen, A.: Maternal Rejection and Children's Intensity, in: Confinia Psychiatrica, 23, 1980
Gruen, A.: Der Wahnsinn der Normalität. Realismus als Krankheit, eine Theorie der menschlichen Destruktivität (1986), dtv: München, 9. Auflage 1999
Gruen, A.: La Donna del Mare di Henrik Ibsen, Programmheft Piccolo Teatro di Milano, Februar 1991
Gruen, A.: Falsche Götter, dtv: München 1993 a
Gruen, A.: The Integration vs. Splitting of the Wholeness of Experience, in: G. Benedetti (Hg.): The Psychotherapy of Schizophrenia, Hogrefe & Huber: Bern 1993 b
Gruen, A.: Der Verlust des Mitgefühls. Über die Politik der Gleichgültigkeit, dtv: München 1997
Gruen, A.: Ein früher Abschied. Objektbeziehungen und psychosomatische Hintergründe beim Plötzlichen Kindstod, Vandenhoeck & Ruprecht: Göttingen 1999
Grunebaum, H. U., Freedman, S. J. und Greenblatt, M.: Sensory Deprivation and Personality, in: American Journal of Psychiatry, 116, 1960
Haarer, J.: Die deutsche Mutter und ihr erstes Kind, Lehmanns: München 1941
Haffner, S.: Germany, Jekyll & Hyde, Secker and Warburg: London 1940; Deutsch (1939): Deutschland von innen betrachtet, Verlag 1900 Berlin: Berlin 1996
Haffner, S.: Anmerkungen zu Hitler, Fischer: Frankfurt 1998
Heiber, H. (Hg.): Hitlers Lagebesprechungen. Die Protokollfragmente seiner militärischen Konferenzen 1942–1945, Deutsche Verlags-Anstalt: Stuttgart 1962
Heinicke, C. M. und Westheimer, I. J.: Brief Separations, International Universities Press: New York 1965

Hendin, H. und Haas, A. P.: Wounds of War: The Psychological Aftermath of Combat in Vietnam, Basic Books: New York 1984
Herman, J. L.: Die Narben der Gewalt, Kindler: München 1993
Heron, W., Bexton, W. H. und Hebb, D. O.: Cognitive Effects of a Decreased Variation in the Sensory Environment, in: American Psychologist, 18, 1953
Heß, R.: Der Stellvertreter des Führers, Zeitgeschichte: Berlin 1933
Hitler, A.: Mein Kampf, Zentralverlag der NSDAP: München 1938
Hoffmann, H.: Hitler, wie ich ihn sah. Aufzeichnungen seines Leibfotografen, München 1974
Ibsen, H.: Peer Gynt. Ein dramatisches Gedicht, Reclam: Stuttgart 1982
Ignatieff, M.: The Warrior's Honor, Chatto & Windus: London 1998
Jäger, H.: Verbrechen unter totalitärer Herrschaft, Frankfurt 1982
Jäger, J.: Seitenwechsler. Der Fall Schneider/Schwerte und die Diskretion der Germanistik, Wilhelm Fink: München 1998
James, W.: Principles of Psychology (1905), Dover: New York 1950
Jetzinger, F.: Hitlers Jugend, Wien 1956
Johnson, A. McF.: Some Etiological Aspects of Repression, Guilt, and Hostility, in: Psychoanalytic Quarterly, 220, 511, 1951
Karasek, R. und Theorell, T.: Healthy Work: Stress, Productivity, and the Reconstruction of Working Life, Basic Books: New York 1999
Kelley, D. M.: Twenty-two Cells in Nuernberg: A Psychiatrist examines the Nazi Criminals, New York 1947
Kershaw, I.: Hitler 1889–1936, Deutsche Verlags-Anstalt: Stuttgart 1998
Klaus, M. H., Kennell, J. H., Plumb, N. und Zuehlke, D.: Human Maternal Behavior at first Contact with her Young, in: Pediatrics, 46, 187, 1970
Klaus, M. H. und Kennell, J. H.: Parent-to-infant Attachement, in: Maternal Infant Bonding, Mosby: St. Louis 1976
Kramer, J.: Letter from Germany, in: New Yorker, 19. 12. 1983
Krebs, A.: Tendenzen und Gestalten der NSDAP, Deutsche Verlags-Anstalt: Stuttgart 1959
Kren, G.: Comment on Binion, in: History of Childhood Quarterly, 2, 2, 1974
Krockow, C. Graf von: Fahrten durch die Mark Brandenburg, Deutsche Verlags-Anstalt: Stuttgart 1991
Kubizek, A.: Adolf Hitler, mein Jugendfreund, Graz 1953
Kuhn, A. und Rothe, V.: Frauen im deutschen Faschismus, Bd. 2, Schwann: Düsseldorf 1982
Kütemeyer, W.: Die Krankheit Europas, Suhrkamp: Frankfurt 1982
La Boétie, E. de: Freiwillige Knechtschaft (1550), Klemm/Oelschläger, 1991
Langer, W. C.: OSS Books, National Archives, 1942–1943

Langer, W. C.: The Mind of Adolf Hitler: The Secret Wartime Report, Basic Books: New York 1972
Leacock, E. B.: Myths of Male Dominance, Monthly Review Press: New York 1981
Lenin, W. I.: Der linke Radikalismus, die Kinderkrankheit im Kommunismus (1920), Verlag Neuer Weg: Peking 1973
Levi, P.: Ist das ein Mensch, dtv: München 1992
Levy, D. M.: Nazi and Anti-Nazi: Criteria of Differentiation in the Life History, Report to Intelligence Section, Information Control Division, Military Government in Germany, September 1945 (zitiert bei Bertram Schaffner)
Lilla, M.: The Enemy of Liberalism, in: New York Review of Books, 15. 5. 1997
Lilli, J. C.: Mental Effects of Reduction of Ordinary Levels of Physical Stimuli on Intact, Healthy Persons, in: Psychiatric Research Reports, 5, 1956
Lord, F. A.: Civil War Collector's Encyclopedia, Stackpole: Harrisburg 1976
Lucheni, L.: Ich bereue nichts. Die Aufzeichnungen des Sissi-Mörders, Zsolnay: Wien 1998
Lüdecke, K.: I knew Hitler, London 1938
Luther, S. und Zigler, E.: Vulnerability and Competence: A Review of Research on Resilience in Childhood, in: American Journal of Orthopsychiatry, 61, 1991
Maccoby, M.: Die Neuen Chefs, Rowohlt: Reinbek 1979
Mach, E.: Die Analyse der Empfindungen, Jena 1922
MacLean, P.: The Brain in Relation to Empathy and Medical Education, in: Journal of Nervous and Mental Disease, 144, 1967
Malkki, L. H.: Purity and Exile, Chicago University Press: Chicago 1995
Mandelstam, N.: Hope against Hope, Atheneum: New York 1970
Mann, H.: Der Untertan (1918), dtv: München 1964
Marshall, S. L. A.: Men against Fire, Peter Smith: Gloucester 1978
Maser, W.: Adolf Hitler. Legende, Mythos, Wirklichkeit, Bechtle: München 1971
Meier, H.: Die Lehre Carl Schmitts. Vier Kapitel zur Unterscheidung Politischer Theologie und Politischer Philosophie, Metzler: Stuttgart 1994
Meyer, K.: Gemeint ist, wenn der Kopf ab ist, Herder: Freiburg 1998
Miale, F. R. und Selzer, M.: The Nürnberg Mind: The Psychology of the Nazi Leaders, Quadrangle: New York 1975
Milgram, S.: Behavioral Study of Obedience, in: Journal of Abnormal Psychology, 67, 1963
Milgram, S.: Obedience to Authority: An Experimental View, Harper: New York 1975

Miller, A.: Am Anfang war Erziehung, Suhrkamp: Frankfurt 1983
Miller, A.: Die Gabe des Schmerzes, Zsolnay: Wien 1997
Miller, H.: Rimbaud oder Vom großen Aufstand, Rowohlt: Reinbek 1980
Mills, C. W.: The Power Elite, Oxford: New York 1956 (Deutsch: Die amerikanische Elite, Holsten: Hamburg 1962)
Mitscherlich, A. und Mielke, F.: Das Diktat der Menschenverachtung, Schneider: Heidelberg 1947
Nagel, W.: Ein Kind lebt für den Heldentod, in: ZEIT-Magazin, Nr. 19, 3. 5. 1985
Neumann, E.: Tiefenpsychologie und neue Ethik, Fischer: Frankfurt 1997
Niemelä, P.: Working through Ambivalent Feelings in Woman's Life Transition, in: Acta Psychologica Femica, 1980
Niemelä, P.: Idealized Motherhood and the later Reality, 6th International Congress of Psychosomatics, Obstetrics & Gynecology, September 1980. – Auch in: Prill, H. J. und Stauber, M. (Hg.): Advances in Psychosomatics, Obstetrics & Gynecology, Berlin 1982 (1982a)
Niemelä, P.: Overemphasis of Mother Role and Inflexibility of Roles, in: Gross, J. und d'Heurle, A. (Hg.): Sex Role Attitudes and Cultural Change, Reidel: Dordrecht 1982 (1982b)
Niemelä, P.: Psychological Work after Abortion, in: Sanchez-Sosa, J. J. (Hg.): Health and Clinical Psychology, North Holland 1985
Niemelä, P.: Couple Intimacy and Parent Role Stereotypes. Nordic Intimate Couples-Love, Children and Work: Stockholm 1987
Niemelä, P.: Vicissitudes of Mother's Hate, in: Aspects of Female Aggression, Academic Press, 1992
Nienstedt, M. und Westermann, A.: Pflegekinder. Psychologische Beiträge zur Sozialisation von Kindern in Ersatzfamilien, Votum: Münster, 5. Auflage 1999
O'Neill, E.: Alle Reichtümer der Welt, Fischer: Frankfurt 1965
O'Neill, E.: Trauer muß Elektra tragen, Fischer: Frankfurt 1997
Papen, F. von: Der Wahrheit eine Gasse, München 1952
Payne, R.: The Civil War in Spain, Premier Books: New York 1962
Putnam, R.: Bowling Alone, in: Journal of Democracy, 6, I, 1995, S. 65–78
Raban, J.: Gott, der Mensch & Mrs. Thatcher, Steidl: Göttingen 1990
Reck-Malleeczewen, F. P.: Tagebuch eines Verzweifelten, Fischer: Frankfurt 1971
Reemtsma, J. P.: Im Keller, Hamburger Editions: Hamburg 1997
Rees, J. R. (Ed.): The Case of Rudolf Heß, Heinemann: London 1947
Rheingold, J. C.: The Fear of being a Woman, Grune & Stratton: New York 1964
Rheingold, J. C.: The Mother, Anxiety, and Death, Little, Brown & Co: Boston 1967

Rose, G. und Marnot, M.: Social Class and Coronary Heart Disease, in: British Heart Journal, 1981, S. 13–19
Rosenbaum, R.: Explaining Hitler: The Search for the Origins of his Evil, Random: New York 1998
Roskam, A.: Patterns of Autonomy in High Achieving Adolescent Girls who differ in Need for Approval, Diss. The City University of New York, 1972
Rumi, M. D.: Das Meer des Herzens geht in tausend Wogen. Ghaselen, übersetzt von Friedrich Rückert, Dagyeli: Frankfurt 1988
Sachsse, U.: Selbstverletzendes Verhalten, Vandenhoeck & Ruprecht: Göttingen 1999
Sacks, O.: The President's Speech, in: New York Review of Books, 15.8. 1985
Sampson, R.: The Will to Power, Vortrag, gehalten auf der Konferenz der Europäischen Sektion der Internationalen Physiker für die Verhinderung eines Atomkriegs, Ascona, Schweiz, September 1989, veröffentlicht unter dem Titel: The Will to Power: From Reason of State to Reason of the Heart, in: Studies in Nonviolence, No. 17, London 1990
Schaeffer, F.: Pathologische Treue als pathogenetisches Prinzip bei schweren körperlichen Erkrankungen. Ein kasuistischer Beitrag zur Dermatomyositis, in: Der Nervenarzt, 32, 10, 1961
Schaffner, B.: Fatherland: A Study of Authoritarism in the German Family, Columbia University Press: New York 1948
Schell, J.: The Pure and the Impure, The Nation, Feb. I, 1999
Schilder, P. und Wechsler, D.: The Attitudes of Children toward Death, in: Journal of Genetic Psychology, 45, 406, 1934
Schirra, B.: Die Erinnerung der Täter, in: Der Spiegel, Nr. 40, 28.9.1998
Schmitt, C.: Der Begriff des Politischen, in: Archive für Sozialwissenschaft und Sozialpolitik, Bd. 58, 1.9.1927
Schneirla, T. C.: Seminar, New York University, 1950
Shalit, B.: The Psychology of Conflict and Combat, Praeger: New York 1988
Shaneen, E., Alexander, D., Truskowsky, M. und Barbero, G. J.: Failure to Thrive, in: Clinical Pediatrics, 7, 255, 1968
Smith, B. F.: Comment, in: History of Childhood Quarterly, 1, 2, 1973
Soyinka, W.: The Man Died, Harper: New York 1972
Speer, A.: Erinnerungen, Ullstein: Berlin 1969
Speer, A.: Spandauer Tagebücher, Propyläen: Berlin 1975
Stein, B.: The Refugee Experience, in: Journal of Refugee Resettlement, 1, 4, 1981, S. 62–71
Stierlin, H.: Adolf Hitler. Familienperspektiven, Suhrkamp: Frankfurt 1976
Stork, J.: Zwischen Leben und Tod. Aus der Behandlung eines Säug-

lings – ein Beitrag zum plötzlichen Kindstod. Kinderanalyse I, 60–94, 1994
Szejer, M.: Platz für Anne. Die Arbeit einer Psychoanalytikerin mit Neugeborenen, Kunstmann: München 1998
Tocqueville, A. de: Der alte Staat und die Revolution (1865), dtv: München 1978
Toland, J.: Adolf Hitler, Lübbe: Bergisch-Gladbach 1977
Townsend, P. und Davison, N. (Ed.): The Black Report on Inequalitites in Health, Pelican: London 1982
Turner, S.: The Forset of Symbols: Aspects of Ndembu Ritual, Cornell University Press: Ithaca 1967
Ulshöfer, H. (Hg.): Liebesbriefe an Adolf Hitler – Briefe in den Tod, Verlag für Akademische Schriften: Frankfurt 1996
Wagner, G.: Wer nicht mit dem Wolf heult, Kiepenheuer & Witsch: Köln 1997
Waite, G. L.: Adolf Hitler's Guilt Feelings: A Problem of History and Psychology, in: Journal of Interdisciplinary History, 1, 1971
Wassermann, J.: Christian Wahnschaffe (1919), dtv: München 1990
Weinberg, G. L. (Hg.): Hitlers Zweites Buch: Ein Dokument aus dem Jahr 1928, Deutsche Verlags-Anstalt: Stuttgart 1961
Weizsäcker, V. von: Pathosophie, Vandenhoeck & Ruprecht: Göttingen 1956
Werner, E. E.: High Risk Children in Young Adulthood.: A Longitudinal Study from Birth to 32 Years, in: American Journal of Orthopsychiatry, 59, 1989
Wiedemann, F.: Der Mann, der Feldherr werden wollte, Velbert/Kettwig 1964
Winnicott, D. W.: Some Thoughts on the Meaning of the Word Democracy, in: Human Nature, Bd. III, 1950
Winnicott, D. W.: Birth Memories, Birth Trauma and Anxiety (1940), in: Collected Papers: Through Paediatrics to Psychoanalysis, Basic Books: New York 1958
Wolf, S. und Bruhn, J. G.: The Power of Clan: The Influence of Human Relationships on Heart Disease, Transaction: New York 1998
Wyatt-Brown, B.: Zitiert bei Fox Butterfield in: New York Times, 27.7. 1998
Zimbardo, P., Haney, C. und Banks, C.: Interpersonal Dynamics in a Simulated Prison, in: International Journal of Criminology and Penology, 1983

Personenregister

Franz Josef Wetz:
Die Würde der Menschen ist antastbar

Eine Provokation

440 Seiten, gebunden, ISBN 3-608-91908-2

Heute hört man viel über die Würde der Natur, Würde der Tiere, Würde des Sterbens. Die aktuellen Diskussionen über Embryonenforschung, Humangenetik, Organtransplantation, Abtreibung, Hirntod, Euthanasie, aber auch Homosexualität, Drogen und Todesstrafe – alle kommen ohne Rückgriff auf die Menschenwürde nicht mehr aus. Gerichte, Parteien, Verbände, Organisationen und Einzelpersonen berufen sich darauf, wenn sie der Biotechnik Grenzen ziehen, der Ethik Ziele vorgeben, dem Gesetz Nachdruck verleihen und der Politik einen Auftrag erteilen.

Aber wer kann auf Anhieb sagen, was Menschenwürde ist? Folgt man der geistesgeschichtlichen und rechtsphilosophischen Entwicklung dieses Begriffs bis hin zu parlamentarischen Debatten und gerichtlichen Urteilen, dann wird schlagartig deutlich, daß unter Menschenwürde immer eine dem Menschen angeborene Eigenschaft verstanden wurde, deren Wert nur metaphysisch begründbar ist.

Doch wie kann in unserem durch und durch säkularen Zeitalter mit abnehmender Religiosität die menschliche Würde noch begründet werden? Man kann die Menschenwürde nur retten, wenn man sie auf den Boden der heutigen Realität zurückholt. Was bleibt, ist der konkrete Auftrag, menschenwürdige Verhältnisse zu schaffen.

»Franz Josef Wetz bringt kategoriales Licht in das argumentative Durcheinander um die unterschiedlichsten ethischen und philosophischen Definitionen von menschlicher »Wesenswürde«. Er tut dies mit der Kompetenz analytischer Unaufgeregtheit und stilistischer Klarheit, die man sich von einem wissenschaftlichen Standardwerk wünscht.«

Richard Herzinger / Die Zeit

Klett-Cotta